中国社会科学院创新工程学术出版资助项目

社会发展与社会治理文库

驾驭市场

一个村庄的土地保护与现代化转型

PRESERVING ANCESTORS' LAND FOR
FUTURE GENERATIONS

刘学 著

社会科学文献出版社
SOCIAL SCIENCES ACADEMIC PRESS (CHINA)

｜致　谢｜

感谢国家社会科学基金青年项目"平台企业参与社会治理的模式和机制研究"（项目批准号 21CSH085）对于本书写作提供的资助与支持。

序

"一村两制" 与绿色发展

有一年，我陪时任中国社会科学院副院长的朱佳木老师去南昌参加中国社会学会学术年会，一路说了很多社会学重建的往事。在论及改革开放与社会学研究的热点问题时，他提及于光远先生曾建议做一些市场化背景下的集体经营性农庄研究。朱佳木老师举例说，广东的崖溪村就在孙中山先生出生的翠亨村附近，其经营方式与南街村和华西村大为不同，但相同之处都是依靠"能人"治村。他问我，你们社会学有没有研究过这些"能人"退休或不再有精力参与村庄治理时，这些村庄会怎么样？

在谈及这类话题时，我一直笑称之为"朱佳木之问"。

我长期关注这个时代话题，却没有找到合适的机缘一探其中的究竟。

有幸的是，我的同事——中国社会科学院社会发展战略研究院的刘学老师，正好将崖溪村作为其田野深耕之地。她完成的这本书，应该能够部分回答"朱佳木之问"。事实上，作为翠亨村邻居的崖溪村，因为其处于珠三角的特殊位置，也因为其对计划经济时期生产队集体所有制体制的改造性保留，还因为其居于珠三角的强市场环境，吸引了学人与游客的广泛关注。听广州的同事说，到过翠亨村的游客，大多会造访崖溪村，据说最近几年的访客数量已接近翠亨村。正因如此，崖溪村与崖溪村研究已成为游人与学者的"熟食"。

但刘学老师有其独特的视角。

改革开放以来，历经四十多年的发展，中国的村庄都在市场大潮中做出了自己的历史性选择。村庄的发展模式不同，学人的视角不同，基于村庄研究所形成的文本、叙事方式和事件重心也会不同。

村庄自身的实践，在村庄所处社会经济环境的结构性存在中能否形成与时俱进的适应性机制，是村庄能否在原有轨道上继续前进的先决条件。中国的市场化改革修改了传统村庄的基本生存逻辑。城市正以巨大的吸引力完成其对农村的非农化和城镇化改造。村庄的业态、村庄面临的城市吸力以及村庄的精英结构等不断形塑着城乡关系的多元样态。决定村庄发展取向的第一代、第二代或者第三代"能人"及其权力结构一定会受到利益团体与利益生成机制的挑战。但在路径依赖性发展模式中，原初的结构化关系肯定会在再结构化中保留原初的那个硬核。

在传统社会，村庄大多以单姓家族或少数几个大姓家族而形成熟人社会。无论搞市场经济，还是市场经济与集体经济相结合而组成"超级村庄"，都会以血缘纽带或者以姻缘纽带为架构支撑"能人"形成精英治理格局，并以历史形成的、非常清晰的村庄区分乡土与群己关系。"社"建构土地边界，"稷"建构民生基础，"会"建构结构网络，这是乡土社会的深层结构，人们身处其中自然熟悉，对运行规则也能够潜移默化出行为的"随心所欲不逾矩"。但外人观察到的却是表层结构，看到的是组织化的外壳。一旦乡土社会的运行逻辑发生改变，原有精英的强力治理结构基础就会解体或被修改。社会学的经典文献已论证了精英循环和精英再生产的规律。

崖溪村有谭、杨、陆、肖四大家族，这四大家族人口大约占全村总人口的90%。村里的土地神和家族宗祠，在传统与现代的交汇处，仍然显示着血亲的力量。崖溪村的第一代"能人"姓"陆"，后来的接班人姓"谭"，再后来谁会接班并不重要，重要的是绝大多数年轻人已经进城。原有的生产队模式——那种村民参加劳动记工分、粮食高价卖给生产队，生产队再低价卖给具有村民身份的人的再分配模式，已不占主要地位。

实际上，把现在的崖溪村叫作珠三角唯一存在的"人民公社"已不能概括其全貌。在时代的裹挟中，崖溪村在不断变化。在市场经济与计划经济、在股份制与村民权、在土地出租与土地自耕的结合中，最初的制度设计不得不随时代而进步，年轻人的诉求——在村民的新老更替中，以生命周期效应最终决定其利益配置方式，这使崖溪村更为明显地体现出"一村两制"的特征——集体经济和市场经济共存。

第一代"能人"的治村样貌在 2008 年发生的那场群体性事件后已发生重大变化。由滩涂改造的土地也在民主投票的游戏规则中成功出租，其中的一部分租金反哺了有生产队特征的"三农"，不太赚钱的农业与能够赚钱的非农在争论中逐渐形成新的平衡。珠江口泥沙源源不断地淤积形成滩涂，滩涂源源不断地扩大土地，土地面积的扩大与增值又源源不断地形成绿色良田，再加上海边的红树林以及以此为生的鸟类，丰富的资源和便捷的区位优势形成其他村庄无法复制的独特发展道路。其原生态房屋建筑、一望无垠的绿色良田、浩瀚的大海为城里人绘制了天然的鱼米之乡图景，从而激发出市场化的旅游业和餐饮业。因为其特殊的背景，崖溪村于 2020 年成功入选第六届"全国文明村镇"。在珠三角地区，崖溪村不是非常富裕的村庄，却是绝对绿色的村庄。那些留在村庄的、没有进城的村民，会在集体经济中获得一份工作——农业机械化的推进，已大大降低了体力劳动的消耗，这增进了农村的那种闲暇感、舒适感和幸福感。那些具有村民权的老人都能获得一份养老金。在市场化的支持下，崖溪村的集体经济仍然具有活力：良田生产出稻谷，海水与淡水的交汇孕育出品种丰富的鱼，侨乡特有的血亲关系搭建着崖溪人的信息链和资金链。在大多数青年进城之后，对崖溪的研究，就自然会分疏为"崖溪村研究"和"崖溪人研究"。

刘学老师的这本书，在"变"与"不变"中，为我们介绍了崖溪的复杂转型过程。一方面，村庄中的宗族关系与伦理规范等社会结构守护了万顷良田，以传统"自内而外"地形塑着这个村庄的独特现代化机制，并为村民提供了村民身份意义的社会外壳；另一方面，年轻人的进城与市场的介入也解构着维系传统村落的运行逻辑，形成不在村"村民"的市场化非农产业。在由"能人"所表征的精英循环与精英更替中，农民对土地与水乡的偏好、绿色发展所形成的优美环境以及拒斥工业化而凸显的带有泥土之香的新鲜空气、在代际分疏与利益获致、在耕地保护与卖地分钱的张力中乡村共同体仍然顽强运行，并经地方性宗教和祖先崇拜的仪式强化着村庄认同。经过改造的"人民公社式"生产模式，对不能进城的弱势群体所形成的保护，也在家族链条中支撑了崖溪村的社会团结。总之，当前的"一村两制"和绿色发展模式肯定还会继续。

刘学老师的研究，在我们了解的以制造业发展为特征的珠三角的村庄变迁史中，浓墨重彩地勾画了一个基于乡土情结而选择绿色发展的村庄转型图景，丰富了我们对乡土社会的多元现代化道路的认知，有助于学人更为深刻地书写中国村庄社会的实践社会学。相信读者会从中体悟到更多村庄的多元现代化特征。

张翼

2022 年元月 12 日

目 录

表目录

图目录

第一章

问题：集体土地如何保护？

一 集体土地制度

> 土地制度是整个社会结构的基础。①

集体土地制度一直是党和国家稳步推进城乡统筹和城市化进程的重要抓手，其变迁是理解和呈现中国现代化路径的关键线索。因此，党和国家始终对集体土地的产权、经营权、收益权等各类相关权益的分配和处置工作十分重视。

2014 年 12 月，中央全面深化改革领导小组第七次会议审议通过了《关于农村土地征收、集体经营性建设用地入市、宅基地制度改革试点工作的意见》，意见指出，要逐步探索改革和完善我国的宅基地制度。2018 年中央一号文件做出了关于宅基地所有权、资格权、使用权"三权分置"的改革部署。在实践中，不少地方政府已经开始依托"城市更新""三旧改造"等项目展开对集体土地权益的再认定、再补偿和再分配工作。2021 年中央一号文件进一步指出，"完善农村产权制度和要素

---

① 安德罗·林克雷特：《世界土地所有制变迁史》，启蒙编译所译，上海社会科学院出版社，2016。

市场化配置机制，充分激发农村发展内生动力。积极探索实施农村集体经营性建设用地入市制度"。截至 2018 年，我国共有 33 个农村土地制度改革试点县（市、区）。集体土地的使用和流转已经成为探索村庄有效振兴的重要抓手。

集体土地的经济功能与社会功能是我们理解集体土地政策、评估集体土地改革的起点。拉长时间跨度，重新审视集体土地在中国村庄社会中发挥的社会功能，并回过头来理解集体土地与共同体之间的关系，有利于我们积极稳妥、谨慎有效地推动集体土地的制度改革。土地私有只是英国圈地运动时期特殊的政治产物，在国际政治与经济一体化的背景下却成为一种盛行全球的理念，催生了新的政治权力和资本权力。实际上，土地公有以及相应的公共放牧与收割权在世界范围内拥有更广阔的市场和更为悠久的历史，它是村庄共同体存在的基础。在传统中国，土地归地方社会集体所有，担负地方福利供给责任，这实际上塑造了乡土社会的特征。

现有对集体土地制度的研究更多关注集体土地与经济发展之间的关系。刘守英认为中国集体土地的制度安排影响了以地谋发展的模式，具体来说，"1981～1994 年，为开放土地权利启动的工业化阶段；1995～2002 年，为以地谋发展的工业化和城市化阶段；2003～2008 年，为以地生财的城市化阶段；2008～2016 年，为以地融资的城市化阶段"。[①] 以制度经济学为理论资源，产权安排及其制度后果也是集体土地研究的重要方向，不过这类研究主要侧重于社会关系、文化对私有产权的修正、调整。周其仁认为我国集体土地的产权实践既不是国家单方面提供一套有效的产权系统，也不是集体、村民单纯依靠村庄习惯进行安排，而是经过了中央、地方政府、村民等多个主体的互动协商，达成的制度共识。[②]

---

① 刘守英：《土地制度变革与经济结构转型——对中国 40 年发展经验的一个经济解释》，《中国土地科学》2018 年第 1 期。
② 周其仁：《产权与制度变迁——中国改革的经验研究》，北京大学出版社，2004；张静：《土地使用规则的不确定：一个解释框架》，《中国社会科学》2003 年第 1 期。

人类学、历史学的相关研究认为，集体土地的制度安排与社会的组织方式、文化习俗关系紧密，通过土地制度及相关观念了解地方社会是最有效的方式。不少原始部落的土地所有权都与宗教信仰有关，这形成了地方社会的团结关系与资源分配逻辑。在加纳（Ghana）的原始部落中，人们并不认为任何个人或族群应该拥有土地的所有权，所有权应属于土地神等地方性神明，而部落成员仅仅在神明的许可之下享有土地的收益权。这样的土地观念也潜移默化地形塑了人们的价值观。"生活在私有产权的社会，这将鼓励一种将自我放在首位的意识，这非常不同于加纳所看重的部落价值观、日本所鼓励的家庭优先和中国所提倡的集体纪律。"① 更重要的是，观念、惯习与文化在支配社会运行方面常常拥有更持久的生命力。从这个角度出发，集体土地在中国村庄拥有更为稳固、持久的社会合法性，并与中国社会的演进历史和组织方式紧密结合。自秦汉经魏晋南北朝至唐代中叶，土地制度呈现出国有和私有并存的格局。从唐朝到明代，土地管理的支配形式是地主土地所有制。明代中期到清代，地主土地所有制进一步发展并达到高峰。② 地主与佃农的关系与西方的封建制度并无二致，地主要对佃农的婚丧嫁娶、基本生活负责，也需要对地方福利负责，因此被称为乡绅。土地制度始终与地方社会的运行紧密联系在一起。

早年，费孝通将传统中国描述为"乡土中国"，表现为熟人社会、差序格局、礼治秩序、无诉政治等。③ 这些特征背后体现的是中国村庄社会"乡""土"不可分割的社会逻辑。具体来说，个人和家庭都依附和束缚在土地之上。同时，土地配置和家庭经营关系又成为维系乡土社会农民与家户之间秩序的制度装置（institutional settings）。④ 这种乡土逻

---

① 安德罗·林克雷特：《世界土地所有制变迁史》，启蒙编译所译，上海社会科学院出版社，2016。
② 方行：《中国封建经济发展阶段述略》，《中国经济史研究》2000 年第 4 期。
③ 费孝通：《我看到的中国农村工业化和城市化道路》，《浙江社会科学》1998 年第 4 期。
④ 刘守英、王一鸽：《从乡土中国到城乡中国——中国转型的乡村变迁视角》，《管理世界》2018 年第 10 期。

辑的混杂状态编织出一套正式、非正式规则混合的乡土结构。文本化的国家政策、私有产权的法律规则在乡土社会都会被重新解读和改造。也就是说，乡土社会的行事规则和合法性与其土地制度、土地所有观念密切相关，这也是乡土中国持续存在的底层逻辑。

二 集体土地的乡土经营

近年来，在联合国可持续发展倡议和习近平总书记"绿水青山就是金山银山"论述的带动下，对于村庄集体土地的保护性利用成为一个重要的时代命题。中国经验不仅仅表现在经济发展上，更表现在社会发展上。我们并没有走一条先污染后治理、先经济后社会的现代化转型之路。相反，在发展的过程中，党中央不断强调要坚持经济、政治、文化、社会、生态文明"五位一体"的总体布局，观照地方发展的多元价值，走一条兼顾经济发展与社会正义的现代化道路。中国农村的发展与现代化转型构成了中国经验不可分割的一环。2021年是全面推进乡村振兴的开局之年，处理好农村经济发展与社会发展的关系是底线要求，把握好农民与土地的关系是根本抓手。探索与研究推动中国乡村振兴的路径与方法，发掘可借鉴、可模仿的有效经验是当下的重大命题，其中，增强村庄共同体的自我经营能力是实现乡村振兴的有效路径。

中国乡村的现代化转型中始终存在着"两只手"：一只"看不见的手"，即市场，主要表现为资本对乡村要素的商品化重构力量；一只"看得见的手"，即国家，通过交错出现的制度变革与政策出台调节乡村转型中的政府与企业、中央与地方、政府与农民三对关系，进而推动农村地区的现代化转型沿着工业城镇化、土地城镇化、人口城镇化的方向有序展开。[①] 总的来说，过去村庄的现代化进程是一个被动融入的过程，市场和国家是两股主要推动力量。在市场化浪潮下，农户经营成为中国

---

① 周飞舟等：《从工业城镇化、土地城镇化到人口城镇化：中国特色城镇化道路的社会学考察》，《社会发展研究》2018年第1期。

村庄市场化的普遍方式。① 家庭企业、乡镇企业、个体企业与民营企业都被卷入全球生产链之中，成为推进我国工业化进程的"四个轮子"。② 而国家推动的城镇化主要体现在农民生活方式的变革上，表现为"农民上楼"现象③，更多地呈现出"以城带乡"的特点。④

与西方不同的是，推动中国乡村的现代化进程、形塑中国乡村现代化转型模式的还有"第三只手"，有研究称之为家庭与拟家族关系。在家庭与拟家族关系基础上形成的村落共同体作为直接经营单位参与工业化，形塑了市场化以来产业集群的县域聚集形态。在"苏南模式""温州模式""珠三角模式""晋江模式""诸城模式"的形成过程中我们都可以发现第三只手的影响。⑤ 中国发展经济的一条重要经验就是重视与发挥中国家户经营、集体经营的潜力。而为农村家户经营、集体经营提供情感基础和动员方式的就是家庭与拟家族关系。⑥ 家庭与拟家族关系的变化也影响着城镇化的实现。周飞舟等对村庄城镇化的研究指出，村民在上楼之后，"村落内部原有的邻里、宗亲、小组相重合的社会关系模式也遭遇了较大的挑战，村民之间的情感联系不及以前密切"，这导致"农民集中居住之后，村庄治理成为一个难题"⑦。对推动农业规模化

① 徐勇：《中国家户制传统与农村发展道路——以俄国、印度的村社传统为参照》，《中国社会科学》2013 年第 8 期；夏柱智、贺雪峰：《半工半耕与中国渐进城镇化模式》，《中国社会科学》2017 年第 12 期。

② 王春光：《中国社会发展中的社会文化主体性——以 40 年农村发展和减贫为例》，《中国社会科学》2019 年第 11 期。

③ 周飞舟、王绍琛：《农民上楼与资本下乡：城镇化的社会学研究》，《中国社会科学》2015 年第 1 期；陈旭峰：《"农民上楼"问题研究：回顾与展望》，《武汉科技大学学报》（社会科学版）2012 年第 6 期。

④ 吴莹：《新中国成立七十年来的城镇化与城乡关系：历程、变迁与反思》，《社会学评论》2019 年第 6 期。

⑤ 费孝通：《从"江村"到"温州模式"》，载《费孝通文集》（第 10 卷），群言出版社，1999；费孝通：《农村小城镇区域发展》，载《费孝通全集》（第 15 卷），内蒙古人民出版社，2009。

⑥ 费孝通：《农村小城镇区域发展》，载《费孝通全集》（第 15 卷），内蒙古人民出版社，2009；肖瑛：《"家"作为方法：中国社会理论的一种尝试》，《中国社会科学》2020 年第 11 期；陈军亚：《韧性小农：历史延续与现代转换——中国小农户的生命力及自主责任机制》，《中国社会科学》2019 年第 12 期。

⑦ 周飞舟、王绍琛：《农民上楼与资本下乡：城镇化的社会学研究》，《中国社会科学》2015 年第 1 期。

经营的资本下乡现象进行的相关研究也表明，资本下乡的效果取决于"'乡土'社会中那些具有各种伦理关系和社会结构的人群"，企业的监督和激励方式无法适应乡土社会成了资本参与农业规模化经营的重要障碍。①

简而言之，西方的现代化是"离家出走"（leaving home），是舍弃小家牵绊进入公共领域的进程。② 这一理论勾勒的是个人与国家二元对立的公私领域划分方式。中国的工业化、城镇化过程却更多地依托家庭与拟家族的纽带将个体既裹挟又保护地置于市场化乃至全球化的潮流中。裹挟指的是家庭与拟家族关系常常服务于市场经济，为交易提供替代产权的信任机制③，为企业提供员工的忠诚④，为生产寻找上下游市场提供便利⑤。保护指的是家庭与拟家族关系为其成员提供基于成员祖籍身份的劳动保护。⑥ 对彝族工人的研究表明，拟家族关系不仅仅为加工制造业补充了常规劳动力，塑造了人力成本的比较优势，同时，这种拟家族关系也使成员获得了更好的技能培训与生活保障，提高了个体抵御市场风险的能力。

由此，我们看到家庭与拟家族关系不仅促成了中国经济发展的奇迹，实际上也塑造了中国社会发展的奇迹。虽然，不少研究指出，中国的家庭与拟家族关系在维系社会稳定方面发挥了不可忽视的作用，但是，如何提高处于市场化冲击下的村庄集体自我保护能力是较少被关注的议题。"改革初期以廉价劳动力为基础的工业化与改革后期以廉价土地为基础

---

① 徐宗阳：《资本下乡的农业经营实践——一个公司型农场内部的关系与风气》，《南京农业大学学报》（社会科学版）2019 年第 6 期。
② 肖瑛：《"家"作为方法：中国社会理论的一种尝试》，《中国社会科学》2020 年第 11 期。
③ 折晓叶、陈婴婴：《产权怎样界定——一份集体产权私有化的社会文本》，《社会学研究》2005 年第 4 期。
④ 朱妍：《组织忠诚的社会基础：劳动关系"嵌入性"及其作用条件》，《社会学研究》2017 年第 2 期。
⑤ 徐宗阳：《资本下乡的农业经营实践——一个公司型农场内部的关系与风气》，《南京农业大学学报》（社会科学版）2019 年第 6 期。
⑥ 刘东旭：《流动社会的秩序：珠三角彝人的组织与群体行为研究》，中央民族大学出版社，2016。

的城镇化构筑了'中国制造'的竞争优势。"① 推动城镇化不是靠"经营城市"，就是靠"经营土地"，但是实现乡村振兴依靠的是村庄以促进家园建设为目标的"自我经营"。与市场和国家推动的城镇化相比，相同之处在于二者均依靠"经营土地"实现转型，不同之处在于村庄自我经营的目的是社会性的，"农业强、农村美、农民富"是家园建设的方向。这种自我经营建立在集体土地所有制的产权制度之上，集体土地所有制也是促进中国特色乡村发展之路的制度条件。

本研究以湾区一个集体村落为例，通过展示其利用宗族关系与伦理规范市场要素配置，以集体守护农地的过程来把握我国"自内而外"的村庄现代化之路的独特机制。在中国特色现代化语境下，这一案例是讨论家庭与拟家族关系如何推动村庄振兴的重要切口：一方面，作为社会内生的村庄现代化模式，家园式的村庄经营方式代表了有经济基础、有文化底蕴、有团结机制的村庄的社会发展模式；另一方面，这种村庄的现代化转型方式也是家庭与拟家族关系发挥机制的典型案例。这个村庄之所以能够在市场化的冲击之下，坚持保护弱者、保护农地、保护粮食生产、村庄振兴等多重目标，最终实现家园的自我经营，离不开极具地方特色的沙田宗族传统。

村庄的自我经营不同于国家或市场对村庄的强力改造，而是以家园建设为目标。这种村庄的自我经营方式既展示出区别于西方"离家出走"的现代化转型过程，又展现出中国村庄普遍存在的家园式经营的内在机制。这一极具中国特色的村庄个案揭示了在社区营造、村庄振兴中已经大量涌现的村庄共同体发展、集体经济转型的底层逻辑。本书的贡献在于，利用典型案例提出了村庄自我经营这一现代化转型的模式，揭示了村庄自我经营、实现村庄现代化转型的方式：其一，村庄自我经营的目标是守护家园；其二，村庄自我经营的方式是制度调适；其三，村庄实现自我经营的条件有三个——地方社会文化资本、外部制度空间与

---

① 周飞舟、王绍琛：《农民上楼与资本下乡：城镇化的社会学研究》，《中国社会科学》2015年第1期。

行动策略。

2021 年中央一号文件提出，"到 2025 年末基本完成农村集体产权制度改革阶段性任务，发展壮大新型农村集体经济"。土地流转问题是新型农村集体经济建设的关键，换句话说，真正实现村庄振兴，要摆脱"经营城市""经营村庄"的被动工业化、城镇化之路，充分重视农民主体在土地流转中的地位。正如周飞舟等对城镇化社会学意涵所做的判断一样，"所谓'经营城市'，本质上是在'经营土地'"。① 而村庄要真正因地制宜地走出自己的路，自我经营的基础和抓手仍然是"经营土地"。当然在村庄的自我经营过程中，社会文化主体性发挥着不可忽视的作用。②

① 周飞舟等：《从工业城镇化、土地城镇化到人口城镇化：中国特色城镇化道路的社会学考察》，《社会发展研究》2018 年第 1 期。
② 王春光：《中国社会发展中的社会文化主体性——以 40 年农村发展和减贫为例》，《中国社会科学》2019 年第 11 期。

┃ 第二章 ┃

思路：维系共同体制度

一 共同体与可持续发展

随着资本主义在全球的扩张，环境恶化与贫困、饥饿问题共生，越来越多的国家和地区加入可持续发展的倡议联盟中来，加入共同体行动，追求可持续发展。2015 年，联合国为 2030 年可持续发展设立了 17 个目标（Sustainable Development Goals，SDGs）。这些目标涉及环境与社会问题的诸多方面，而且各目标之间联系紧密。该倡议联盟包括 193 个成员国和全球性的公民社会组织，是超大规模的全球共同体行动倡议。但是，相关专家并不将希望寄托于如此大规模的共同体行动倡议，他们希望推动可持续发展目标的"当地化"（Localizing the SDGs），亦即让当地行动者和当地制度加入，从解决地方性的可持续发展问题入手。在习近平总书记的号召下，中国也通过节能减排、扶贫救助等行动积极推动可持续发展。在国际、国家层面的号召下，虽然有来自国家、市场、非政府组织等各方力量的加入，但是因为环境与社会目标涉及的领域十分广泛，实现可持续发展不可能一蹴而就。

可持续发展包括可持续消费、可持续生产以及自然资源的可持续管理，是资源取用与公共产品提供的平衡，涉及更大范围的共同体行动协调和更高层次的权力监督问题，更具复杂性。这一议题是对公共治理提出的空前挑战。

公共治理的本质在于协调共同体行动，获取与分配资源，运作良好的公共治理需要有良好的制度设计，以保证合理获取、公平分配。已有研究证明，自治共同体在这两个方面都具有显著优势。① 由于其长久嵌入地方的自然和社会环境，经过了以社会学习为主要方式的社会化过程，共同体规范已被广泛接纳，因此能够有效集结偏好，克服"搭便车"行为，形成共同体行动。同时，共同体也能够通过扁平的组织架构和绵密的日常交往监督决策者，使决策者因道德约束（moral standing）、团结诱因（solidarity incentive）而向民众负责，公正地提供公共产品。

Agrawal 等从解决共同体行动入手，提出"社区为基础的资源管理/保育"（community-based resources management/conservation，CBR）的独特概念，研究了共同体在处理资源取用议题上的行动优势。② 而 Putnam 等则从社会资本的角度出发，重点关注了共同体对于处理公共物品提供、政府回应性等问题，以及共同体对独断权力制衡的作用。③

---

① Ostrom, Elinor. *Understanding Institutional Diversity*. Princeton: Princeton University Press, 2006; Ostrom, Elinor, Roy Gardner, James Walker, and Jimmy Walker. *Rules, Games, and Common-Pool Resources*. Michigan: University of Michigan Press, 1994; Putnam, Robert D. "Bowling Alone: America's Declining Social Capital." In *Culture and Politics*. New York: Palgrave Macmilan, 2000; Tsai, Lily L. *Accountability without Democracy: Solidary Groups and Public Goods Provision in Rural China*. Cambridge: Cambridge University Press, 2007; Tsai, Lily L. "Solidary Groups, Informal Accountability, and Local Public Goods Provision in Rural China." *American Political Science Review* 101, No. 2 (2007): 355 – 372.

② Agrawal, Arun, and Clark C. Gibson. "Enchantment and Disenchantment: The Role of Community in Natural Resource Conservation." *World Development* 27, No. 4 (1999): 629 – 649; Belsky, Jill M. "Misrepresenting Communities: The Politics of Community-based Rural Ecotourism in Gales Point Manatee, Belize." *Rural Sociology* 64, No. 4 (1999): 641 – 666; Songorwa, Alexander N. "Community-based Wildlife Management, CWM) in Tanzania: Are the Communities Interested?" *World Development* 27, No. 12 (1999): 2061 – 2079; Tang, Shui Yan. "Institutional Arrangements and the Management of Common-pool Resources." *Public Administration Review* 1991: 42 – 51.

③ Putnam, Robert D. "Bowling Alone: America's Declining Social Capital." In *Culture and Politics*. New York: Palgrave Macmillan, 2000; Putnam, Robert D., and Robert Leonardi. *Making Democracy Work: Civic Traditions in Modern Italy*. Princeton: Princeton University Press, 1993; Tsai, Lily L. *Accountability without Democracy: Solidary Groups and Public Goods Provision in Rural China*. Cambridge: Cambridge University Press, 2007.

　　不论是在理论中还是在实践中，社区共同体都是实现社会和环境多种治理目标的重要主体。无论是基于量化的理论建构还是基于质性案例的累积，相关研究成果都指出了共同体在改善地方治理绩效、促进资源可持续发展过程中的重要作用。但是，极少有研究关注社区共同体以及附着其上的共同体制度何以维系的问题。实际上，社区共同体很难在社会、政治环境的急速变迁中保持制度韧性，这是因为共同体的优势同时也是劣势。共同体的制度规则是成员性、嵌入性和非规制性的，这就意味着一旦共同体的集体制度与外部政经制度存在错位，社群成员将不得不在社群规范、国家法规乃至普遍规则之间权衡。权衡的结果常常就是约束更多的社群规范输给相对宽松或迎合私利的外部制度。南美和非洲的很多村庄和部落都存在大量的社区共同体可持续制度，但是，这些制度极少能够在市场经济中存活。为了弄懂什么样的制度能够长期存续，布鲁明顿学派在搜集世界各地资源可持续取用案例的基础上，从资源特性、社区特性、规则安排等方面进行了梳理（参见表 2-1）。

表 2-1　影响共同体制度维系的因素

	结论	重要性	文献
资源的特征	资源具有的排他性/耗竭性特征影响取用的成本效益计算，资源的地区性/全球性特征影响协调难度	前提条件	Ostrom 等[1]
社区特性	社区产权安排：无产权、公共产权、共同体产权、私有产权	影响因素	Schlager 和 Ostrom[2]
	社区规模：取用者若规模过大，协调难度高	前提条件	Poteete 和 Ostrom[3]

[1] Ostrom, E. et al. *Rules, Games, and Common-Pool Resources*. Michigan: University of Michigan Press, 1994; Poteete, Amy R., and Elinor Ostrom. "Heterogeneity, Group Size and Collective Action: The Role of Institutions in Forest Management." *Development and Change* 35, No. 3 (2004): 435-461.

[2] Schlager, Edella, and Elinor Ostrom. "Property-Rights Regimes and Natural Resources: A Conceptual Analysis." *Land Economics* 68, No. 3 (1992): 249-262.

[3] Poteete, Amy R., and Elinor Ostrom. "Heterogeneity, Group Size and Collective Action: The Role of Institutions in Forest Management." *Development and Change* 35, No. 3 (2004): 435-461.

续表

	结论	重要性	文献
社区特性	社区异质性：群体的文化、种族、习俗的异质性大，协调难度大，共用程度越高越好	影响因素	Poteete 和 Ostrom；汤京平、吕嘉泓[1]
制度安排	边界界定规则：地理边界、成员资格或进入门槛	必要条件	Tang[2]
	信息沟通规则：资讯共用程度与意见协商程度	必要条件	Baland 和 Platteau；Ostrom 等[3]
	收入分配规则：收入和分配的公平程度	必要条件	Baland 和 Platteau；Tang[4]
	退出进入规则：取决于共用资源的特性，以能保证成员公平公正享有使用权为原则	比较优势	Baland 和 Platteau[5]

　　社区共同体在急速转型的社会更难维系。一是快速变革的政治、经济转型带来大量不同层次和效力的政策法规的频繁出台和变动。部分政策的出台和变动常常促使发源于特定社会背景的共同体遭遇不同程度的政策壁垒。二是社会团体的运作常常遭遇行政、财政和管理人员直接或间接的干预。三是社会观念的制约。共同体的活力和组织取决于团体成员和潜在成员对需求的认知、组织管理能力、参与水平以及社会信任。社会信任与共识的缺失容易导致共同体遭遇成员流失和组织"僵尸化"问题。

---

[1] Poteete, Amy R., and Elinor Ostrom. "Heterogeneity, Group Size and Collective Action: The Role of Institutions in Forest Management." *Development and Change* 35, No. 3 (2004): 435 - 461; 汤京平、吕嘉泓：《永续发展与公共行政——从山美与里佳经验谈社区自治与"共享性资源"的管理》，《人文及社会科学集刊》2002 年第 2 期。

[2] Tang, Shui-Yan. "Institutional Arrangements and the Management of Common-Pool Resources." *Public Administration Review* 51, No. 1 (1991): 42 - 51.

[3] Baland, Jean-Marie and Jean-Philippe Platteau. *Halting Degradation of Natural Resources: Is There a Role for Rural Communities?* Oxford: Oxford University Press, 2000; Ostrom E. et al. *Rules, Games, and Common-Pool Resources.* Michigan: University of Michigan Press, 1994.

[4] Baland, Jean-Marie and Jean-Philippe Platteau. *Halting Degradation of Natural Resources: Is There a Role for Rural Communities?* Oxford: Oxford University Press, 2000; Tang, Shui-Yan. "Institutional Arrangements and the Management of Common-Pool Resources." *Public Administration Review* 51, No. 1 (1991): 42 - 51.

[5] Baland, Jean-Marie and Jean-Philippe Platteau. *Halting Degradation of Natural Resources: Is There a Role for Rural Communities?* Oxford: Oxford University Press, 2000.

　　既然共同体对地方社会和环境治理至关重要，为何不同地域、类型的社会团体的活力和存续差异显著呢？在遭遇多种制度变革时，何种因素促使共同体保持韧性呢？对于这一问题的回答不仅具有实践意义，也具有重要的理论意义。

二　解释共同体制度的维系

　　过去几十年，社会科学界将研究重点从静态的制度视角转向动态的制度变迁，但是很少关注制度何以存续，特别是某些具有自治性的共同体制度。为何不同的共同体组织具有不同的寿命呢？

　　关于制度变迁与守恒的已有研究存在这样几种视角：一是理性制度主义视角，从理性人假设出发，关注行动者的共同体行动[①]；二是历史制度主义视角，认为制度的固化取决于历史的遗产和权力关系的固化[②]；三是社会学制度主义视角，用社会角色解释行为动机，关注社会结构与行动者的意义约束与再阐释关系[③]；四是批判制度主义视角，即基于共同体与社会结构、宏观制度动态互动关系的后制度主义视角。这四种视角并不是截然分开的，而是在发展过程中互相借鉴、交错发展的。划分依据是研究路径的差异，特别是研究对象的区别（个体理性行动者、社会角色、共同体、国家及其代理人）和约束力量的差异（基于社会关系的社会结构还是基于支配关系的权力结构）。

---

①　Greif, Avner, and David D Laitin. "A Theory of Endogenous Institutional Change." *American Political Science Review* 98, No. 4 (2004): 633 – 652; North, Douglass C, and Robert Paul Thomas. *The Rise of The Western World: A New Economic History.* Cambridge: Cambridge University Press, 1973.

②　Mahoney, James, and Kathleen Thelen. "A Theory of Gradual Institutional Change." In *Explaining Institutional Change: Ambiguity, Agency, and Power.* New York: Cambridge University Press, 2010; Pierson, Paul. "Increasing Returns, Path Dependence, and the Study of Politics." *American Political Science Review* 94, No. 2 (2000): 251 – 267.

③　Amable, Bruno. "Institutional Complementarity and Diversity of Social Systems of Innovation and Production." *Review of International Political Economy* 7, No. 4 (2000): 645 – 687; Hollingsworth, J Rogers, and Robert Boyer. *Contemporary Capitalism: The Embeddedness of Institutions.* Cambridge: Cambridge University Press, 1997.

这四种视角基本覆盖了制度与发展的四种景象：政策干预主义景象、国家主义景象、结构主义景象和社群主义景象。

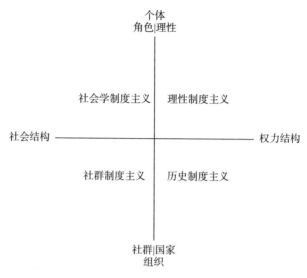

图 2-1 制度变迁的四种视角

理性制度主义认为共同体制度主要受个体策略和动机的影响；社会学制度主义认为人是社会的，具有责任和自利的双重动机，因此，制度的意义和功能是社会角色和结构赋予的；历史制度主义认为共同体制度的存续是权力结构固化、群体支配的结果；社群制度主义则认为共同体制度的存续是制度在面临内外部挑战时进行自我调适、修改和转化的结果。

理性制度主义将制度视为"行动的规则"（rule of game）。[1] 制度的优劣取决于制度设计过程将制度的激励机制与行动者诱因协调的效果。制度构成个人行动策略的背景，个人策略互动形塑制度，这是一个实时的动态过程。[2] 因此，制度的形成是可以设计的，制度的改变是策略互动的均衡。在理性制度主义理论的指导下，西方社会出现了大量的发展

---

[1] Ostrom, Elinor, Roy Gardner, James Walker, and Jimmy Walker. *Rules, Games, and Common-Pool Resources*. Michigan: University of Michigan Press, 1994.

[2] Ostrom, Elinor. *Governing the Commons*. Cambridge: Cambridge University Press, 1990; Ostrom, Elinor, Roy Gardner, James Walker, and Jimmy Walker. *Rules, Games, and Common-Pool Resources*. Michigan: University of Michigan Press, 1994.

干预项目和干预政策。奥斯特罗姆将其总结为有效制度设计的八大要素，这成为诸多社会组织、帮扶计划的操作准则。一些国家和组织对亚非国家的社会发展问题从宏观的宪政制度安排、法律规定到贸易、财税政策，再到基层的社区治理等方面，都采取了积极干预主义政策。但是，效果并不理想，虽然有成功的个案，但更多未达到预期的效果，由此引起了此派学者的反思。①

对这一理论的批判主要集中在两点：个体不是理性的，制度设计也不可随心所欲。以共享资源（common-pool-resources，CPRs）为主要研究对象的制度学者，通过分析在世界各地搜集到的关于当地自然资源（灌溉用水、森林、渔业资源等）管理制度案例认识到：一方面，制度演化需要考察共同体制度之外更大范围的政治、经济和社会体制之间的互动关系；另一方面，共同体选择机制（collective-choice arrangement）因内部权力非均衡分布、诱因结构多样化可能产生不同的互动结果。②

早期，社会学制度主义的主要贡献在于其大大扩展了制度的内涵。社会学制度主义将"意义框架、认知习惯和道德习俗"纳入制度研究的分析框架，打破了制度与文化的界限。制度存在的合法性首先是意义的，是适应社会规范和角色的，而不是功能的。因此，制度常常是趋同化扩散的，制度和行为之间通过互相阐释（interpretation）相互塑造。社会学制度主义从个体行动者的角色入手，阐释不同行动者的行为动机，认为

---

① De Koning, Jessica. "Unpredictable Outcomes in Forestry—Governance Institutions in Practice." *Society & Natural Resources* 27, No. 4 (2014): 358 – 371; Dorward, Andrew, Shenggen Fan, Jonathan Kydd, Hans Lofgren, et al. "Rethinking Agricultural Policies for Pro-poor Growth." *Natural Resource Perspectives* 94 (2004): 114.

② Blaikie, Piers. "Is Small Really Beautiful? Community-based Natural Resource Management in Malawi and Botswana." *World Development* 34, No. 11 (2006): 1942 – 1957; Tang, Ching-Ping, and Shui-Yan Tang. "Negotiated Autonomy: Transforming Self-governing Institutions for Local Common-pool Resources in Two Tribal Villages in Taiwan." *Human Ecology* 29, No. 1 (2001): 49 – 67; Tang, Ching-Ping, and Shui-Yan Tang. "Managing Incentive Dynamics for Collaborative Governance in Land and Ecological Conservation." *Public Administration Review* 74, No. 2 (2014): 220 – 231; Tang, Shui-Yan. "Institutional Arrangements and the Management of Common-pool Resources." *Public Administration Review* 1991: 42 – 51.

角色即动机。因此,不同的行动者,例如个体、公司、社会组织、政府的行为动机可以被区分为两种:追求自我利益和履行义务责任。制度演化取决于两个动力——社会结构改变行动者的社会角色和行动者对意义的再解读。[①]

在这一脉络之下,社会学制度主义立足"社会人"假设,专注于身处社群中的个体和群体互动。这一流派在研究经济活动和经济关系时在一定程度上注意到了不同社会关系的冲突,例如,劳雇关系和地缘关系之间的冲突和协调。[②] 但是,该流派过于狭窄的组织内市场关系和社会关系冲突研究导致了静态的制度冲突论,而将格兰诺维特对"持续性社会关系"[③] 的强调抛诸脑后,也抛弃了社会学制度主义对各种非正式制度,例如社会结构、观念、传统和价值的强调。因此,社会学制度主义的新经济和社会学流派在"持续嵌入性"(embedded in ongoing social relations)、"主动嵌入性"(purposing embeddedness),甚至多层次嵌入的道路上寻求突破[④],也试图将日常生活政治的维度纳入其中,寻找一种包含权力支配关系的动态嵌入性视角。[⑤]

相比理性选择制度主义与社会学制度主义,历史制度主义找回制度的时间维度,拥戴者众多,发展脉络清晰。历史制度主义选择特定历史

---

① Amable, Bruno. "Institutional Complementarity and Diversity of Social Systems of Innovation and Production." *Review of International Political Economy* 7, No. 4 (2000): 645 – 687; Hollingsworth, J. Rogers, and Robert Boyer. *Contemporary Capitalism: The Embeddedness of Institutions*. Cambridge: Cambridge University Press, 1997.

② 朱妍:《组织忠诚的社会基础:劳动关系"嵌入性"及其作用条件》,《社会学研究》2017 年第 2 期。

③ Granovetter, Mark. "Economic Action and Social Structure: The Problem of Embeddedness." *American Journal of Sociology* 91, No. 3 (1985): 481 – 510.

④ Cleaver, Frances. "Reinventing Institutions: Bricolage and the Social Embeddedness of Natural Resource Management." *The European Journal of Development Research* 14, No. 2 (2002): 11 – 30; Ghosh, Abhijit. "Embeddedness and the Dynamics of Growth." Paper presented at the the UN-RISD conference, Geneva, Switzerland, 2013; Granovetter, Mark. "Economic Action and Social Structure: The Problem of Embeddedness." *American Journal of Sociology* 91, No. 3 (1985): 481 – 510.

⑤ Cleaver, Frances, and Jessica De Koning. "Furthering Critical Institutionalism." *International Journal of the Commons* 9, No. 1 (2015): 1 – 18.

背景下的制度安排和结果作为自变量来解释社会经济生活中的各种现象，包括经济成长和社会变迁。[1] 他们以制度考察历史，以国家、政治制度为主要研究对象，强调制度演进的非预期性、非线性、过去对现在的影响和不同制度在特别时空节点上的横向和纵向汇合结果。因此，他们的因果关系不是决定性的、单一的，而是多重因果的因果链（causal chain）。他们倾向于预设这些制度之间是互补的（institutional complementarities），因此将这些不同层次、不同形式的制度元素连同这些制度的连接形态打包进一个理想形态，进行套餐式的制度解释。典型的如自由型市场经济（liberal market economy）和协调型市场经济（coordinated market econo-my）与资本主义多样性之间的因果关系。[2]

历史制度主义将制度变迁理解为线段式（punctuated）、由关键节点（critical junctures）和政策反馈（policy feedback）组成的树状结构。制度变迁则由精英决策的关键节点和权力结构固化的路径依赖组成，存在"突变"和"渐变"两种模式。关键节点借助外生的冲击（exogenous shocks）为行动者（精英）提供机会选项。[3] 路径依赖则通过"回报递增"（increasing return）形成制度的自我强化。Pierson 认为，制度由于受特殊利益群体的影响，会产生锁入（lock in）的"路径依赖"效应，导致无效制度的长期存在。[4]

三种制度论对制度与行动者关系以及制度变迁的看法存有较大分歧，

---

[1] Evans, Peter B, Dietrich Rueschemeyer, and Theda Skocpol. *Bringing the State Back In*. Cambridge: Cambridge University Press, 1985; Skocpol, Theda. *States and Social Revolutions: A Comparative Analysis of France, Russia and China*. Cambridge: Cambridge University Press, 1979; Peter A. Hall, and Soskice, David, W. *Varieties of Capitalism: The Institutional Foundations of Comparative Advantage*. Oxford: Oxford University Press, 2001; Thelen, Kathleen. "Historical Institutionalism in Comparative Politics." *Annual Review of Political Science* 2, No. 1 (1999): 369 – 404.

[2] Peter A. Hall. and Soskice, David, W. *Varieties of Capitalism: The Institutional Foundations of Comparative Advantage*. Oxford: Oxford University Press, 2001.

[3] Hall, Peter A., and Rosemary, C. R. Taylor. "Political Science and the Three New Institutionalisms." *Political Studies* 44, No. 5 (1996): 936 – 957.

[4] Pierson, Paul. "Increasing Returns, Path Dependence, and the Study of Politics." *American Political Science Review* 94, No. 2 (2000): 251 – 267.

但这些视角有几个共同点：第一，制度之间的冲突被忽视了，无论是基于历史制度主义"套餐"式的制度观还是基于社会学制度主义"嵌套"式的制度观，制度组合形成的结构关系预设虽然不同，但是制度之间的关系都是协调的。第二，这三种分析路径较少考虑制度的意义。常常将制度存在的功能当成制度存在的意义。实际上，惯习的存在并非都是因其功能。行动者珍视与认可一些制度，主要是因为这些制度的符号、承载的感情具有社会意义。第三，制度演进的动力主要有三种，分别是基于个体理性的共同体选择、基于历史影响的权力结构固化以及基于社会结构的缓慢影响。因此，三种制度论都尚未回答为何很多历经长时间的政治、经济、社会结构重大变迁的社区共同体可以延续至今。

近十年来，建立在对新制度主义批判与反思基础之上的后制度主义或批判制度主义的发展提供了研究制度动态演化的新视角。

随着制度研究转向动态的制度演化和制度竞合关系，批判制度论（critical institutionalism）由之兴起。批判制度论虽以"批判"主流制度论（mainstream institutionalism）立论，但是又与之密不可分。立足"社会人"假设的社会学制度主义逐渐发现社会人的角色是多重的，制度的目的也是多样的。[1] 历史制度主义也开始走向行动者与制度互动、渐进的制度演进思路。[2] 理性制度主义更是在公共选择学派的努力下，进一步正视社区异质性，将政治、政策和地方权力互动带入分析框架，对地方社会传统和规范做进一步概念化[3]，这使得制度分析走向了一种基于制度系统与行动者复杂互动的动态演进过程。

---

① Cleaver, Frances. "Reinventing Institutions: Bricolage and the Social Embeddedness of Natural Resource Management." *The European Journal of Development Research* 14, No. 2 (2002): 11 – 30.

② Mahoney, James, and Kathleen Thelen. "A Theory of Gradual Institutional Change." In *Explaining Institutional Change: Ambiguity, Agency, and Power*. New York: Cambridge University Press, 2010; Poteete, Amy R, and Elinor Ostrom. "Heterogeneity, Group Size and Collective Action: the Role of Institutions in Forest Management." *Development and Change* 35, No. 3 (2004): 435 – 461.

③ Poteete, Amy R., and Elinor Ostrom. "Heterogeneity, Group Size and Collective Action: the Role of Institutions in Forest Management." *Development and Change* 35, No. 3 (2004): 435 – 461; Utting, Peter. "Introduction: The Challenge of Scaling up Social and Solidarity Economy." In *Social and Solidarity Economy: Beyond the Fringe*, edited by Peter Utting. London: Zed Books, 2015.

社群制度主义立足"社群主义"，从共同体角度看待制度。与"制度和谐论"不同，社群制度主义认为，制度之间存在磨合、排挤、牵引等不同的制度共存形态。

首先，社群制度主义从三个方面批判"制度协调论"，强调制度间"持续的复杂共存关系"。第一，制度行动者愿意配合制度的诱因结构是多重的、复杂的、互动的，既有物质、道德的，也有社会关系的[1]，诱因之间的互动效果是多样的，可能是排挤的，也可能是互益的。[2] 第二，社会组织的组织方式是多样的，既有纵向层级式的正式契约关系，也存在圈子式的非正式交往关系，还有基于社会价值（公平贸易、理想型消费团体）或特定目的的扁平的、网络式的组织结构（平台经济）。这意味着协调个体行动、形塑个体参与方式的共同体制度可能是正式的，也可能是非正式的。组织与组织之间的互动连接方式可能是竞争性的，也可能是合作的、协商的、交换的。第三，宏观的制度安排、规范和传统与特定的社会结构之间的互动关系是多样的。"一个制度的关键节点并不必然是与之相联系的制度的关键节点。"[3] 因此，特定时空下共存着多种制度，制度之间既不是同质的，也不是同步的，制度之间的咬合、磨合甚至掣肘对制度的存亡具有关键作用。制度是异质性的，不同制度元素具有不同的强制性和清晰度，这种制度异质性为行动者提供了背景和选项。

其次，批判制度论拓展了制度研究的维度，增加了制度的"意义"维度，也就是说，只有"合法化的规（rule）才是制（institution）"。这样，制度就需要同时考虑"功能"和"意义"两个维度。所谓"意义"，

---

① Cleaver, Frances, and Jessica De Koning. "Furthering Critical Institutionalism." *International Journal of the Commons* 9, No. 1 (2015): 1 – 18.

② Tang, Ching-Ping, and Shui-Yan Tang. "Managing Incentive Dynamics for Collaborative Governance in Land and Ecological Conservation." *Public Administration Review* 74, No. 2 (2014): 220 – 231.

③ Capoccia, Giovanni and R. Daniel Kelemen. "The Study of Critical Junctures: Theory, Narrative, and Counterfactuals in Historical Institutionalism." *World Politics* 59, No. 3 (2007): 341 – 369.

指的是制度运作的合法性（the right way to do things）①，这是对制度与伦理之间关系的强调。两个维度并非总是成对出现，因此，就存在以下四种情况：①当制度的功能和意义同时存在时，出现制度恒性或韧性；②当制度具有功能却丧失意义时，制度"名存实亡"，但通常会以另外的"名义"存在；③当制度丧失功能却仍具有意义时，制度"名亡实存"；④当功能与意义同时丧失时，制度通常就会消失。因此，行动者在一定的权力结构中、在充满制度规则（rule of game）的空间中根据自己的价值判断进行权衡取舍，或者重新进行意义阐释，或者"自行其是"。已有制度研究很少从同时"功能"和"意义"两个维度考量制度，因此，多数关注第一种制度演进类型和第四种制度演进类型，忽略另外两种，忽视制度的"社会接纳"功能。

制度的功能依赖于权力关系来启动，制度的意义则依赖于社会化过程中形成的社会认同来赋予。无论是委托代理的官僚体制还是市场经济组织，都意图通过物质和社会等级的排他性（exclusive）建立权力支配关系，维持制度功能。与之不同，制度意义的获得方式必须仰赖社会化过程中建立的价值共识和共同体认同，是一种包容性（inclusive）的、创造"我是其中一员"（one in common）认知的方式。所谓认同，就是关于"我是谁？我属于哪个群体？我应该如何行事？"的同样答案。行动者的角色认同，决定了行动者对待制度的方式和策略，即顺从、修改还是漠视。

行动者的行动目标是达到平衡，包括：第一，面对外部制度的变化甚至挑战，共同体制度需要通过制度调适保持制度韧性，保持共同体制度与外部制度的协调；第二，让"功能"与"意义"协调，基于价值认同的社群需要与基于权力关系的利益结构相协调。因此，归根结底，社群行动者是为了"创造内部和外部之间利益和认同的共同体"而行动，通过地方资本和自身的制度元素，不断地化解和调整"创造等级与差异

---

① Cleaver, Frances. "Reinventing Institutions: Bricolage and the Social Embeddedness of Natural Resource Management." *The European Journal of Development Research* 14, No. 2 (2002): 11 – 30.

的排他性制度安排"。

三　制度调适和共同体制度维系

批判制度论立足社群主义，顺应反思资本主义的浪潮，找回各种各样的共同体组织，极大地拓展了研究对象。组织的形式和共同体制度是多种多样的，既有理性的逐利组织，也有响应社会需求的社会组织。制度同时具有制约性和赋权性，传统制度主义学者往往只强调制度的约束面向。但是，正如斯科特指出的，除了对行动进行限制，制度也提供激励、指引和行动的资源①，因此，制度未必是规制性的。批判制度论立足"社群主义"，将组织划分为"赋权性社会组织"以及"规制性的科层组织"，找回各种各样的社会经济（social economy）和社群团结经济（solidarity economy）等组织形态。② 波兰尼式的论调宣称，"结社"本身就是作为"社会人"的个体实现社会需求，反抗"制度供给不足"的本能。这一拓展将只关注企业、政府等"理性组织"的制度主义转向合作社、互助组织、非营利组织、社会企业、共用经济、伦理经济组织等创新又古老的共同体。例如，印度南部喀拉拉邦的 Kudumbashree 妇女组织就通过民主的组织原则为妇女赋权、挑战性别结构，显著提升了妇女的社会地位，成为印度知名的性别赋权组织。③

以上区分并不说明共同体只依赖意义，而理性组织、企业组织和官僚组织只借助物质利益。相反，没有适当物质利益反馈的价值无法"落地"，而理性组织也非常依赖企业文化或职业教育的力量以使组织原则"深入人心"，只是两种组织对待意义与利益的优先度不同。制度的变迁

---

① Scott, W. Richard. *Institutions and Organizations: Ideas, Interests, and Identities.* New York: Sage Publications, 2013.

② Douthwaite, Richard. *Short Circuit: Strengthening Local Economies for Security in An Unstable World.* London: PA: Dufour Editions, 1997; Gibson-Graham, and Julie Katherine. *A Postcapitalist Politics.* Minnesota: University of Minnesota Press, 2006.

③ Utting, Peter. "Introduction: The Challenge of Scaling up Social and Solidarity Economy." In *Social and Solidarity Economy Beyond the Fringe*, edited by Peter Utting. London: Zed Books, 2015.

与维持既需要依赖合适的物质利益分配，也需要仰赖社会认同的形成。社会认同的形成过程虽然缓慢，但是一旦内化为行动者的无意识行为准则就具有长久的生命力，对制度的维系具有重要价值。

　　本书将"社群团结经济"界定为强调社会个体基于共同的价值伦理认同上的"团结"，以社会价值指导、规训经济活动的组织形态。[①] 有别于传统的以利益结构塑造认同结构（例如，用经理、雇员、老板等劳雇角色塑造个体角色认同），团结经济反向操作，以个体角色认同再造利益结构（参见图 2-2）。例如，Kiva 和 Oikocredit 的小微投资计划，通过富人向穷人直接借贷建立贷入者和贷出者之间的联系，并建立风险分担机制，塑造社会团结。[②] 通过伦理价值的协商重塑个体认同是团结经济最重要的要件——社会化过程。[③] 个体得以思考"我是谁？我属于哪个群体？我应该发挥何种角色？"伦理沟通成本高昂，既需要便捷的沟通方式，也需要各方具备较强的社会学习能力。早期的社会化过程通常借助宗教仪式、当地政治和限定的地理空间，在"原生社区或部落"中塑造个体认同，形塑个体角色。随着科技的进步、网络的发达、知识的普及，社会成员开始借助网络平台、报刊等传播媒介，从再定义传统价值

① Douthwaite, Richard. *Short Circuit: Strengthening Local Economies for Security in An Unstable World.* PA: Dufour Editions, 1997; Kawano, Emily, Thomas Neal Masterson, and Jonathan Teller-Elsberg. "Solidarity Economy I: Building Alternatives for People and Planet." Center for Popular Economics, Amherst, MA, USA, 2009; Laville, Jean-Louis. "Solidarity Economy." In *International Encyclopedia of Civil Society*, edited by Helmut K. Anheier, Stefan Toepler, Regina List. Arlington, VA: Springer, 2010; Miller, Ethan. "Solidarity Economy: Key Concepts and Issues." In *Solidarity Economy I: Building Alternatives for People and Planet*, edited by Emily Kawano, Tom Masterson and Jonathan Teller-Ellsberg. Amherst, MA: Center for Popular Economics, 2010.

② Utting, Peter. "Introduction: The Challenge of Scaling up Social and Solidarity Economy." In *Social and Solidarity Economy: Beyond the Fringe*, edited by Peter Utting. London: Zed Books, 2015.

③ Kawano, Emily, Thomas Neal Masterson, and Jonathan Teller-Elsberg. "Solidarity Economy I: Building Alternatives for People and Planet." Center for Popular Economics, Amherst, MA, USA, 2009; Miller, Ethan. "Solidarity Economy: Key Concepts and Issues." In *Solidarity Economy I: Building Alternatives for People and Planet*, edited by Emily Kawano, Tom Masterson and Jonathan Teller-Ellsberg. Amherst, MA: Center for Popular Economics, 2010; Utting, Peter. "Introduction: The Challenge of Scaling up Social and Solidarity Economy." In *Social and Solidarity Economy Beyond the Fringe*, edited by Peter Utting. London: Zed Books, 2015.

开始重新看待"价值"，形成特定的"社群共同体"，例如，从再定义食品开始的"伦理消费群体"、从再定义关爱（caring）劳动出发的"女权支持者"等。但无论是传统的团结经济还是现代的团结经济，其都具备相当程度的"伦理性"。因此，社群团结经济的首要特质是伦理性。

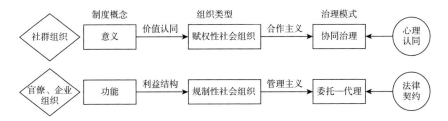

图 2 - 2　社群团结经济与市场经济组织的制度特点、组织类型和治理模式

社群团结经济的"伦理性生产"，要求其在组织制度安排上既需要回应"物质与道德个体动机"，也需要回应地方政治社会制度的结构变化，始终保持相当程度的制度连接，保持组织间的互惠性，以维持其网络结构形态，包括外部的政治、社会连接以取得有利的外部环境，持续的目标连接以保证组织的伦理性。[①] 因此，社群团结经济通常会选择更具包容性的"协同治理模式"而非排他性的"委托—代理模式"。作为自治性、自愿性的结社组织，社群团结经济组织的管理和运作制度来自群体成员的共同体行动。因此，共同体的组织制度是共同体行动的结果。

根据其组织松散程度，社群团结经济可划分为分享、合作、合营与合产四种类型。分享类型的社群团结经济主要是伦理社群等基于共同理念的团体，既包括传统的基于共同节日仪式参与的松散社群，例如共同的妈祖庙、祖宗祭拜群体，也包括有机食农群体、伦理消费群体等小型现代经济群体。合作类型的共同体主要是互助社、互助组、平台经济等生产或消费单元借助网络或地域的整合。合营主要指的是股份制合作的

① Ghosh, Abhijit. "Embeddedness and the Dynamics of Growth." Paper presented at the the UN-RISD conference, Geneva, Switzerland, 2013; Utting, Peter. "Introduction: The Challenge of Scaling up Social and Solidarity Economy." In *Social and Solidarity Economy Beyond the Fringe*, edited by Peter Utting. London: Zed Books, 2015.

类型，例如农村兴起的小农联合合作社。为了追求规模经营，农民转让部分经营权，但不转让所有权。而合产则是团结的最高程度，就是产权由共同体所有。本书将共同体经济或合产或合营的形式定义为社群团结经济中的较高形态。

立足社群主义制度竞合变迁的观点，本书提出了调适演化的共同体制度变迁模型。"制度调适"是指行动者与制度之间的关系，这一概念来自道格拉斯的"智慧调适"（intellectual bricolage），意即行动者可能会用类比、比喻的方式，通过已有的认知结构、意义系统对新进入的制度进行再解读、归类，选择行动策略。历史制度安排和意义框架为行动者提供了"地方资本"（local capital）。在制度演进历史中，制度的形式和意义存在某种关联①，"意义""结构""功能"的似曾相识为行动者对陌生制度的"熟悉化"加工提供了前提。"地方资本"包括三种：历史累积到当下的制度元素、意义框架和社会关系结构。② 因此，"地方资本"形成了行动者的工具和素材，使得行动者能够有所行动。已有研究成果认为，制度的加工方式有三种：组合（aggregation）、修改（alteration）和明示（articulation）。组合和修改主要是对制度元素的再组合、加工，而明示则更多借助意义的表达，或者"不服从"，或者"意义认同调适"。③

"制度调适"这一概念最早来自列维 - 斯特劳斯（Levi-Strauss），意在说明人类的思维方式，就是对手边现有元素的再创造和加工。④ 有学者用这个概念描述制度的变迁过程，并进一步被组织学和制度研究的学者所阐释。⑤ 这个概念的强大解释力表现为它表达了结构、制度、行动

---

① North, Douglass C. "Institutions." *Journal of Economic Perspectives* 5, No. 1 (1991): 97 – 112.

② Cleaver, Frances. "Reinventing Institutions: Bricolage and the Social Embeddedness of Natural Resource Management." *The European Journal of Development Research* 14, No. 2 (2002): 11 – 30.

③ De Koning, Jessica. "Reshaping Institutions: Bricolage Processes in Smallholder Forestry in the Amazon." Doctor of Philosophy, Wageningen University, 2011.

④ Levi-Strauss, Claude. *The Savage Mind*. Chicago: University of Chicago Press, 1968.

⑤ Batterbury, Simon. "Landscapes of Diversity: A Local Political Ecology of Livelihood Diversification in South-western Niger." *Ecumene* 8, No. 4 (2001): 437 – 464; Freeman, Richard. "Epistemological Bricolage: How Practitioners Make Sense of Learning." *Administration & Society* 39, No. 4 (2007): 476 – 496.

三者之间的约束和转化关系。调适者的加工受到手边材料的限制，无法像理性选择制度主义所认为的那样随意发挥，制定最优政策。手边材料，既包括客观的素材，也包括主观信息和知识的限制。调适者也并非像社会学制度主义认为的那样被动受制于结构限制。调适者仍然可以根据已有的知识、信息如即兴表演（结构类似舞台）一样对不同的制度元素进行再组合、修改和意义、功能的调适。而制度就是共同体行动者对调适者制度修改的社会接纳，其承认结构的约束作用，同样认可调适者的创意。

制度调适模型展示了身处复杂外部制度环境的小共同体制度面临内外挑战时的调适演化制度变迁论。这一观点弥补了已有制度论对渐进制度演化的忽视，认为制度的演化与物种演化类似，存在渐进的线性演化（phyletic gradualism）与突变演化（punctuated equilibrium）两种模式，改变了制度变迁的外生视角，注重行动者的能动性。制度调适的概念立足中观共同体视角，使得结构与行为、组织与外部制度衔接在一起。因此，制度变迁的动力来自以下三个方面。

第一，地方资本的多寡制约调适者的手边素材，影响制度的韧性程度。[1] 社群共同体经济组织与营利性规制组织的不同之处在于前者源于对社会需求的社群回应，利用社会关系，以互助的方式集中资源、动员人力。社群制度的维系更多利用密切互动的社群网络，发展长期信任关系，进而解决市场经济产生的资源耗竭和财富分配失衡等问题。因此，关系共同体凝聚力和社群网络结构的地方资本也是影响社群制度维系的重要因素。

第二，不同层次的规则冲突导致外部制度社群制度（实际上是高强制力规则对低强制力规则的替代效应）产生掣肘。有别于诺斯（North）的制度外生论，威廉姆森（Williamson）认为组织即为制度[2]，祖客

---

① Putnam, Robert D., and Robert Leonardi. *Making Democracy Work: Civic Traditions in Modern Italy.* Princeton: Princeton University Press, 1994.

② Williamson, John. *The Political Economy of Policy Reform.* Washington: Peterson Institute, 1994; Williamson, Oliver E. "Technology and Transaction Cost Economics: A Reply." *Journal of Economic Behavior & Organization* 10, No. 3 (1988): 355–363.

（Zucker）认为组织是制度的响应形式。[①] 批判制度论认为组织制度与外在制度结构（产权、法律、文化）之间既存在服从也存在对抗关系，因此，社群制度与外在制度的回应方式被纳入研究，成为解释制度变迁的主要动力机制。例如，以社区环境资源保护组织为例，汤京平等在讲述两个原生社区的现代化危机时，以外来游客在本地溪流捞虾，遭村民以违反社区发展协会禁猎规定为由索取罚款而引发冲突为例[②]，展示了"村约"与"国法"的冲突。农民合作组织是小农进行联合的一种模式，其本质在于通过小规模联合对抗市场经济。但是，注重小农利益的生产者联合组织因为组织协调成本高昂，对小农的约束力弱，在大零售商场主导市场的模式下，很难获得"规模效益"，从而时刻面临生存危机[③]，这是"小农"与"大鳄"的博弈。类似的案例有很多，多数研究社会经济、合作组织、团结经济的学者指出，地方制度环境是影响共同体存亡的重要因素。[④]

第三，组织原则失当造成认同缺失或利益失衡。一方面，制度的功能的发挥无法得到有效"社会关系"的保证，只能依赖"物质激励"，导致社群制度"名存实亡"。[⑤] 与理性的市场和政府组织不同，共同体的

---

① Zucker, Lynne G. "Where Do Institutional Patterns Come From? Organizations as Actors in Social Systems." In *Institutional Patterns and Organizations*: *Culture and Environment*, edited by Zucker L. G. Cambridge, MA: Bollinger. Google Scholar, 1988.

② 汤京平、吕嘉泓：《可持续发展与公共行政——从山美与里佳经验谈社区自治与"共享性资源"的管理》，《人文及社会科学集刊》2002年第2期。

③ Dill, Brian. "Community-based Organizations (Cbos) and Norms of Participation in Tanzania: Working Against the Grain." *African Studies Review* 53, No. 2 (2010): 23 – 48; Francesconi, Gian Nicola, and Nico Heerink. "Ethiopian Agricultural Cooperatives in An Era of Global Commodity Exchange: Does Organisational Form Matter?" *Journal of African Economies* 20, No. 1 (2010): 153 – 177; Markelova, Helen, Ruth Meinzen-Dick, Jon Hellin, and Stephan Dohrn. "Collective Action for Smallholder Market Access." *Food Policy* 34, No. 1 (2009): 1 – 7.

④ Fernandez, A. *Why Doesn't Microfinance Work? The Destructive Rise of Local Neoliberalism. Eur J Dev Res* 23 (2011): 174 – 175; Bernard, Tanguy, Marie-Hélène Collion, Alain De Janvry, Pierre Rondot, et al. "Do Village Organizations Make a Difference in African Rural Development? A Study for Senegal and Burkina Faso." *World Development* 36, No. 11 (2008): 2188 – 2204.

⑤ Cleaver, Frances. "Reinventing Institutions: Bricolage and the Social Embeddedness of Natural Resource Management." *The European Journal of Development Research* 14, No. 2 (2002): 11 – 30.

管理原则和行为约束首先是共识性的，其次才是规制性的。制度的意义和权威依赖"伦理协商"的社会化过程。基于物质利益分配建立起来的权力支配关系是即时有效的，而社会关系形成制约力则常常需要借助长时间和较大程度的动员和参与，甚至较长时间的仪式化、宗教化过程。若社群制度之外的其他制度和结构消解社群原有的"社会认同"和"社会关系"，而共同体无法及时调整"叙事方式"并转译联结认同体系，社群制度则将失效。"伦理和可持续消费组织"是近几年兴起的团结经济类型①，中产经济的规模是制约这类团结经济成长的重要因素，这类团结经济组织的生存依赖"拥有相同价值的消费群体"和"生产群体"的"共同体建设"。如果缺乏愿意为之买单（付出更多物质利益）的消费者群体，以及"我们都是环保主义者或有机食物爱好者"的"共识群体"，单个具体的社群制度将无法存活。② 另一方面，不恰当的组织形式和原则可能导致利益分配失衡，产生诱因挤出效应③，因此，能够纳入各方利益的协同治理结构是社团经济的组织形式。④ 个体的行为动机是多样的，既有基于收入与分配的物质激励规则和基于社区社会地位认可的组织激励规则（荣誉、成员资格等），也有基于情感认可的情感激励规则。⑤

① Jaffee, Daniel. *Brewing Justice: Fair Trade Coffee, Sustainability, and Survival.* California: University of California Press, 2014; Raynolds, Laura T. "Re-embedding Global Agriculture: The International Organic and Fair Trade Movements." *Agriculture and Human Values*, 17 (2000): 297 - 309.

② Nicholls, Alex, and Charlotte Opal. *Fair Trade: Market-driven Ethical Consumption.* New York: Sage Publication, 2005.

③ Frey, Bruno S, and Reto Jegen. "Motivation Crowding Theory." *Journal of Economic Surveys* 15, No. 5 (2001): 589 - 611.

④ O'Leary, Rosemary, Catherine Gerard, Robyn Keast, Myrna P Mandell, et al. "Collaboration and Performance: Introduction to Symposium on Collaboration." *Public Performance & Management Review* 38, No. 4 (2015): 573 - 577; Thomson, Ann Marie, and James L Perry. "Collaboration Processes: Inside the Black Box." *Public Administration Review* 66, No. s1 (2006): 20 - 32.

⑤ Fehr, Ernst, and Urs Fischbacher. "Why Social Preferences Matter-the Impact of Non-selfish Motives on Competition, Cooperation and Incentives." *The Economic Journal* 112, No. 478 (2002): C1 - C33; Frey, Bruno S, and Stephan Meier. "Social Comparisons and Pro-social Behavior: Testing 'Conditional Cooperation' in a Field Experiment." *The American Economic Review* 94, No. 5 (2004): 1717 - 1722; Tang, Ching-Ping, and Shui-Yan Tang. "Managing Incentive Dynamics for Collaborative Governance in Land and Ecological Conservation." *Public Administration Review* 74, No. 2 (2014): 220 - 231.

如何观照组织成员的各种行为动机，并设计合适的组织管理方式是关系团结经济生存的重要问题。因此，多数团结经济组织强调民主化的决策过程和参与方式，以确保相关方利益得到保障，形成协同治理结构。[1]

当用"制度调适"理解共同体组织的制度维系过程时，共同体外部所处的具体时空制度背景和结构约束以及共同体内部的组织策略都可以被纳入研究视角。同时，共同体所处的文化和社会背景所提供的非正式规则给共同体维系带来的作用也应被充分考虑，换句话说，"制度调适"是嵌入性概念的操作化方式。当调适者能够充分利用当下的官僚制度、当地的社会文化制度和配合团结性组织分配运作原则时，共同体就能够有效存活。在调适者的努力下，官僚制度能够始终情境化，而共同体制度也能够嵌入科层体系，获得合法性。因此，制度调适只是一种手段，它的目标是在政治、经济转型中调适共同体制度，使之与官僚制度、市场制度相适应。

四 反常案例作为研究设计

本书所关注的崖溪个案，时间跨度很长。崖溪制度的雏形始于人民公社时期，并历经 1978~1990 年的改革开放市场化时期和 1990 年日趋激烈的城市化时期两个重要的时期。但是，崖溪制度的形成又继承了原有宗族制度的精神。因此，整个崖溪个案的呈现需要历经四个时期：土改前的崖溪、土改与公社时期的崖溪、市场化中的崖溪与城市化中的崖溪。在漫长的历史时期中，中国的土地产权制度、国家制度都发生了翻天覆地的变化，而崖溪村的现代化转型方式始终作为一个反常个案存在。这体现在崖溪村的三次反常选择上：第一次，1978 年，当全国推行家庭

---

[1] Agranoff, Robert, and Michael McGuire. *Collaborative Public Management: New Strategies for Local Governments*. Georgetown: Georgetown University Press, 2004; Bryson, John M, Barbara C Crosby, and Melissa Middleton Stone. "The Design and Implementation of Cross-Sector Collaborations: Propositions from the Literature." *Public Administration Review* 66, No. s1 (2006): 44-55.

联产承包责任制时，崖溪村反其道而行，选择不分家，坚持公社共同体制度，集体耕作"下大田"；第二次，1985 年左右，当广东珠三角地区掀起大办工厂的工商业浪潮时，崖溪村又一次出人意料地选择关闭所有已经颇有成就的工商业企业，回归农耕与滩涂养殖租赁；第三次，1990年之后，珠三角地区的城市化进程如火如荼地进行着，当周围村落争相卖地时，拥有 40 平方公里黄金土地的崖溪村却坚持不卖地。更出人意料的是，崖溪村是一个土地集体所有、通过秘密投票进行选举自治的村庄。为了理解他们为什么是反常的、特殊的，首先必须对新中国成立以来的三次重要的农村土地制度改革做一个简要的背景说明。

（一）为什么反常：背景

土地在中国的历史进程中扮演了十分关键的角色，从土改到人民公社再到联产承包，关于土地制度的变革始终与政治的风云变幻紧密相关。我们的研究对象——崖溪村，作为一个至今为止仍然实行人民公社制度的村落，经历了人民公社至今 60 余年的时间。60 年间，崖溪村的内部环境和外部环境一直在变化，如果我们不能很好地了解其时代背景的变化，就无法了解崖溪村的制度调适过程。同样，如果不了解崖溪土地制度的历史，也就无法了解崖溪现在的制度框架和制度精神。

因此，我们必须对与崖溪制度安排密切相关的中国土地制度的变革做简要介绍。一则通过内外对比，发现崖溪制度的创新之处。二则通过时间演变，领略由崖溪制度安排和外部条件变化所造成的集体行动的变化。为此，首先要简要介绍人民公社制度、家庭联产承包责任制以及广东的股份合作制三个制度流变的基本内容和对研究对象的影响。

第一，人民公社制度——发生在 20 世纪五六十年代，即农业合作化、政社合一时期。主要内容是将各自所有的生产资料，包括土地、较大型的农具、耕地投入集体，实行集体所有。农民进行集体劳动，按劳分配，这实际上是一个所有生产资料（劳动力、耕地以及农具）和分配归行政统一调配的过程。

第二，家庭联产承包的双层经营体制——十一届三中全会之后，农村开始实施家庭联产承包责任制，将原先交给集体统一生产经营的大型牲畜、耕地以及生产资料全部分配到以家庭为单位的农户。所有权与经营权分离，所有权归集体，经营权归农户，实际上，除了农田以外的河流、林地等仍归集体调配决定，其他均灵活选择采用某种方式继续经营。

第三，股份合作制——由于城市化的推进，一些东部沿海地区开始大规模的征地。原属于集体所有的土地在被征地之后产生了巨大的现金收益，如何分配这些收益成为一大难题。作为改革开放的前沿阵地、城市化进程最快的广东在 1990 年 5 月和 8 月连续出台相关规定，根据农民拥有的土地数量折股作价，逐步确立起集体经济的股份合作制形式，该形式作为一种分配方式影响了千家万户，并形成了日后全国土地制度改革的路径依赖。

1. 人民公社制度：村落共同的起跑线

公社集体制度是随计划经济的推行展开的，大致存在于 1958 ~ 1984 年。1958 年 8 月 6 日，中共中央主席毛泽东视察了河南新乡县七里营，发出"人民公社好"的号召。1958 年 8 月 29 日，通过了《中共中央关于在农村建立人民公社问题的决议》，随后各地很快开始推行人民公社制度。关于公社化的过程，张乐天在《告别理想——人民公社制度研究》一书中详细描述过某村共产的情况。[①] 公社不仅仅可以直接收取钱粮，例如公积金、农业税、饲料，甚至可以调用包括国家分配给农民的平价物资以及劳动力。

公社制度对中国村落的发展具有深远影响，集中表现在以下五个方面。

第一，使得耕地集体所有制成为中国村庄土地所有制的核心制度，并固化下来。就在 1955 年前后的一两年时间里，多数响应建立公社地区的农民交出土地证，不管是祖上遗留的田产还是刚刚新分得的田地，一

---

① 张乐天：《告别理想——人民公社制度研究》，东方出版中心，1998。

夜之间又上交集体。后期对土地承包期限的延长也好，上市流转也好，农民已经习惯性地成为被动的接受者。

第二，"画地为牢"。村落的边界与行政区划一致，改变了传统自然村落开放的状态，也整合了原有村落土地犬牙交错、互相嵌套的边界划分。在传统的自然村落中，有很多农民去城镇学习、当学徒或者帮工，其家人留在村中。同时，村庄之间的土地并不是明确切分的，各村之间的土地"插花"现象非常多。出于公社管理方便的考虑，公社之间开始通过自行协调的方式交换土地，日渐形成了村落和耕地合二为一的情况。地理和社会边界的清晰划分，使得公社与传统的自然村落实现了农民、耕地以及农村三位一体的对应关系，并延续至今。这正是我们今天将行政村落视为社区的基础条件，也是集体之所以成为集体的重要历史渊源。

第三，农村基层党组织成为影响农民行动的重要制度环境。即使在后期推行村民选举和自治之后，"一肩挑"（行政组织和政党组织合二为一）模式仍然被认为是主要的运行方式，村委会主任、村党支部书记功能合二为一的制度设置，是实现党的领导的重要方式。1959 年，党支部实现支部建在大队的目标，党员和党组织建设成为主导村庄社会、经济和政治生活的核心力量。

第四，"三级所有，队为基础"的农民经济体制的建立。1960 年 11 月 3 日，党中央发出《关于农村人民公社当前政策问题的紧急指示信》（以下简称《指示信》）。《指示信》共十二条。

第一条　三级所有，队为基础，是现阶段人民公社的根本制度。

第二条　坚决反对和彻底纠正一平二调的错误。

第三条　加强生产队的基本所有制。

第四条　坚持生产小队的小部分所有制。

第五条　允许社员经营少量的自留地和小规模的家庭副业。

第六条　少扣多分，尽力做到百分之九十的社员增加收入。

第七条　坚持各尽所能、按劳分配的原则，供给部分和工资部分三七开。

第八条　从各方面节约劳动力，加强农业生产第一线。

第九条　安排好粮食，办好公共食堂。

第十条　有领导、有计划地恢复农村集市，活跃农村经济。

第十一条　认真实行劳逸结合。

第十二条　放手发动群众，整风整社。

《指示信》的本意是批评大公社体制过度收紧管理权限的行为。大公社体制采用集中管理和分配生产物资的方式，导致生产队的自主性丧失，以至于部分公社无法维系。《指示信》实际上为以后的政策定下了基调，在以集体所有的"统合"特性为基础的前提下，允许小范围的灵活操作。"二级所有，队为基础"，指的是公社、生产队和生产小队这三个级别。生产小队通常以姓氏甚至是一个"本家"（五代或者三代以内的大家族）或一条街的住户为单位，规模为 10 户左右，基本上照顾到原有的家族和居住范围，跟农民原有的生活习惯和经济核算方式基本重合。生产队或者生产大队，通常是自然村的概念，由 5~10 个生产小队或者更小的规模组成，主要根据聚居区域划定。公社则是几个自然村的集合，通常是3~10 个，规模比较大的自然村（聚居人口较多，以地域划定）有时候就只有公社和生产队两个级别。人民公社实行初期，出于意识形态的考量，很多地方曾经将建立大公社体制视为进步的表现，对很多小公社都进行了合并，导致管理体制过于混乱，逐层分包，生产灵活性和积极性受损。"三级所有，队为基础"的原则设定将原来大公社体制下由几十个自然村统一核算的方式改变为小生产队核算，这样更加有利于调动村民的积极性。核算方式与村庄规模的关系是影响村庄经营效率的关键变量，而一定程度上的规模化实际上已经较为适合农民生活。

第五，新中国成立初期，侧重"条条管理"的模式开始转为"块块求全"的方式。这催生了以村或者几个村联合形成的以公社为主体的集体单位兴建社区性的托儿育儿场所和兴建企业的高潮，也让很多农民尝到了集体的好处。改革开放初期，中国乡镇企业的崛起不能不说有这种模式的功劳。当然，与此同时，这种模式产生的浪费和重复建设问题也是无法回避的。集体办厂考验的不仅仅是集体的行动能力，还有经商的智慧。多数村落并不能很好地协调行动，在市场中获取利益，但是却为崖溪、华西这些超级村庄的成功创造了条件，因为这种模式在客观上为社区内部进行资源调配、统筹协调提供了更大的腾挪空间。

人民公社给予中国现代村落的五个影响是我们在具体审视本书的研究对象之前必须要了解的。五个影响为中国所有的村落画定了同一起跑线。但是，在之后漫长的政治、市场和社会生活变迁中，因缘际会，或主动或被动，不同的村落走向了不同的方向。有的将这些影响变成了资产，有的将其变成了牵绊，村落发展出现了差异。

2. 家庭联产承包责任制："调干"

紧接着人民公社之后的就是家庭联产承包责任制的实行。从"大锅饭""大呼隆"的人民公社退回到"分田到户"的小农经营。为什么是这样一套方案被接受了呢？

实际上，从人民公社体制转向家庭联产承包责任制并不是一夜之间实现的，这个政策的执行大致可以分为这样三个阶段。

第一阶段：禁止。1978年，党的十一届三中全会通过的《农村人民公社工作条例（试行草案）》明确提出，"不许包产到户"。1979年4月，中央批转国家农委党组的报告说，包干到户"基本上与分田调干没有多少差别，所以是一种倒退"。

第二阶段：默许。1979年9月，国家政策开始松动。党的十一届四中全会正式通过的《中共中央关于加快农业发展若干问题的决定》规定，由于某些副业生产的特殊需要，边远山区、交通不便的单家独户，可以包干到户。1980年9月中共中央印发的《关于进一步加强和完善农业生产责任制的几个问题》的通知进一步放松政策规定："在那些边远山区和贫困落后的地区，长期'吃粮靠返销，生产靠贷款，生活靠救济'的生产队，群众对集体经济丧失信心，因而要求包产到户的，应当支持群众的要求，可以包产到户，也可以包干到户，并在一个较长的时间内保持稳定。"

第三阶段：肯定和推广。1982年，中共中央批转《全国农村工作会议纪要》指出："包干已不同于合作化以前的小私有的个体经济，而是社会主义农业经济的组成部分。随着生产力的发展，它将会逐步发展成为更完善的合作经济。"1983年的中央一号文件全面肯定了家庭联产承包责任制。"党的十一届三中全会以来，我国农民发生了许多重大变化。其中影响最深的是普遍实行了多种形式的农业生产责任制。联产承包责任制采取了统一经营和分散经营相结合的原则，使集体优越性和个人积极性同时得到发挥。这一制度的进一步完善和发展，必将使农业社会主义合作社的具体道路更加符合我国的实际。这是党的领导下我国农民的伟大创造，是马克思主义农业合作化的理论在我国实践中的新发展。"[①]

1983年10月12日，中共中央、国务院发出《关于实行政社分开、建立乡政府的通知》，废除了农村已实行了长达25年的人民公社政社合一体制。到1984年，全国实行家庭联产承包责任制的生产队比重达到95%。[②] 从人民公社生产队的统一经营、统一核算、统一分配，到"包产到户"的农民分户经营、集体统一核算和分配，再到"包干到户"的农民分户经营、自负盈亏，家庭联产承包责任制的实行也是一个渐进的过程。

受市场经济的影响，村集体的组织功能持续弱化。

第一步，集体有权无钱。1984年，行政体制重新调整，各地设立乡人民政府。公社原来的资源、农田部分归到农户，稍具规模的社队企业向乡镇企业发展，农业与商业的互补关系开始脱钩，并日渐呈现分离趋势。20世纪80年代，原属于县和村的公社企业迅速向乡镇政府靠拢，

---

① 中共中央文献研究室、国务院发展研究中心编《新时期农业和农村工作重要文献选编》，中央文献出版社，1992。

② 《当代中国农业合作化》编辑室编《建国以来农业合作化史料汇编》，中共党史出版社，1992。

成为乡政府的"钱袋子"，并在发展地区事务、改善县乡福利、吸纳村庄剩余劳动力方面发挥了积极作用。但是，20 世纪 90 年代中期以后，乡镇企业在遭遇经济危机和政治甩包袱的双重压力下大规模改制①，其中有些财物不得不半送半卖送给了私人和个体。② 因此，集体失去了经济来源。

第二步，集体调配土地权力弱化。1984 年，中央一号文件（即《关于 1984 年农村工作的通知》）明确规定："土地承包期一般应在十五年以上。在延长承包期以前，群众有调整土地要求的，可以本着'大稳定、小调整'的原则，经过充分商量，由集体统一调整。"1993 年 11 月，中共中央、国务院发布《关于当前农业和农村经济发展的若干政策措施》进一步将承包期拓展到 30 年不变，并且，为了防止耕地经营规模被不断细分，提出了"增人不增地，减人不减地"的办法。同时第一次提出了土地流转的办法，"坚持土地集体所有制和不改变土地用途的前提下，经发包方同意，允许土地使用权依法有偿转让……实行适度规模经营"。2002 年 8 月 29 日，第九届全国人民代表大会常务委员会第二十九次会议通过《中华人民共和国农村土地承包法》，对耕地的三十年承包权限做了规定。2008 年 10 月 12 日，中国共产党第十七届中央委员会第三次全体会议通过《中共中央关于推进农村改革发展若干重大问题的决定》，进一步指出现有土地承包关系"长久不变"。农民承包权的长久化意味着集体不可以调配农民土地，而且必须保护农民的土地经营权。

第三步，集体责任消解。考虑到农民税收负担过重的问题③，《中共中央、国务院关于进行农村税费改革试点工作的通知》（中发〔2000〕7 号）发布，做出实行农村税费试点改革的决定，开始尝试逐步取消农业税和各种费用负担。2005 年 12 月 29 日，十届全国人大常委会第十九次

---

① 温铁军：《我国为什么不能实行农村土地私有化》，《红旗文稿》2009 年第 2 期；温铁军：《解读新苏南模式》，《社会观察》2012 年第 3 期。

② 秦晖：《公共权力、公共责任与限权问责》，《吉林大学社会科学学报》2006 年第 3 期。

③ 赵阳、周飞舟：《农民负担和财税体制：从县、乡两级的财税体制看农民负担的制度原因》，《香港社会科学学报》2000 年第 17 期。

会议做出了自 2006 年 1 月 1 日起废止《中华人民共和国农业税条例》的决定，正式取消农业税。税费的取消本是好事，对中国大多数实行家庭联产承包责任制的农村集体来说，这意味着集体责任的取消。但是取消农业税之后，村集体变成了没有责任和义务的行政服务单位，越来越多的村干部成为"三不管"干部。① 在实际运作中，集体"以工补农"以及提供基础设施、兴修水利的功能也日渐丧失。

3. 股份合作制土地承包经营权流转时代

股份合作制又被称为土地股份合作制或者土地股份合作制，是指耕地承包方——农户联合起来，用土地承包经营权入股，农户放弃土地经营权，由集体组织或者其他市场组织统一支配土地从事农业或者其他经营生产活动，农户从中获益的一种生产要素分配方式，又被称为土地配置制度。

股份合作制并不是全国统一实行的政策，而是最先卷入城市化、工业化浪潮的珠三角和长三角等沿海地区随着城市的发展由"卖地收益"发展而来的一种土地收益分配方式。广东省最先摸索出了折股量化建立股份合作制的手段，1990 年 5 月和 8 月，广东省连续出台相关规定，逐步确立起集体经济的股份合作制形式。②

广东佛山南海县（现南海区）是第一批试点。以南海为例，其实行农村土地股份制的主要做法是：一是进行农田保护区、工业发展区和商业住宅区入股；二是统一规划、管理和经营；三是设置集体累积股（约占 51%）和社员分配股份（约占 49%）。该县以社区户口为准则确定配股对象，设置基本股、承包权股和劳动贡献股等多种股份，按不同的系数计算不同的配股档次。在股利分配方面，大都是将净利润额扣除 51%（用于社区集体扩大再生产基金、福利基金等开支），后用于社员分配股

---

① 阎云翔：《私人生活的变革：一个中国村庄里的爱情、家庭和亲密关系（1949－1999）》，龚小夏译，上海书店出版社，2006。
② 倪冰莉：《广东农村集体经济股份制改革研究》，《河南科技学院学报》2014 年第 3 期；许承光：《关于股份合作经济若干问题的思考》，《统计与决策》2002 年第 2 期。

的股利分配。在股权管理上，所有进行农村股份合作制建设的村庄几乎都对股权做出不得转让、抵押、赠送或抽资退股的规定。

南海模式的主要做法包括三个方面。首先，对集体土地和固定资产根据不同的资产条件选择不同的折价形式。土地折价形式包括以政府规定的征地价进行折价、以土地的经营效益进行折价以及按配股需要的数量折价三种。其次，根据每个农民的情况不同，采用因素配股法、两级配股法、综合因素配股法配置股权。最后，根据实际情况选择股份形式，包括社区组织股份合作制、土地股份合作制和企业股份合作制。

除了"南海模式"之外，当时还有"温岭模式"、"苏州模式"和"上海模式"。"温岭模式"采用公司董事会和监事会的股份公司经营模式，农户作为股民参与公司经营；"苏州模式"是在农民自愿的基础上建立农村土地股份合作社，进行承包经营；"上海模式"则是农户将土地使用权入股给村小组和村集体，然后由集体再入股到乡镇或者更大的组织的模式，属于三级委托承包体制。

无论是采用社区组织、集体组织、政府组织还是直接的企业组织形式，这些都是推动农村居民耕地和住宅用地向工商业、住宅小区、非农业用地集中的过程。股份合作制兴起之后，中央开始意识到"所有权和经营权"分离的可能性和好处。首先是在成都等地试行土地流转上市交易制度，继而在各地开始各种形式的政策试验。

从2005年3月实施《农村土地承包经营权流转管理办法》规范耕地流转，到2006年《中华人民共和国农民专业合作社法》对农民合作组织合法地位的确立，再到2008年9月山东枣庄成立全国第一家土地使用产权交易所，首批农民获得土地使用产权证。2009年3月，浙江省全国首张由土地承包经营权作价出资合作社营业执照的诞生以及全国首份《贵州省农村土地承包经营权流转合同（示范文本）》的正式启用，标志着中国农村土地流转大潮的正式到来。

2017年8月21日，国土资源部、住房和城乡建设部联合发布《利用集体建设用地建设租赁住房试点方案》，宣布将13个城市纳入试点：

北京、上海、沈阳、南京、杭州、合肥、厦门、郑州、武汉、广州、佛山、肇庆、成都。农业部进一步在 2018 年选择 50 个地市和个别省开展集体产权制度改革"整省整市"试点。据农业部初步统计，"我国集体所有的资源性资产达 66.9 亿亩，经营性资产近 3 万亿亩。"集体产权制度改革首先要对集体资产进行清产核资，在摸清家底之后，成立农民股份合作社，界定合作社成员身份，之后将资产折股到人，量化到户。集体产权制度改革不搞一刀切，在发达地区和不发达地区的操作办法要因地制宜，顺应农民意愿，循序渐进。①

本书所选案例正是发生在"土地流转和股份合作大潮"的时空背景下。土地流转将农民纳入城市化红利的分配体制中，对农户参与"卖地"形成了巨大的诱因，农民的"卖地"冲动被充分调动起来。通过对比以上几种模式我们可以发现，只有"苏州模式"遵循自愿原则。其他模式多数属于由政府推动的模式，而且目前的股份合作制形态都不允许退股，因此，基本没有形成农民"可进可出"的机制。实际上，农民即使可以对土地的经营权进行退出，也无法再重新从事农业经营。因此，从理论上讲，如果不对土地流转之后的用途进行严格管理控制，耕地大范围流失可能会成为不可控、不可逆的社会事实。

（二）崖溪是什么：分析单元

我们的研究对象——崖溪，从新中国成立至今已七十余年，由于其建制沿革和管理体制多次变迁，行政归属也几次变化。因此，我们有必要对崖溪村的情况做一个基本介绍。我们的分析单元就是目前的行政村，理由如下。

第一，中国基层的行政村落是法律意义上集体土地的产权人、拥有者。我国耕地实行统分结合的家庭联产承包责任制，虽然崖溪没有实行分田到户的政策，但是，崖溪仍旧是在原有行政村落的基础上进行集体

---

① 《农业部：明年开展集体产权制度改革将"整省整市"试点》，http://www.thep-aper.cn/ne-wsDetail_forward_1909626，最后访问日期：2017 年 12 月 21 日。

生产和分配，可以视之为站在家庭联产承包责任制"统"的一端，而多数实行家庭联产承包责任制的村落则可以被视为"分"的典型。无论是倾向"统"还是倾向"分"，在法律意义上，行政村落都是集体土地的所有者和实际上的处置者。

第二，我们关注的是规则层面而非文化层面。人类学家的田野建议通常是选择自然村落，因为自然村落经过更长时间的历史演进，居民之间的默会规则传统更易识别。但是我们关注的主要是社区的行动规则而不完全是社区的意识、意义和价值取向，只有当规则确实影响了行动者的价值偏好或者改变了行为者的价值排序时，文化层面的规范才是有意义的。因此，在这里我们将制度规则定义为行为者共用的规范："具有强制力的规范规定了哪些行动是被要求的，哪些是被允许的，哪些是被禁止的。同时，这些规则对分享规范的共同体能够建构起一个稳定的秩序结构，从而将个体置于相应的位置上。"

行政村落常常是由邻近的自然村落所组成，与文化意义上的自然村落有所不同，但是它们又具有很多相同的文化习俗和行为规范。因此，虽然不如文化村落的文化传统强，但是自然村落分享了更多的行政制度、规则，而且通常邻近自然村落之间只有一条马路相隔，因此文化习惯的差别几乎可以忽略不计，因此具有双重优势。

第三，绝大多数村庄，尤其是本书研究的崖溪及附近村落，自人民公社时期到实行家庭联产承包制的整个历史进程中，村庄的实际边界和集体生活范畴都以行政村为主要依托。一方面存在历史因素将村庄形塑为现在村落的事实。另一方面，政府基层权力自人民公社制度起通过对原有村落氏族传统和宗祠文化的解构，重新建立起崭新的、融合了村庄传统和新政权运作方式的新的行政村落模式。张乐天在《告别理想——人民公社制度研究》一书中这样描述人民公社对村落的影响：

　　公社解体了，农民的集体制度没有解体。土地的集体所有制保存了下来，是公社极其重要的制度遗产，更是后公社时期农村经济和社会发展的制度基础。与传统的土地私有制相关的各种问题、矛盾和冲突不会再出现，建立在土地私有制度基础上的旧制度不可能再复归。[①]

基于以上考虑，本书将研究的分析单元定位于行政村，它们既是农村集体土地法律意义上的所有者，也是中国行政机构的最基础单元；既分享同一套制度规则，又分享同样的习俗文化传统。

按照社群制度主义的概念界定，崖溪村是嵌入官僚组织的社群团结经济，崖溪村既是共同体，又是科层体系的最基层治理单位，两者基本重叠。社区共同体并不必然与官僚机构互相嵌入，可以是独立存在的社会组织，或者通过财务或者行政发包与官僚组织形成某种合作关系。但是，Tsai 认为，共同体组织若想发挥非正式规范的约束力，其人员必须与行政区划范畴重叠，决策者也必须是共同体中的一员。[②] 因此，具有包裹性（encompass）和嵌入性（embedding）的共同体才能有效改进地方的治理能力。而崖溪共同体恰恰与行政村落具有边界和成员身份的一致性。对于共同体和行政科层体系之间的关系是否会影响地方治理绩效，则需要进行进一步的比较研究。

（三）如何研究：方法与框架

1. 个案研究方法

质性研究由于更多地依赖研究者的个人田野体验和理论视角建构，因此被认为更依赖研究者的技艺。因此，质性研究在研究样本数、可重复性以及因果推断的效力方面饱受质疑。[③]

首先，站在推断总体的逻辑上，质性研究学者最常遇到的挑战就是个案的代表性问题。急于辩护的质性研究学者有时候反而不敢将质性研

---

① 张乐天：《告别理想——人民公社制度研究》，东方出版中心，1998。

② Tsai, Lily L. *Accountability without Democracy*: *Solidary Groups and Public Goods Provision in Rural China*. Cambridge: Cambridge University Press, 2007.

③ King, G., Keohane R. O. and Verba S. *Designing Social Inquiry*. Princeton: Princeton University Press, 1994.

究放在量化的框架下，而是试图用质性研究的"复杂性"代替"代表性"描述，强调个案研究中研究者的个体洞察力。当然，质性研究具有相当的创造性——"田野工作的想象力"还是一种言人人殊的手工技艺，既非可以批量复制，其养成也远非一日之功。[1] 有研究者将代表性视为典型性的一个特例（普遍性），认为个案不必作为需要推断总体的样本出现。[2] 也有研究者将代表性置于典型性之下，并且将典型性的类型扩展到普遍性共性类型、反常现象共性类型和未知现象共性类型。[3]

但是，不论质性研究的操作流程是程式化的还是概念化的，对于个案的选择是出于便利性考量还是深思熟虑的结果，都需要展示出案例的价值所在。研究方法秉承实用主义态度，有效回应研究问题，支撑研究设计才是解决问题的关键。因此，本书认为，无论是"大样本的方法统计推断"还是"小样本的比较"，甚至是流行的巨量样本的大资料方法，都需要展示出样本数量与研究问题之间的紧密关系。质、量化研究都追求排除竞争性假设的能力、挑战或者拓展现有理论范式的能力。在这个意义上，如果量化研究的目的是试图提出一种通则性的理论而追求大样本的普遍性，证明假设或者模型在不同研究主题、研究环境下的稳健性，那么质性研究就更多时候需要站在攻擂者的位置上，挑战已有模型的适应性、合理性，甚至是证明其理论预设的荒谬性。因此，在这个意义上，个案选择所谓的"代表性"标准在于理论潜力。

其次，个案研究的可重复性问题。质性研究虽然依赖研究者的田野经历，但其并非不可复制。只要研究框架是统一的，分析单元和变量关系能够清楚呈现，那么在不同的田野地点，甚至不同的国家，都可以得到相似的结论。关于"公地悲剧"和"公地资源"管理的研究持续了近

---

① 应星：《"田野工作的想象力"：在科学与艺术之间——以〈大河移民上访的故事〉为例》，《社会》2018 年第 1 期。

② 王宁：《代表性还是典型性？——个案的属性与个案研究方法的逻辑基础》，《社会学研究》2002 年第 5 期。

③ Rober K. Yin. "Discovering the Future of the Case Study Method in Evaluation Research." *Evaluation Practice* 15, No. 3 (1994): 283 – 290.

半个世纪，累积的案例从发达国家的大城市到发展中国家甚至不发达国家的原始部落①，这些独特的案例日渐揭示出一些清晰的共识，并展示出社区自治传统在综合运用激励机制方面的优势，其为制定公共资源的治理和管理政策提供的珍贵参考并没有因为研究环境的差异而丧失理论洞察力。无独有偶，周其仁在评价经济学的反常现象时，习惯用"长了牙的鸡"来比喻这种特例古怪、不可一般化现象。他认为，所有特例都是由经济现象中约束条件改变导致的结果，而非预设本来的问题。但是，泰勒通过实验情境打破经济学的理性人预设，并逐渐引入心理学基础，才对公共政策的建议提供了更多选项。②

最后，因果推断的能力。基于研究问题和研究主题，研究者通常会采取证实和证伪两种方式。量化研究用置信区间来展示研究可能存在的确定性和不确定性，但这并不代表没有置信区间的质性研究就无法被证实或者证伪。具有良好分析框架的质性研究既可以被证实也可以被证伪。实际上，本书所选案例就曾经出现在其他学者的研究中。③ 这些研究多数从观念和文化的角度理解崖溪故事，虽然理论切入点不同，但是关于崖溪故事的叙述、证据是可以被不同学者验证的，只是研究者如何理解崖溪特殊性的由来以及基于人类哪方面的经验则依赖研究者采取何种研究视野。

2. 研究框架

崖溪作为一个反常案例，其出人意料之处表现在两个方面。第一，为什么在中国会存在崖溪这样的村落？与蔡横或者广东省的其他村落相比，它展示出十分独特的一面。市场经济大潮和行政权力的干预并没有使它像多数其他村落一样被解构掉，反而以"抱团取暖"的方式，开始

---

① 汤京平、吕嘉泓：《可持续发展与公共行政——从山美与里佳经验谈社区自治与"共享性资源"的管理》，《人文及社会科学集刊》2002 年第 2 期；汤京平、黄建勋：《取用者自治与水资源管理：比较我国嘉南地区与美国加州雷蒙集水区之地下水治理》，《政治学报》2006 年第 40 期；Thomson, Ann Marie, and James L Perry. "Collaboration Processes: Inside the Black Box." *Public Administration Review* 66, No. s1 (2006): 20 – 32.

② 理查德·H. 泰勒：《赢者的诅咒：经济生活中的悖论与反常现象》，陈宇峰、曲亮等译，中国人民大学出版社，2013。

③ 参见曹正汉、郭亮、王习明等学者的一系列研究。

追求绿色发展。因此，我们不禁发问，崖溪是如何逃过市场和政治的多重冲击的呢？第二，崖溪村面临的外部挑战不仅仅表现为存在行政干预，更多地表现为面临市场诱惑时崖溪如何保证内部团结？这就需要我们在社区外部和内部两个层次上考察各种因素的相互作用，将外部制度变迁、共同体组织原则与内部互动三个层次上的相关变数勾连起来，同时拉长时间维度，考虑历史遗产、文化等非正式规则的影响。

因此，行动者的主要作用在于利用手边的制度元素和选项对不同层次、不同性质的制度进行"连接"和"转译"，建设"利益共同体"。行动者在不同制度共存关系中调整制度关系，是制度竞合关系的"经营者"，好的经营者总是"转竞为合"，促使制度存续。"制度调适"的概念不仅连接了集体制度与外部制度群之间的共存关系，也带入了"地方资本"（当地的资源、制度、历史遗产、知识）并将其作为调适工具在调动行动者能动性上发挥作用。

通过分析不同历史时期伦理性共同体的挑战和因应策略，本书提出制度调适变迁的模型。这一视角既区别于理性选择的理性行为者视角，也区别于社会学制度主义者的阐释行为者视角。崖溪村的现代化转型案例说明，任何共同体都身处一个充满密度不等、清晰程度不同、功能意义相异的制度元素的时空环境之中。在这种时空环境中，共同体需要紧紧围绕自己的目标价值，利用自己从传统历史中继承的制度元素，积极争取有利的制度规则，转化或者拒绝威胁性的制度规则，改善条件性制度规则。

因此，制度调适是集体制度维系的主要手段，而有效调适作用的发挥依赖三个条件。

第一，地方资本。社会关系、日常生活交往影响经济和社会组织的制度有效性。[1] 当地的自然资源禀赋、社会的族群状态会通过当地社群

---

[1] Putnam, Robert D. "Bowling Alone: America's Declining Social Capital." In *Culture and Politics*. New York: Palgrave Macmilan, 2000; Putnam, Robert D, Robert Leonardi, and Raffaella Y Nanetti. *Making Democracy Work: Civic Traditions in Modern Italy*. Princeton: Princeton University Press, 1994.

的日常行为和社会交往形态影响共同体的组织方式。换句话说，共同体的组织是当地日常交往互动模式的常态化、组织化形态，是对个体结社互助需求的回应。一旦脱离当地的社会关系结构、社会互动模式，共同体就会遭遇"水土不服"问题，难以存续。之所以用"地方资本"这个概念，一方面是因为其可以合并社会资本对社会日常交往关系、生计关系的内涵，另一方面也是因为其强调了"地方性"，将共同体经济嵌入当地的社会、文化传统习俗的"非正式规则"之中。这些非正式规则通过节日习俗、祭拜信仰、日常生计发挥正式制度之外的约束作用，监督和诱导集体行为成员的诱因结构，从而保持社区共同体的生命力。已有研究多认为这些非正式制度在无意识地（unconsciously）发挥着克服集体行动困境的作用。但是，在"制度调适"的想象下，非政治规则反而更多可以被调适者有意识地（consciously）借用，作为调适的制度元素和策略手段稳固共同体制度。

第二，制度空间。制度空间中的制度对社群制度是否具有强制性替代效应是影响制度维系、休眠或复活的重要条件。在强制性制度之下，社群自治制度可能会休眠。在市场自利制度之下，社群自治制度可能面临瓦解的风险，模糊性制度虽可以为其提供行动空间和机会，但同时也存在较大隐患。"制度调适"需要一定的调适空间，而制度空间中各种不同制度分布的状态决定了调适者拥有多大的调适空间，越是碎片式模糊性的科层制度分布，越能为制度调适的制度借用、调适提供空间。①

第三，组织原则。包括内部和外部组织，分配原则应该是协同式、合作式的。社群经济组织需要构建利益和认同共同体，保持个体的团结

---

① Lieberthal, Kenneth G. "Introduction: the 'Fragmented Authoritarianism' Model and Its limitations." In *Bureaucracy, Politics, and Decision Making in Post-Mao China*, edited by Lieberthal, Kenneth G., and David M. Lampton. Berkeley: University of California Press, 1992; Mertha, Andrew. "'Fragmented Authoritarianism 2.0': Political Pluralization in the Chinese Policy Process." *The China Quarterly* 200 (2009): 995 – 1012.

诱因、道德诱因和物质诱因之间的协调，以利于社群制度的维系。[①] 因此，团结性的分配原则和参与自治的组织原则是保持共同体制度韧性的有效方式。参与式的自治制度能够有效收集和集结个体偏好，可以使共同体组织在真正的危机到来之前未雨绸缪，探测到个体偏好和诱因的变化，调整制度设计。它一方面预防"搭便车"的行为，另一方面可以预防相关人员的"寻租"行为，从而保证社群集体的韧性。除此之外，共同体常常受到外部制度的挑战，因而需要争取更广泛的支持，所以团结性的合作和利益分配原则至关重要，因为其有利于将共同体经济主动嵌入更广阔的市场和科层体制，从而获得制度维系的合法性与政策条件。

因此，本书以广东中山市崖溪村为典型案例，着重分析"公社时期""市场经济时期"以及"城市化时期"三个时期崖溪制度的形成过程以及其遭遇的制度挑战和调适策略。为了理解外部制度变化对共同体制度的影响，讲述"一个旧制度的复活"故事，我们对不同历史时期的崖溪村做比较。图2-3是本书的分析框架。

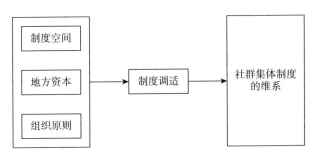

图2-3 本书的分析框架

① Agranoff, Robert, and Michael McGuire. *Collaborative Public Management：New Strategies for Local Governments.* Georgetown：Georgetown University Press, 2004；Emerson, Kirk, Tina Nabatchi, and Stephen Balogh. "An Integrative Framework for Collaborative Governance." *Journal of Public Administration Research and Theory* 22, No. 1 (2012)：1 - 29；Fleishman, Rachel. "To Participate or not to Participate? Incentives and Obstacles for Collaboration." In *The Collaborative Public Manager：New Ideas for the Twenty-first Century*, edited by R. O'Leary and L. B. Bingham. Washingtn, DC：Georgetown University Press, 2009.

3. 主要概念

在图 2 - 3 的框架中，涉及本书试图解释的主要因变量是"社群集体制度的维系"，以及主要自变量"制度调适"。制度调适的有效性基于三个条件：制度空间、地方资本、组织原则。为了进一步廓清相关概念，下面笔者将作简要的概念说明。

社群集体制度的维系：共同体遵从合作主义而非管理主义的管理理念。组织架构常常是多中心的、网络的而非科层制的。[①] 这种共同体通常是以自治制度作为组织的核心特征，强调说服形成认同，而非强制形成服从。这就意味着这些组织是自我治理的一套集体制度体系，因此，可以将其理解为制度化的集体行动。另外，本书主要关注社群制度之维系而非形成。对于集体行动的达成，虽然本书在第四章和第五章中有所提及（沙田宗族的自然社会条件促成了集体行动的达成），但这不是本书最为关心的问题。换句话说，本书关心的是制度韧性（institutional resilience）或制度恒性（institutional persistence）。

制度调适：行动者与制度之间的关系。它来自道格拉斯的"智慧调适"（intellectual bricolage）概念，意即行动者可能会用类比、比喻的方式，通过已有的认知结构、意义系统对新的、进入的制度进行再解读、归类，选择行动策略。[②] 制度的加工方式有三种：组合（aggregation）、修改（alteration）和明示（articulation）。组合和修改主要是对制度元素进行再组合、加工，而明示则更多借助意义的表达，或者"不服从"或者"意义认同调适"。[③] 三者都强调对科层制度的合并、修改，是社群规则与科层制度之间的磨合与调适过程。但是，本书所采用的调适概念将之扩展到社群规范与市场运行规则之间的互相合并与调适，但仍维持其

---

① Ghosh, Abhijit. "Embeddedness and the Dynamics of Growth." Paper presented at the the UN-RISD conference, Geneva, Switzerland, 2013; Utting, Peter. "Introduction: The Challenge of Scaling up Social and Solidarity Economy." In *Social and Solidarity Economy Beyond the Fringe*, edited by Peter Utting. London: Zed Books, 2015.

② Douglas, Mary. *How Institutions Think*. Syracuse: Syracuse University Press, 1986.

③ De Koning, Jessica. "Reshaping Institutions: Bricolage Processes in Smallholder Forestry in the Amazon." Doctor of Philosophy, Wageningen University, 2011.

核心概念内涵，即一种对不同来源的制度元素或者部分进行再加工、制作、使用的过程。[①] 因此，这一概念强调在地方层次或共同体层次上制度形成、调适的发生过程，它在本质上是地方组织或小规模组织应对外部挑战的一种回应方式。

制度空间：它指的是社群制度外部制度的分布特性。关于制度，学界存在多种定义方式。本书沿用 Scott 的类型划分方式[②]，将制度划分为规则（rules）、规范（norms）和信念（belief），因此，强调了三种不同的制度：规制性（regulative）的制度、规范性（normative）的制度和文化认知性（cultural-cognitive）的制度。这种划分对基层自治组织的研究更为适用，原因在于相当多的基层社区、自治组织并没有成文或者强制性的制度，而更多依赖社会关系、话语和习俗力量，甚至很多地方的规范并没有形成文字，而是流淌在日常生活的话语、习惯中。但制度空间不是制度本身，对于我们聚焦的社群制度，制度空间指的是社群制度外部存在的各种制度元素。不同意义、功能的制度元素散布在共同体外部，有些制度是显而易见的，例如产权制度；有些制度是不明显的、隐晦的，例如市场的规模竞争原则。不同层次和部门生产各种不同的制度，有的叫作条例，有的叫作通告。这些不同的制度在强制力、清晰度、分布密度上随着时空的变化而有所不同。共同体身处这样一个制度空间内，既可能遭遇外部制度的制衡、牵扯，也可能获得支持，受制度环境的影响。

地方资本：历史制度安排和意义框架为行动者提供"地方资本"。一方面作为"资本"，地方资本提供制度调适的原材料；另一方面，它强调"地方性"非政治规则对调适者的框架性制约，特别是对意义、行事合法性的理解。"意义"或者"功能"的似曾相识为行动者对陌生制度的"熟悉化"加工提供了前提。因此，地方资本提供三种素材——制

①　Sehring, Jenniver. "Path Dependencies and Institutional Bricolage in Post-Soviet Water Governance." *Water Alternatives* 2, No. 1 (2009): 61 – 81.

②　Scott, W Richard. *Institutions and Organizations: Ideas, Interests, and Identities.* New York: Sage Publications, 2013.

度元素、意义框架和社会关系结构。[1]

组织原则：与单纯强调物质诱因的劳雇组织不同，共同体强调多元的诱因结构，将人置于丰富细密的社会网络关系之中。因此，共同体形成的制度不仅强调制度的功能，也强调制度的意义，内化行动者的行动伦理。共同体类型多样，包括合作社、互助社、非营利组织、社区组织、分享平台、社会企业等。换句话说，社群团体的资源获取、交换和分配原则不是经济的而是社会的，时刻受到社会关系的调节，这就要求其更多采取合作式的组织方式。因此，对共同体而言，其制度调适不是随心所欲的，而是围绕着组织原则进行的。本书认为，共同体的组织原则是需要创建认同和利益的共同体：一方面，利益共享，保障物质诱因，确保合作；另一方面，价值认同，形成社群团结诱因。

4. 田野与资料获取

笔者对崖溪的研究兴趣来自报纸上对崖溪的报道，笔者在广州市工作读书长达八年时间，后移居澳门，能够使用粤语与人沟通，对广东省的情况也多有了解，因此决定以崖溪作为田野点。

本书的主要研究资料包括澳门何东图书馆保存的县志、村志。崖溪村村委会整理的资料汇编，包括清末至中华人民共和国成立期间的历史档案、相片、族谱、旧的航拍材料等，也包括近40年来的关于村庄管理、分配、农业、商业、围垦、土地租赁、边界纠纷等资料汇编。

为了更多地了解崖溪村的特殊与普遍之处，笔者也对蔡横、泮沙、下沙等崖溪周边村落做了一些访谈和资料搜集工作，包括村志以及镇政府、村民等对周围村落的介绍和评价。

本书的田野时间从2016年12月持续至2018年6月，共计一年半的时间。时年笔者居于澳门，距离崖溪动车车程20分钟，汽车1个小时。澳门长期与崖溪同属于香山县管辖，因此，两者属于同一个文化圈。为了更为深入地了解崖溪，笔者共计走访崖溪十几次，短则1天，长则

---

① Cleaver, Frances. "Reinventing Institutions: Bricolage and the Social Embeddedness of Natural Resource Management." *The European Journal of Development Research* 14, No. 2 (2002): 11-30.

3~4天，对崖溪的周边环境、地理格局、村庄情况、历史沿革乃至最新发展都有所了解。

表 2-2 本书的访谈目录

地区	人物	人数/次数	备注
兰日镇	镇长	1/8	丁镇
	孙中山纪念馆	2/14	馆长1人，工作人员3人
崖溪村	原村党支部书记、村委会主任	1/5	陆元满，人称"满叔"，做了37年村党支部书记
	现村党支部书记、村委会主任	1/3	谭书记，现任村党支部书记
	法律顾问	1/6	《崖溪村资料汇编》的负责人，曾作为崖溪的法律顾问
	村民	3/1	甘某、孙某等人
蔡横村	现村党支部书记、村委会主任	1/2	甘书记
	村委会主任	1/2	阿威

（四）崖溪的独特现代化转型路径

崖溪村位于珠江口西岸，与孙中山故乡蔡横村紧邻，目前归属中山市兰日镇。① 崖溪村目前由八个自然村落组成（在人民公社时期，自然村被划归成为生产队，八个自然村组成的崖溪村称为生产大队）。八个自然村分别是：东堡、西堡、中堡、向西、陆家、杨家、平山、化美。这八个自然村落大致上是村里的八个宗族群体（有的是一房），他们移民至此的先后顺序有所区别，在村中的位置也有所不同。在介绍历史背景的时候将会详细介绍。

崖溪村的人口一直维持在3000人左右，目前在村落参加集体劳动的人口也就是600多人。这些社员按照自然村分为13个生产队。东堡、中堡、西堡和杨家四个自然村人口较多，分为两个生产队。成立于20世纪60年代的农科站的人员以及其他生产队不要的人员编成一个生产队，这

---

① 1986~1998年间，蔡横村一度称为行政镇，其间崖口村归属该镇管理。

样就共有 13 个生产队，分别为：1.1 东堡、1.2 东堡、2 平山、3 化美、4.1 中堡、4.2 中堡、5.1 杨家、5.2 杨家、6 向西、7 陆家、8.1 西堡、8.2 西堡、9 农科站。

崖溪的资源丰富，分别有伶仃洋和云梯山、五梯山、松林山等山脉，自东向西分为滩涂围堰、水稻田、村落聚居地、几个山地和山中的水库等，因此，属于"宜耕宜渔，宜养宜种"的富饶区域。崖溪目前土地面积仍然有 60500 亩，达 36 平方公里，包括："滩涂 7000 亩、咸淡水鱼虾塘 2 万亩、淡水鱼塘 5000 亩、莲藕塘 3500 亩、河涌围堤 7000 亩、海边山丘和果园 1000 亩、水稻田 3000 亩、村落住宅 2000 亩，以及海拔 236 米的云梯山和山下水库 1.2 万亩。"①

集体经济方面，崖溪村平均每年的村集体收入为 2000 万元左右。

2000 ～ 2015 年的十几年间，崖溪突然以"最后一个人民公社""世外桃源"等形象出现在大众视野中，媒体、学者详细地描绘了崖溪"保护弱者，共同富裕"的理念和实践。②

2008 年的"卖地风波"发生后，社会高度关注并呼吁保护崖溪模式，引发了媒体的大量报道，保护"最后一个人民公社"的呼声不绝于耳。广东省最有影响力的《南方日报》《南方周末》对崖溪的历史、现状和困境做了连续追踪报道。主要门户网站新浪新闻、凤凰网、中华网从不同角度报道了崖溪"鳏寡孤独皆有所养，坚守公社种粮的制度设计"的独特传统。但这些报道多以"人民公社制度"为关注点。2014 年国家统计局中山调查队发布"千村调查"系列之《集体经济模式下"幸福村庄"建设路径探析》以及《农村集体经济发展模式研究》，将兰日镇崖溪村作为"幸福村居"的样本，第一次将崖溪与"农村转型与发展模式"联系起来。

崖溪的魅力在哪里？

---

① 李铭建：《海田逐梦录：珠江口一个村落的地权表达》，广东经济出版社，2015。
② 参见曹正汉等人的相关研究。

1. 高楼林立中的万亩稻田与集体制度

第一，广东是改革开放的前沿阵地，工业化和城市化的推进历程至今已逾 40 年。当地大多数村庄的土地都在减少，但是崖溪却拥有接近一个镇的土地规模，足足 36 平方公里，令无数人感到惊奇。崖溪西南面紧邻的蔡横村，耕地从曾经的 7580 亩缩减到 2017 年的 253 亩，实际上，仅剩下一块跟孙中山先生故居紧邻的、作为农耕文明旅游景点的"龙田"，其余都已经被征用为建设用地。崖溪南部的下沙——一个由耕户（佃户）和渔民组成的疍家村落（又被当地称为"疍家佬"）也将土改时期崖溪赠送的 1950 亩地全部卖掉了，只剩下 300 亩宅基地。20 世纪 90 年代，正当其他村欢天喜地卖地的时候，崖溪正在加紧进行海边滩涂的围垦工程，并顺势掌控了下沙的海面权益：捞蚬、养蚝、围垦造地。2008 年，1 万亩围堰被政府征用之后，崖溪仍有适宜耕种土地和宜养塘堰 4 万多亩，[①] 在高楼林立的珠三角沿海地区开出一片波光粼粼的万亩黄金稻田，蔚为壮观。

第二，做农不做工，与市场经济逻辑背道而驰，令人讶异。当其他村落为了争取将耕地转为建设用地、获取更大收益而绞尽脑汁的时候，崖溪在 2000 年和 2011 年依次将 9339.02 亩土地争取为农田保护区。2008 年，迫于大部分村民的压力，崖溪卖掉部分土地用于政府开发海上温泉度假村项目。对于其他土地的利用，崖溪都坚持"以租代征、以粮计租"的方式。

第三，成为没有穷人的村落。所谓"海生田，田生粮，田生万物"，崖溪的生财之道和社区保障体系正是建立在土地之上的[②]。40 年来，崖溪累积了五六十亿元的集体资产。2017 年，在蔡横村每年只有 400 万元村集体收入的时候，崖溪却有 2000 万元村集体收入，而且这些收入多数都来自村集体土地出租收益，既不靠政策优惠也不靠国家输血。

留在村庄的农民仍旧采用公社时期工分计算的方式进行集体劳动，

---

① 李铭建：《海田逐梦录：珠江口一个村落的地权表达》，广东经济出版社，2015。

② 笔者根据崖溪村历史描述。

坚持赔本的农业生产。崖溪共有 13 个生产队，每个生产队共有 20 ~ 30 人，总出工人数维持在 300 ~ 450 人。以 2017 年为例，市场粮食价格为 131 元每百斤，崖溪给每个公社的粮食收购价格为 200 元每百斤。每个生产队将本队生产的粮食换算成现金收入，然后再按照工分折算给出工社员。实际上，最高工分折合收入可达 20000 元一年。现任村党支部书记谭录文解释，村民一年工作时间约为 100 天，平均每天就是 172 元，加上耕种已基本实现机械化，时薪非常高，其余时间可以自主安排，通过副业、打工等增加收入，这个收入水准远远高于其他地区的耕地收入，这种低效率的集体耕作已经成为无法在市场经济生存的弱势人群的底线保障。老书记满叔这样解释："留在村庄的都是市场经济的失败者，集体耕种能让这些农民通过务农获得体面、有尊严的收入。"

除此外，崖溪学有所教、老有所养，集体福利令人艳羡。村集体投入 30 多万元，按照一级幼儿园标准配备村幼儿园。村、镇两级领导班子为村民子女入读幼儿园提供教育补贴，三年共计 2700 元/人。崖溪还实行社保全覆盖政策，村集体每年投入 400 多万元，统一为持有股份的村民购买社会养老保险和医疗保险，实现老有所养。崖溪村村民在到达退休年龄后可以领取每人每月 600 ~ 1100 元不等的养老金。同时，村集体为村民按月发放口粮，16 岁以下和 60 岁以上的男性、55 岁以上的女性村民免费领取口粮。17 ~ 59 岁的村民可以用市场 1/3 的价格到村里购买口粮。村里还一度有养老院，老人接受统一照顾，2011 年之后，养老院日渐凋零。

第四，保护生态，规避环境风险。崖溪没有采用推倒重建、高额投资的方式"建设"旅游，而是在珠三角地区林立的高楼中留出万亩黄金稻田、千亩国家一级红树林，成为广东省农业生态旅游的主要景点。崖溪落日、万亩黄金稻田引来无数摄影爱好人士和旅游人士。从香港、澳门、广州甚至北京等远道而来或慕名而来的旅客非常多，而且多以自驾游为主，这都得益于崖溪对环境的重视。

2. 成就是如何取得的？

崖溪的土地规模、社会保障程度以及超前的生态环境意识都让人不禁对崖溪产生诸多疑问。

第一，崖溪令人羡慕的土地规模从何而来？崖溪位于珠江入海口处，处于冲积平原之上。随着时间推移，冲积平原的面积不断扩大。自然之力缓慢，当地的沿海居民很早就意识到若对淤积较高、容易成垦的沼泽滩涂施加人力促淤，成垦速度会大大加快。新中国成立前，崖溪，包括崖溪附近的海边村落都有围垦的传统。崖溪在新中国成立初期已经围垦5000多亩地。人民公社时期，"农业学大寨"，中山市开始进行大规模、有组织的围垦工程，在这一过程中，崖溪村村民的围垦热情被点燃，技术也日臻成熟。后来由于人口流失等问题，围垦项目暂停。

1987年，中山市人大八届二次会议审议通过的《围垦造田规划》，制定了一系列鼓励围垦的优惠政策，其中包括自筹资金、自行施工、自己受益的"三自"政策，开发方式日渐多样，集体筹资开发、集体与个人联合开发、个人与个人集资开发以及公开招标、个人开发，引进外商、共同开放等方式都成熟起来。① 正是借助这个政策，围垦技术已经成熟的崖溪在20世纪90年代通过招商引资，利用外商协助围垦，把海岸线向外扩张了3公里。1999年10月，水利部颁布《珠江河口整治管理办法》，要求坚决制止填海造地的无度和无偿状态。同年12月，广东省海洋工作会议要求"所有围海工程先行停工，经严格论证后，可以上马再开工"，向大海要地的围垦造地工作才由此停止。直到2002年崖溪彻底完成了所有土地的围垦工作。

第二，低效率的集体耕种制度为什么能够长期存在？实际上这里隐藏了两个疑问：既然有兴办工商业的条件，农业成本收益不合算，为什么还要务农？既然务农，为什么不包产到户，分到个人算了？崖溪目前实行的是"以租养种"的经营模式。崖溪之所以选择农耕这种低效率的方式进行集体劳作而且还主动申报为低保农田，是因为它完全不依赖农业收入维持村庄运作。20世纪70年代后期，崖溪先是依靠加工业、商

---

① 李毅然、刘明、罗宇峰：《水文与人文》，广东人民出版社，2008。

业和矿业开发补贴农业，后来靠厂房和围堰出租补贴农业。

表 2-3 崖溪村 2006~2007 年度经营收入比较

单位：元，%

项目	2006 年账面数	2007 年账面数	同比增幅
稻谷收入	2254469.25	1496160.87	-66
企业上交收入 （均为厂房出租收入）	4119055.50	4792166.50	16
围堰发包及上交收入	2803742.64	3463454.64	24

资料来源：该村资料汇编。

崖溪为什么要花大把钱补贴农耕？满叔在回答《南方周末》记者提问时是这样回答的：

> 安置弱势农民就业，这本来是社会的责任，需要很多资金，而农业经营又是低效率的。所以如何维持农业这个行业和农民这个群体，就需要两种经济体制的运行：一种是低效率的集体经济，另一种是以共同体的力量，参与市场经济竞争，从市场经济中赚取财富，这是高效率的，这样两种经济并轨可以弥补农民这个群体的经济缺失。

这实际上也回答了崖溪何以成为没有穷人的村庄。除此之外，满叔还在另外的场合说过："如果不在一起集体劳动，集体就散了，人心就散了。"集体劳动是保证集体存在的重要手段。更具体地说，崖溪一开始选择集体方式，一方面是基于 1961 年下放分家导致家底流失的惨痛经历，另一方面也是由崖溪当时的人地条件决定的。崖溪村早年人口流失严重，村中"非老即小"，无法负担沉重的公粮和农业税。自然条件方面，崖溪耕地属于大规模"围田"，水资源的管理协调、大型机械的使用以及庞大的水利基础设施维护责任都不适合分散经营，崖溪村清醒地认识到了这一点。

那为什么从事农耕而不是集体经商呢？虽然满叔在不同场合用不同的方式回答过这个问题：对土地的热爱，对饥饿的恐惧，甚至曾提及政治实验。最近挂在嘴边的则是"为国家守耕地红线，为国家守护粮食生产"。他说："大家都搞工业、商业，50 年以后，恐怕只能吃钞票了。"① 农耕实际上是崖溪人保住土地的唯一方式，是满叔迫不得已采用的一种"守地"策略。这种情非得已一方面来自办厂经商的经验教训，让崖溪人了解到农民只有对农业和农耕才有真正的掌控能力；另一方面来自崖溪漫长围垦历史中形成的地权意识。海上滩涂围垦而来的土地由于没有清晰产权而争斗不断，历史上崖溪宗族械斗不止。为此，长三角洲地区的宗族很早就用宗族武装势力来保护围垦的土地，也发展出一套种树、立碑、立庙、立文书，合并政、商、学、军，乃至神明力量巩固地权的成熟方式。

第三，崖溪如何提高村民福利？崖溪虽然只是一个小小的村落，但是紧邻港澳地区，经商办厂的经验十分丰富。1978 年，党的十一届三中全会之后不久，那些已经移居港澳的同胞回乡探亲，他们动员村庄引进港澳外资办厂。所以，不久之后，崖溪就开办了第一个来料加工毛衫厂。经过两年的发展，崖溪就拥有了 4 家工厂，员工达到五六百人。后来，崖溪甚至自己独资兴办了一个制衣厂。20 世纪 80 年代，崖溪已经有了 10 家工厂，工业产值达 233 万元，占农业总产值的 70%。因此，这个时期的崖溪才得以"以工补农"，加快农业机械化。1985 年之后，崖溪盘点办厂经商收益发现，办厂成本收益并不合适，而后开始转为经营土地出租。

第四，崖溪为何很早就有保护环境的意识？崖溪村有过失败的教训。1992 年，下沙 2000 多亩地被征收后，镇政府把土地卖给了房地产公司。施工方把崖溪的红树林掩埋过半，整片填土，而那是经过国家认定的一级保护植物。崖溪村委立刻买了相机，拍下所有现场，重新在四顷围外

---

① 李铭建：《海田逐梦录：珠江口一个村落的地权表达》，广东经济出版社，2015。

围了一片旧的红树林，用以恢复当地的生态环境。现在，崖溪的红树林是珠海观鸟协会的主要活动据点。崖溪没有像其他超级村庄一样主营工商业，而是回归农业，也是出自对家园故土的唇齿相依感。崖溪早在20世纪80年代就率先进入了工业化，当时就有10家工厂：针织厂、缝盘厂、灯头厂、食品厂、发电厂、汽车与拖拉机修配厂等。在经商过程中崖溪渐渐了解到，农村投入能源、土地资源和廉价劳动力，受益最大的却是投资者，农村无法对其生产活动实施有效监管，留下的只有恶化的生态环境。崖溪海域曾经盛产三黎鱼（鲥鱼），曾经一次可以围捕3000斤，后来完全绝迹；灯头厂总是偷偷排放重金属污染物，满叔忧心忡忡；崖溪曾经盛产的粗砂和白泥也几近枯竭。风险和收益的不对等使得崖溪村决意退回到厂房出租和海滩养殖出租经营。

3. 挑战与因应：市场经济冲击下的村庄集体

传统的社区共同体多数位于深山密林、交通不便之处，依靠自然屏障的阻隔作用维持原生管理体制的边界。但是，崖溪地处改革开放前沿，与澳门只有2个小时车程，轻轨通车之后则只需要20分钟。崖溪与香港更是隔海相望，隐约可以看见香港大屿山。没有地理环境阻隔外部冲击，任何外部的风吹草动都可以挑动崖溪人的神经。

崖溪是如何应对外部刺激、规避市场风险的？

第一，"一村两制"的公社收入管理方式。农民既可以选择留在公社参加集体劳动，也可以选择外出打工，若在外受挫，还可以回村庄参加集体生产。而且，村民可以自由选择是否出工，也可以自由选择出工类型，村民是完全自由的。这就意味着公社大队必须接受来自市场经济的竞争压力，采取有竞争力的劳动报酬，维持稻田耕种最基本的规模（由于农业机械化的推进，崖溪务农人口只需要300人左右即可），否则将无法存续。以1997年为例，广东省市场平均工资收入为11635元，社员平均报酬为9215元，仅略低于市场水准。当然，这并不是真正的务农收入，收入中70%来自大队将集体资产出租所获得的租金收入。可以想象，如果剔除这70%的补贴，那么村庄的务农人员可能流失殆尽。实际上，崖溪历史上就遭遇过这种情况。1980～1985 年，公社没有预料到市场经济的影响，没有及时调整村民收入，社员不断流失。1986 年之后，崖溪始终关注市场平均收入情况，让社员收入与市场保持同步。

20 世纪 80～90 年代，虽然社员收入增加，出工人数却大大减少，这是因为从 80 年代开始，崖溪全面实现农业机械化，取代了传统的耕作方式。崖溪 2009 年农业机械化的情况：120 马力东方红拖拉机 4 台、54 匹马力清江牌拖拉机 20 台、联合收割机 13 台、履带式收割机 3 台、插秧机 8 台，以及 1 套烘干设备，此外各生产队还有 60 台普通拖拉机，农业机械设备总值 200 多万元。满叔计算过，3000 亩耕地，其实只要两三百人就够了。

第二，"租而不卖、以粮计租"，分羹长远收益，规避通胀风险。满叔坚决不卖地，即使是政府征地，也采用租的方式。土地租用或者发包合同的价格条款采用以粮计租的方式。为什么呢？满叔这样表述粮食的作用："粮食是最保险的！现在什么都不调控了，唯有粮食价格调控，还是计划的价格，为什么呢？因为粮食的储存、运输都很困难。"2008 年，当政府提出要与崖溪"合作开发"虎池围、将军下围 1.3 万亩围堰时，崖溪提出的就是这种方案。政府也同意了崖溪村提出的"不参与土地资源开发利用的任何经营行为，不享受土地经营赢利的分配，不承担土地经营亏损的风险，只收取按提供土地面积每亩每年 600 斤壹号米的土地经济补偿"的基本原则。壹号米的折价按当年国家公布的年度稻谷收购保护价上限的 2.5 倍计算，每年在 6 月底及 12 月底分两次收取。

可惜的是，这个保险的模式没能成功应用到与政府合作开发的项目中去。崖溪村民抛弃了这种想法。虎池围、将军下围一带的土地被政府以每亩 5 万元的价格一次性征收。但崖溪在其他的土地出租经营中却一直是采用这种模式。

第三，"一田两制，混合所有"的管理模式。满叔认为，土地是第一资源，其经济价值不受金融市场的影响。因此，崖溪的管理和生计皆围绕土地进行。崖溪在围垦中收益巨大，2002 年，所有新成垦土地已经基本完成。崖溪没有把所有土地集中在村集体进行管理。"匹夫无罪怀璧其罪。"满叔担心，"集中在村委会管理，若寻租者、外来势力、江湖势力和政治权力光顾这些土地，土地将很快失去。"因此，崖溪未雨绸缪，提前分给在籍村民，采取了分散守业法。具体办法是，村集体留下用于维持农业就业补贴、社会管理费用、抵御不可预测自然灾害、基本建设开支的土地，将剩余 60% 的土地每人五亩五分，一次性界定到人。自然村派代表成立崖溪土地股份基金会，管理 2 万亩垦地的出租、租金以及股份分配。这样，崖溪的土地管理模式既有股份合作制的形式，又有集体所有的形式。

崖溪是如何做到的呢？

崖溪近百年来一直是富庶鱼米之乡。新中国成立前，崖溪是五桂山区游击队的主要供粮基地。由于地处海防前线，崖溪与军区的关系一直较为友好。

村党支部书记满叔具有较高的沟通与交际能力。满叔酷爱读书，《左传》《红楼梦》典故信手拈来，每天上午下地，极为自律。长期与各种人打交道的丰富经验和长期阅读、做笔记的习惯使满叔有了灵活的头脑和超高的表达技巧。关于崖溪为什么坚持农业而不走工商业道路的回答，满叔可以说是与时俱进。一开始，满叔只能回答是当时的形势所迫，用这个表述解释崖溪村的"以商补农"策略。经过媒体的多方报道之后，满叔调整了表述方式，围绕市场经济与公社体制的关系展开。如今，满叔越来越感受到多方势力的"卖地"冲动，表示不能"盛世忘饥馑"。实际上，他很早就注意到了政府对耕地红线的规定，也意识到了即将到来的耕地危机，并一再提醒当地政府官员。

1992 年，地产商看重虎池围海域，找到蔡横镇政府，要投资 3 亿元买下滩涂。蔡横镇政府希望给崖溪 8000 万元买下海域。满叔的考虑有两点：一是 8000 万元分起来困难，易引起争端；二是崖溪与蔡横镇属于上下级关系，难以追讨。因此，满叔提出的方案是 8000 万元存入银行，镇政府和崖溪分别收取其中一半的利息。这样镇政府有了好处，不作他想，又可以引进银行协力厂商化解两者之间的冲突，而且将收益永久化，化解了农民之间的利益冲突。为了进一步减轻村集体压力，化解矛盾，村委会一分不收、分到村民，并由各村民小组选举产生了 11 人组成的管理机构管理这笔租金。同样，在本书另外的案例中，蔡横村收了首笔款8000 万元，没有存银行，而是由政府管理。后来，地产商李××要求借回 1500 万元，镇政府同意出借，剩下的 6500 万元被一个政府官员提取了 6000 万元兑换成 1000 万美元，使用一年计利息到澳门开发房地产。后来蔡横村不仅没有利息收入，本金也赔光了，至今背债。虽然崖溪的这个管理机构也出现了追租困难的情况，但是，1996 年，蔡横镇新任领导解决了这个问题，双方达成协议："如果镇政府交不起租金，满三年，崖溪可以收回这片海滩。已经收取的租金崖溪不用退还。对方的投资，崖溪也不用补偿。合同即时终止，海滩仍归崖溪使用。"这一方案为崖溪村保全了土地。

4. 新的挑战：何去何从？

崖溪真正的危机终于还是来了。2007 年，中山市举办旅游工作会议。兰日镇提出，"要以大气魄、大手笔、大投入做成八个全国第一"，即第一个名人生态公园、第一个名人教育培训基地、第一个"两岸四地"（中国大陆、香港、澳门、台湾）百年电影展示基地、第一个名人动漫基地、第一个名人故居群、第一个名人服饰设计和制作基地、第一个海上温泉度假基地、第一个人民公社教育基地。海上温泉度假基地指已经成围的"虎池围"，因这里有海底温泉口，热气腾腾，似老虎咆哮而得名，历来就是各方力量的争夺之地。因为有了之前跟蔡横镇合作租地的经验，这次跟兰日镇政府的合作，满叔也希望采取租的方式。为此，中山市市长和常务副市长来兰日镇商议，同意崖溪租地方案。如果按照租地的方案（分别是中山市土地储备中心、崖溪村民委员会、兰日镇人民政府三方协议，将崖溪虎池围、将军下围以及部分水晶坑、黄泥涌土地共 9536.04 亩按照每年每亩 650 斤壹号米给崖溪村民作为经济补偿，价格为粮食保护收购价上限的 2.5 倍；另有崖溪村委会与兰日镇人民政府签订将红树林、蔡横联围 1979.1 亩土地给兰日镇政府使用的合约），2009 年，崖溪每个村民按约可分得 3642 元，并且每人享受医保，符合条件的老人可领取社保养老金。

但是，2008 年 7 月 22 日，崖溪西堡自然村出现了一张传单，质疑政府拨款到底有多少钱？补偿为何不一次性付清？若中山市土地储备中心倒闭或破产，找谁要租金？7 月 23～28 日，村民开始聚集在崖溪村委向满叔讨要说法。在这次事件中，99% 的村民赞成一次性征地方案，否决了讨论了几个月的租地方案。每户 14 万元的一次性补贴彻底击垮了农民的心理防线。

崖溪卖掉了第一块地。这块地曾在清代引发陆家兄弟相争，其家族后来败落，1990 年引发中山市、珠海市边界争夺。这块地是 1998 年最后一块许可围垦的土地，也是崖溪第一块卖出去的土地。征地补偿价格是 5 万元/亩，政府土地出让价格是 44.3 万元/亩，商品房建成后的出售均价则是 8000～9000 元/平方米，如今已涨至 20000 元/平方米。

2011 年 1 月，72 岁的满叔从任职 37 年的村支书岗位上退休，接任者是谭录文。此后，崖溪村面临越来越大的压力。

第一次卖地之后，村里顿时出现了大批洋楼。村里的麻将之声更盛，外出旅游和建房者越来越多，村里的贫富分化越来越明显。

新任书记谭录文在接受《小康》记者采访时说："以前每年在村民社保这一块支出只需要 400 多万元，村里还能负担得起，现在社保缴费改革了，一下子从 400 多万元上升到 1040 多万元，又不能让村民自己交，这让我们明显感觉到了压力。"为了增收，谭录文希望引入旅游项目，但是后来因为没有建设用地不了了之。"崖溪村几乎都是农保用地，没法改变性质。"谭录文颇显无奈地说。谈及兰日正试图购买崖溪云梯山水库土地以建设"音乐小镇"时，谭录文说："那是祖田，还涉及很多早已去港澳的崖溪人的权益，不能卖。"①

---

① 作者访谈，谭荣亲，崖口村委会，2017 年 12 月 4 日。

　　笔者在采访蔡横村甘书记的时候，谈及他们刚刚去浙江大学进行培训学习其他村落经验的话题。甘书记说："这些村落，不过 200 万～300 万元的收入，还是靠政策扶持起来的，实际上，我觉得要是国家给政策，崖溪比他们还好，你给 1 万亩建设用地指标，看看是不是好？古镇如果征地，村集体可以截流 30%。他们可以建房子出租，古镇是全国的灯都，一平方米一个月可以租 600 块（元）。所以，古镇一年有三个亿的收入。"① 很显然，"征地""卖地"已经与"富裕"联系在一起。

――――――――――

① 作者访谈，甘辉，蔡横村委会，2017 年 11 月 30 日。

第三章

历史背景：沙田角力中的宗族团体（1950 年以前）

今天的珠三角地区在古代是一个由多个河口环绕的港湾，港湾中又岛屿遍布，后来随着板块上升，岛屿变成山脉。人类最初就在山脚下定居，生齿日繁，河水沉积，人类赶海，慢慢开始在沉积滩涂上定居、耕种，拓展生存空间。广州以南的广大地区，包括现在的番禺、南沙在唐宋以前都还只是一片汪洋。崖溪所属的香山地区（新中国成立以前部分中山地区与珠海、澳门合称香山）在明代以前也只是一些四面环水的岛屿。崖溪位于五桂山余脉（云梯山），其附近正是宋明之后由海潮和江河淤积作用形成的浅滩地区。无论是当地人的叙述还是相关的文字记载，珠三角地区的居民最早是在宋代从南雄珠玑巷迁入的。[①] 也就是说，移民的迁入、沙田面积的扩大是同步的。当然，自然淤积之力缓慢，这个过程也伴随着小规模和大规模的围垦活动。这是崖溪的自然生态历史。

崖溪的乡土概念展示了其迁居历史和迁居环境变化的影子，例如，坑田（山边地）、围田、隔田等。崖溪的祖田分布在云梯山上窿坑地区的一个的小盆地里。陆家所在的陆家村，被称为"隔田里"，这一称呼既与明朝时期实行的里甲制有关，也体现了陆家曾与谭家所在区域相隔潮田浅滩的地理情况。因此，崖溪地区的自然生态环境并非是静态的，而是一个动态变化的历史过程。这一背景形塑了崖溪地区的地方

---

① 刘志伟：《地域空间中的国家秩序——珠江三角洲"沙田—民田"格局的形成》，《清史研究》1999 年第 2 期。

政治权力格局。

　　本章分为三节。第一节介绍崖溪当地的社群结构，包括崖溪祖先的迁居历史、身份地位，崖溪与外部其他族群之间的关系，以及崖溪地方社会与皇权之间的互动关系。这三组关系呈现出崖溪在地方社会和国家体系中的社群地位。第二节介绍崖溪宗族集团作为权力组织的共同体方式。崖溪所在的香山沙田地区在明朝以里甲制被纳入国家秩序中，宗族又通过身份建构、宗祠修建、编写族谱和沙田开发变成地方社会的核心机构：一方面，通过神祇和宗族祭祀以及相关的仪式，建立组织发挥影响力的非正式契约；另一方面，宗族成为主要的控产集团（corporation），与西方的教会合并神的尸体（corpse）共餐作为社群团结的机构一样，宗族把祖先的亡灵合并起来，成为控制地方资源与掌控地方秩序的控股公司。他们不仅有成员制度，还拥有固定的财产。因此，宗族制度是一整套整合了仪式、习俗、祭拜等礼仪规制的地方权力组织。第三节是小结。该部分论述了宗族作为地方社会秩序核心权力机构的组织方式，以及宗族这种社群团结组织对地方社会和未来发展的影响。

一　外部环境：沙田角力中的权力格局

（一）祖先身份：盐田与盐官

　　崖溪的历史记载可追溯到宋元时期的盐场经营活动。崖溪的谭氏祖先最早来自香山（今珠海境内）山场村。时至今日，崖溪谭氏祭祖仍会先到珠海的山场村进行祭拜，而后才会回到崖溪祭祖，这体现了他们之间的渊源关系。山场村被称为"香山第一村"，其城隍庙供奉的谭仲伯据称是元代香山盐场的盐官，受封五品"国子监授广东盐课提举"，是香山的庇护神，也是散居珠海、澳门、香港、中山以及海外等地的谭氏宗亲祭拜的对象，香火鼎盛。[①] 谭氏祖先供职的盐场建于北宋初年，是

---

① 李铭建：《海田逐梦录：珠江口一个村落的地权表达》，广东经济出版社，2015。

广东的十五所盐场之一，由于盐业专营，盐场在当时的政治社会地位极高。① 但是，至明朝末年，珠江三角洲不断淤积，海水淡化，盐业萎缩，农业获得较快发展，盐场日渐衰败。② 明清时期，崖溪南边 10 公里左右的上下栅盐场成为盐场"小埠"，与崖溪所在的"大埠"遥相辉映，有效缓解了崖溪的出盐不足问题。因此，崖溪人常自称为"香山场"，崖溪人提及祖先选择崖溪这个风水宝地时也多用"开场"而非"落户"的说法。第一，可能指"山场村"，第二，也显示出他们本为"盐户"、崖溪曾为"盐场"的历史地位（盐田属官田，盐户祖先多是受封而来的官员）。

关于崖溪最大宗族谭姓的祖先，更早的一种说法是其为南雄珠玑巷移民，这也是很多广东移民对祖先身份比较认同的一种说法。根据科大卫的考据，宋朝时期，皇帝的一个妃子与珠玑巷商人私奔南下避祸，后于此生存繁衍。这个故事能够被广泛提及的原因在于在离开珠玑巷移居他乡的过程中这些居民都拿到了南雄知州颁发的路引，并且到达定居点之后也都向当地知县登记编户。而黄萧杨之乱导致户籍管理制度混乱，许多无籍之人便借此登记入籍，正是由于明朝实行的里甲编户制度，一些流民才得以拥有户籍身份，也拥有了定居资格。③ 实行里甲制，意味着要登记户口以便民众承担徭役。登记组别是"里"，"里"由"户"组成，"户"就是"甲"，又称为"图"。具体组织方式是"国家立法，里甲之制，每百户为一里，同一格眼，谓之一图"，崖溪至今保留着这样的社会组织方式，如"陆家里"等。④

康熙五十四年（1715），由于盐场衰落，国家鼓励农耕以抵课税，颁令"民承垦溢坦老荒升科起征，陆续移抵该场虚课"⑤，民间也开始承包围垦，将盐田改稻田的行为在国家的鼓励下发展起来，自此开启了崖

---

① 田明曜、陈澧：《香山县志》，上海古籍出版社，2003。

② 暴煜、李卓揆：《香山县志》，台湾学生书局，1968。

③ Faure, David. "The Lineage as A Cultural Invention: The Case of the Pearl River Delta." *Modern China* 15, No. 1 (1989): 4 - 36.

④ 广东巡抚戴璟刊行于嘉靖十四年（1535）《广东通志初稿》。转引自科大卫《皇帝与祖宗：华南的国家与宗族》，卜永坚译，香港商务印书馆，2017。

⑤ 暴煜、李卓揆：《香山县志》，台湾学生书局，1968。

溪的民间围垦历史，也开启了"沙田角力"的大幕。从沙田的字面含义可知其无非是海中得来之薄田，但是由于沙田地区多数是未开发地区，投入大，周期长，争利激烈，因此，无论是居民、土著还是早期移民，其创业十分艰难，可谓披荆斩棘、筚路蓝缕。这一历史通过族谱、家庙、族训和传说得以保存，并在不断的地权争夺和文化宣示中被强化，形成了皇权、宗族与族群势力格局的雏形，更生发出一系列衍生权力，例如沙骨权、开荒权、陆地居住权等。以宗族为基础的地方权力加之特殊的地理位置和社会关系，日渐形成了地方社会的权力格局。

（二）族群之争：国民与蜑民

沙田之争，首先表现为"国民"与"蜑（又称'蛋'）民"的身份之争。明清时期定居于此的人多数是无籍之人，又被史学家称为"蛋民""疍民"，属于四民之外，通常指没有陆地居住权的人，特别是以艇为家的渔民。珠三角的民系之争聚焦于两种身份之争。到清朝时期，"疍民"身份变成强宗大族（儒学士绅）使用文化活动（礼仪社学等）、宗庙祭祀排斥后来移民的手段①，特别是居住于水上的渔民，崖溪人至今称这些居住水上的"疍族"为"水流柴"或"耕仔"，而他们聚居的区域（自然村，下沙等）被崖溪人所轻视（尤其是土改中仰仗政治权威受赠崖溪的土地，转手卖掉之后）。因此，沙田之争，不仅是地权之争，更有了族群互动的含义。

"民族之富力，与文化最有关系。地球言文化，必以河流；粤省言文化，必以海坦；古世言文化，必以中原礼俗；现世言文化，必以濒海交通。"② 崖溪既位于河口，又有大面积的海滩，加之"中原贵族移民"背景和便利交通位置，可谓占尽天时地利人和。崖溪人的"身份认同"

---

① 萧凤霞、刘志伟：《宗族、市场、盗寇与疍民——明以后珠江三角洲的族群与社会》，《中国社会经济史研究》2004 年第 3 期。

② 萧凤霞、刘志伟：《宗族、市场、盗寇与疍民——明以后珠江三角洲的族群与社会》，《中国社会经济史研究》2004 年第 3 期。

便建立在这种有利的自然和社会条件上。

当然，史学研究指出，大多数宗族的定居历史叙述是值得怀疑的，他们的祖先未必是正统的中原移民。① 很多宗族不仅利用"汉人"标签，还通过宣扬国家纳税身份建构自己的"合法身份"，从而控制市场（古称墟市）、田产、庙宇等；通过修建祠堂，编写族谱，炫耀自己与中原衣冠华胄的"士大夫"之间的关系都是为了提升自己的社会地位，排除其他移民、流民、疍民的陆上入住权以及更广泛的资源控制权。②

为此，他们充分利用国家权威。"入籍"与"入仕"就是两种重要的成员资格，是国民身份的宣示。入籍即"编户齐民"，意味着蛮夷之户已被教化，承担国家赋税，可以拥有土地，并有资格参加科举考试，拥有合法的土地资源所有权。虽然说"入籍"是"入仕"的前提，但是，通过冒籍取得科考、重修祖志的也大有人在。有证据表明，有钱的疍民，为了在成熟的沙田上取得合法居住权，会"创造一个祖籍"。这充分表明，珠三角地区移民的身份认同是一个社会化过程。

在不断变迁的沙田生态系统和国民、居民和流寇的身份转换中，珠三角沙田地区依托土客祖宗身份的建构，建立了地方社会的权力规则（见图3-1）。这包括：第一，根据围垦成田的四个阶段形成的资源占有权。"沙骨权"是在快要成田的地区种草，若其他人试图在这里继续围垦，便需按季度缴纳"粳壳"；若先占者在上筑堤坝，向政府缴税领证，就可取得合法的土地权，可以向外出租收益。第二，根据祖先渊源合法性建立的"入祠权"，也就是陆地居住权。外来流民或其他宗族之人若想"落地生根"，取得定居权，需要跟先抵达的其他陆上居民在互相试探和互动中达成共识。一个宗族或者家族真正取得地方认可、拥有定居权的标志是"建立祖庙或宗祠"，这是地方族群政治的规则。第三，陆

---

① 萧凤霞、刘志伟：《宗族、市场、盗寇与疍民——明以后珠江三角洲的族群与社会》，《中国社会经济史研究》2004年第3期；Faure, David. "The Lineage as A Cultural Invention: The Case of the Pearl River Delta." *Modern China* 15, No. 1 (1989): 4–36.

② 刘志伟：《附会、传说与历史真实——珠江三角洲族谱中宗族历史的叙事结构及其意义》，载饶伟新主编《族谱研究》，社会科学文献出版社，2013。

地与河流的交接地带，设有可供船舶停靠的"罾门"，通常由陆地上有势力的家族控制，渔民若无控制者的许可，就无法上岸定居，就没有在陆地上开荒、建房、捡柴的权利，只能沦为盗寇。崖溪在新中国成立以前还一直控制着附近海面的鱼栏，捕鱼者只能将渔获卖给崖溪控制的渔栏。近海、近河的捕鱼权也被控制在陆地宗族势力的手里。例如，崖溪下沙渔民虽然在土改时期获得了部分土地，并在陆地聚居，但是无法进行海岸围垦，即使是沿海捕鱼也受制于崖溪早年的宗族。

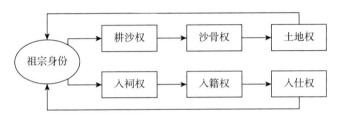

图 3-1　祖宗身份、国民身份与资源权利

因此，族群身份不仅具有文化的意义，更是与资源获取权利勾连，是共同体成员身份的一种确认和排他。这种身份更多基于祖宗和国民身份，而非基于完全姓氏。通过详细描述崖溪内部的姓氏关系，我们就可以更清晰地理解这一点。

（三）权力之争：祖宗与皇帝

"沙田—民田"格局还呈现出皇权与宗族权力的关系。沙田指的是新开发或者围垦的海中田，民田则多是相对成熟的老田，这种格局在时间上指涉"老田—新田"的格局，空间上多指山边和海边的区分。但是，由于国家政权管理的滞后，对于沙田的开发又多依赖宗族的力量，民田缴纳国家赋税意味着国家权力在基层的实现，因此，沙田又被称为"围田区"，而沙田则常常为豪强大族所控制[①]，实际上，这种格局展现

---

① 刘志伟：《地域空间中的国家秩序——珠江三角洲"沙田—民田"格局的形成》，《清史研究》1999 年第 2 期。

了皇权与地方社会宗族之间的力量博弈。① 随着国家权力在基层的延伸与地方沙田面积的扩大，两种田地的边界是模糊和流动的。

从最早的宋明时期来看，沙田几乎覆盖了珠三角的东南区域，大致以石楼、市桥、沙湾、大良、容奇、桂州、小榄、外海、江门和新会为界线，以南统称为"沙田区"，以北为"外田"。也就是说，在宋代以前珠三角地区基本属于未开发的状态。但在这之后，历经明清两朝，这里发展成了一个稻米、食盐、外来奇货交汇的贸易港口。广州、江门、澳门、香港等地先后成为重要的贸易港口。

明清时期以来，香山地区的沙田就控制在地方豪强手中，他们绞尽脑汁逃避田赋，香山的土地管理一直到民国时期都是一个令中央政府十分头疼的问题。地方豪强的主要策略是"寄庄"，明清县志详细记载了乡豪寄庄的景况，"粮止二万，而寄庄八千。粮差节年被累，情实可悯"。② 加之珠三角地区有大量无籍"疍民"成为佃户，对其进行征税难以完成。香山地区的情况尤为严重，"寄庄人户，吾广各县有之；而奸诡推避不畏法度者，惟香山而已！"民国时期，县长唐绍仪（香山唐家湾人）试图整顿沙田赋税制度，因触动地方宗族利益而黯然下台。因此，在国家话语的体系中，香山地区的地方豪强势力始终是一个治理顽疾，明清时期被称为"豪右势力"，民国时期被斥为"国中之国"，新中国成立以后，又被批为"地方主义"。

"公偿田"是另外一种方式，公偿田意为宗族集体财产，其收入作为祭祀和办学费用，但也存在以"公偿田"为名，躲避赋税的情况。民国时期的香山县公偿田占所有土地的一半，一方面，地方豪强势力用这方法隐匿财产；另一方面，这部分田产的作用又在于扶危助困、拓展和

---

① Faure, David. *Emperor and Ancestor：State and Lineage in South China.* Stanford：Stanford University Press，2007.

② 叶显恩：《明清珠江三角洲沙田开发与宗族制》，《中国经济史研究》1998 年第 4 期；暴煜、李卓揆：《香山县志》，台湾学生书局，1968。

经营关系网络、壮大宗族力量、增加凝聚力、壮大地方力量、实现宗族势力的再生产，因此，也是宗族力量得以维系和强化的物质保障。皇权与宗族的关系并不总是紧张的、对抗的，相反，国家的法典条文与民间的礼仪习俗交织在一起。"皇帝与祖宗"（科大卫语）两套词汇成为习俗、身份认同、社会地位、资源控制权力和地方社会建设的主要表述。华南地区沙田开发与宗族力量的缔造、强化过程，展示出不同于"汉化论"单一权力视角的权力互动结构，也就是说，崖溪所在的沙田区域具有相当强的地方自治传统和与国家权力博弈的能力。①

地方宗族借助国家话语的"意义界定"、"转译"和"意义调整"，再造地区认同、记忆和想象，通过族谱修订等行为编织社会网络，组建围垦同盟军。在沙田这片"无主地"上，地方宗族势力既制衡皇权又利用皇威和国法，维护已有权力制度和社会合法性。因此，身份认同与皇权制衡不是截然分开的两个过程。正因为存在交错虚实的宗族网络关系，地方才得以相互"寄庄"，而身份认同的编织与宗族的造势又往往与国家认可紧密相连，宗族的科举之名、纳税身份，都是宗族势力的保护伞和依靠。地方权力一方面在与国家话语和制度的交锋中学习借用、自我调适，利用国家的儒化传统强调自己"诗书传家"的背景，建立中原祖先崇拜的宗庙，宣示自身国民身份的合法性；另一方面，也借用地方网络和地方规则，规避或影响国家秩序的入侵，围绕"编族谱""修祠堂""起庙宇""祭祖先"等文化实践，建立其相应的地方资源控制与分配规则。

"入祠权"象征着村庄社会对其他移民与流民定居权的承认，"耕沙权""沙骨权"则是民间的"围垦施工权"和"土地所有权"的表达方式。由于国家权力在沙田治理上"捉襟见肘"，民间充分利用神权、宗庙、非正式契约、先占权、谁投资谁受益等原则规制资源使用和占用原

---

① Faure, David. *Emperor and Ancestor: State and Lineage in South China.* Stanford: Stanford University Press, 2007.

则。有学者认为，这是民间的"扯平"原则①，实际上它并非完全是公平的，只是不同族群在一定社会空间内进行互动并达成共识的结果，是在前文提及的身份和权力之争中形成的。由于它是一种共识性规则，因此，虽仰赖一定的物质基础，但更依赖社会认可，这就需要一种身份建构和一整套对"合法性"叙事的宣示，更需要通过长久而规律的仪式化过程，例如，崖溪通过飘色巡游、祭祖、归宗、编族谱等行为对皇权进行明示、认可，形成皇权的制约力量。

二　内部组织：宗族团体的组织与制度

（一）宗族集团的构成：姓氏与自然村

首先从崖溪内部的宗族关系和八个自然村的空间和社会格局形成说起。从地理格局来说，东堡、西堡、中堡是谭氏最早开场的地方，也是最早的崖溪。谭姓人认为，只有这三个地方形成的村落才是真正的崖溪。杨姓、陆姓都以姓氏建村，分别叫作杨家村和陆家村，加上谭家后来迁居过来的一房向西村（房间朝向崖溪三堡所在的东边，叫作向西，意为同宗之意）一起位于隔田。所谓隔田，就是跟崖溪曾经隔着一条半沙半海的潮田（现已成陆地，两村已无分隔）。平山村居住的是由崖溪谭姓迁来的另外一支四世祖谭氏后人。化美古称"下尾"，是萧姓聚居地，他们的祖先原来是"补鞋佬"，后被主人安排至此。②

崖溪有四大姓。谭姓人口最多，约有1500人，也是最早迁居而来的姓氏，之后是陆姓（400人）、杨姓（500人）和萧姓（400人）。对于

---

① 折晓叶、陈婴婴：《产权怎样界定——一份集体产权私化的社会文本》，《社会学研究》2005年第4期；曹正汉：《产权的社会建构逻辑——从博弈论的观点评中国社会学家的产权研究》，《社会学研究》2008年第1期；曹正汉、史晋川：《中国民间社会的理：对地方政府的非正式约束——一个法与理冲突的案例及其一般意义》，《社会学研究》2008年第3期。

② 黄健敏、刘志伟：《流动的边界与凝固的权力：中山崖口村的定居历史与资源控制》，《历史人类学学刊》2011年第9期。

陆姓的迁居时间说法不一。一说，明朝永乐元年（1403）迁居崖溪，是谭家早年在香山盐场的"兄弟"；一说，清朝初年才迁居崖溪。当然，陆家采用了第一种说法。谭氏宗族宣传片采用的说法是，周武王姬发大封诸侯，将夏禹的姒姓子孙封于谭，今山东章丘境内，建立谭国，为子爵。公元684年，庄王十三年冬十月，齐出兵伐谭，谭民流失，后为表示不忘封国，"以国为姓"。广东谭姓来自江西，一世祖位于南雄珠玑巷。大致是为了"落实"谭陆是为"兄弟"的说法，谭氏供奉的大王公是三国时期刘禅（阿斗）的第五个儿子北地王刘谌。据满叔说，这是因为景耀六年（263）邓艾兵临城下，其父刘禅投降。刘谌愤怒劝阻，坚称国难之际，当君臣、父子一起作战，为蜀汉江山而死，这样才可见先帝，后劝阻不成杀妻与子，自杀于刘备的昭烈庙。而陆家的武侯祠供奉的则是诸葛亮。至于为何是这种关系，满叔笑而不语，当地人也多数答不上来。①

　　根据同治元年（1862）陆显仁编制的《重修香山隔田河南郡陆氏族谱新序》《香山隔田河南郡陆氏族谱》和黄建民、刘志伟等人的推测，陆姓始祖很可能曾经是沿海流域古劳（江门鹤山）、山场、隔田几个岛屿上流动的水上居民，即所谓"疍民"。崖溪村的族谱则记载，他们来自今河南境内。到清代前期，至陆家十一世祖陆兆公（1641～1730）时，已经颇为繁盛，"创建祠堂、积贮尝业，寿臻耄耋，九十齐眉。设书田，土名大岭，上税六亩一份五厘，为帮书文武邑郡痒科甲同收租谷，捐纳功名及行伍者概不与焉"。同治年间，陆家又通过与乌石陆氏的主动联宗接入了其他中山陆姓大族的谱系。不管是疍民出身还是盐官出身，陆家在其后的发展中重视教育，专设"书田"，与当时的皇权保持着紧密关系，并积极联宗，壮大宗族力量，的确在长期的发展中获得了跟谭氏平起平坐，甚至在飘色中需要谭姓"请出山"随驾的地位。由此可见，利用国家权力提升自身地位是沙田宗族的重要策略。

---

　　① 李铭建：《海田逐梦录：珠江口一个村落的地权表达》，广东经济出版社，2015。

根据迁入时间推测，谭姓似乎与陆氏既非移民路途中的"兄弟"也非"香山场"中的"兄弟"，更像是"争沙"中的"联盟兄弟"，陆家是重要的军师，这跟当地人对陆家的科名和满叔角色的说法一致——"崖溪师爷"。谭氏的宗族祭拜也不是祖先崇拜，更像是"誓死决守护疆土"的警训。在这种祭拜中，谭、陆两家大王与随驾（主仆）的关系逐渐形成，因此与其说是祭祀关系不如说是社会关系。这种推测跟华南学派对沙田地区神祇祭拜是构建地区认同的工具的定位也颇为一致。

杨氏虽与陆家一样居住于隔田，自称来自南雄珠玑巷，于明朝天顺年间（1457～1464）迁来建村，但是在长期的历史发展中，宗族势力没有发展起来，"土田未广，生齿未繁，立有小小祠宇"，甚至一直无力修谱。直到清朝道光末年，杨氏方才与蔡横村杨氏联手，主动与石岐地区的大宗杨氏联宗，地位方才有所上升。杨氏虽然拥有陆地居住权，但是似乎在土改前始终未有耕田，或是因为宗族力量不够强大而未能"耕沙""争沙"，因此始终以捕鱼为业。杨家村人回忆称，土改后，杨家获得土地并组成生产队，但是根本不会耕田，还需要向其他村民学习。但是，无论如何，杨家毕竟取得了与谭、陆两家一起控制崖溪海面捕鱼的权利，成为谭、陆、杨三姓控制的六股成员。化美的萧姓，由于长期寄人篱下以及宗族资源稀缺，到1966年才编出一部简单的族谱。虽有丁，却无财，更没有什么关系背景，因此被排除在崖溪六股之外，崖溪村民认为这是因为河面敛尸和合股围垦之时，他们都不能"夹份"（凑份子，合力出钱出力之意）。①

除了内部的宗族关系，崖溪村（八个自然村）与外部也充满了互动。这个区域生活着三个族群：本地人（广府人）、客家人和疍家人。本地人多数讲广东官话，客家人讲客家话，疍家则说水上话（俚语，属于广府粤语系），虽然语调有不同，但是内容相同。崖溪周边的村落，只有蔡横村跟崖溪一样都是由本地人所建，而且其中两大姓氏杨姓和陆

---

① 黄健敏、刘志伟：《流动的边界与凝固的权力：中山崖口村的定居历史与资源控制》，《历史人类学学刊》2011年第9期。

姓都是崖溪村隔田陆家村和杨家村的分支，历史上，两个村子都有稳定的通婚关系。孙中山的外婆与姐夫都是崖溪人。竹头园、石门九堡、平顶村、长沙埔等都是客家村落，康熙年间海禁迁村之后复界才迁居至此建村。崖溪海面的疍民则基本来自番禺和顺德，常年在海上生活，并没有陆地的居住权①，土改之后才获得下沙地区的居住权，形成下沙村。虽然在土改过程中崖溪附近的客家村并入竹头园和下沙村，但是沿海滩涂及海面的控制权仍然掌握在崖溪手中。客家人和疍家人被崖溪人称为"崖眦佬"和"疍家佬"（轻蔑之意）。崖溪人的族谱中没有与这两个族群的通婚记录，足可以证明两者身份之差别。在空间分布上，基本上是客家人住山边，疍家住水边（水上），崖溪汉人住田边。

　　至今，崖溪附近的山林、田地、海面基本都由本地人控制，客家与疍家处于从属地位。这一点在崖溪的飘色中表现得淋漓尽致，抬头旗的"仆役"是客家人，而疍家则连"仆役"的身份都没有。

　　崖溪的三大姓氏形成了主要控产集团，存在稳定的合作伙伴关系，被陈翰笙称为集团地主。② 为了展现他们的宗族合作特点，本书称之为"宗族集团"，即异姓联盟。与单姓村不同，多姓氏合作的宗族集团，时刻存在分裂的风险，若利益分配不均或者对彼此地位不认可，那么宗族械斗就是常见的争端解决方式。因此，对于宗族集团，若只借助宗族力量，虽然能强化同宗同姓之间的团结，却也为不同姓氏之间爆发冲突埋下了隐患，因此还必须借助其他力量来强化、固化村庄不同姓氏之间的共存关系。在教育尚未普及的年代，乡民没有足够的书写和阅读能力，因此通过共同建庙、共同参与仪式的方式形成内心认同，一个社群共同体的形成也就并不完全依赖宗族建制。宗教礼仪变成理解村庄社会的一个最佳视角，因为这是村庄社群关系、组织原则、治理方式的重要载体。宗教礼仪不仅仅具有契约性，而且具有公共性。

---

① 黄健敏、刘志伟：《流动的边界与凝固的权力：中山崖口村的定居历史与资源控制》，《历史人类学学刊》2011 年第 9 期。
② 陈翰笙：《解放前的地主与农民：华南农村危机研究》，冯峰译，中国社会科学出版社，1984。

（二）宗族联盟的契约：祠堂、神祇与仪式

村庄联盟有两种：一种是建立在宗族祭祀之上的同姓联盟；另一种是建立在神祇祭拜和仪式游行之上的异姓联盟。因此，显示传统村庄共同体关系的重要标识（symbols）就是这些祠堂、庙宇和仪式。祠堂展示了宗族的联盟关系，庙宇神灵则是地区社群合作关系和社会公共事务处理的内化契约。由土地神庙是固定下来的群体地缘边界，既是产权证，也是群体资格与权利（建房、开荒等）边界。这个边界既包括户与户之间的边界，也包括自然村与自然村之间（姓氏之间）的边界。

这些宗教与祠庙具有多重功能。例如，宗族合作建立的妈祖庙，既表明宗族联盟的契约关系，也表明联盟关系的目的在于控制和宣示某块土地的所有权。因此，宗族联盟的目的是争夺资源，特别是对于地权的控制。为了清楚展示崖溪的土地社坛、神祇和庙宇功能之间的关系，本书整理了表3-1。需要说明的是，该表展示的多是古庙，后面新建的集益庙群在名称和功能上都有所不同，之后章节会有所介绍，在此不重复列举。

表 3-1　土改前崖溪祠庙、神坛的分布与功能

类型	供奉神明	功能	数量	位置
土地神坛	土地公	定居界限（宗族界限）所谓"入祠权"	约十几个	崖溪村村口，以及八个自然村村口
宗祠	一世祖	举行耆老会议、祭祀等公共活动	谭氏大宗祠[①]、杨氏大宗祠、萧氏大宗祠[②]	中堡村、杨家村、化美村
	族中各支祖先（以世祖号为名）	举行耆老会议、祭祀等公共活动	谭氏宗祠、翠峰祠[③]；云溪祠、处直祠、德容祠、朝举祠、少垣祠、竹坞祠、荆玉祠[④]；谭氏大宗祠、心月祠、澹庵祠、东墅祠、润梧祠、可庵祠；云谷祠[⑤]、立泉祠、学榕祠、星照家塾；又山祠	东堡、中堡、西堡、平山、向西村

续表

类型	供奉神明	功能	数量	位置
宗祠	族中各支祖先（以世祖号为名）	举行耆老会议、祭祀等公共活动	陆姓云祖[6]、云庄祠、云祥祠[7]、德恒祠[8]、德宗祠[9]、信敬祠、约香祠以及明衢家塾）	陆家村（敦和里）
天后庙	妈祖	维系村街和族群支配关系，海岸线控制权	大湾庙等四座，仅余集益庙群重建的大湾庙和北部河滩的一座，其他两座因台风和人为原因遭到破坏	大湾庙原位于泗门岗
大王公庙	北地王刘谌	展示族训与当地地位（"与祖产共存亡""主人地位"）	一座，土改时分给了村民，改建民居	东堡村
武侯庙	武侯诸葛亮	展示族训与当地地位（"诗书传家""书田"）	两座（化美武侯1964年被吹倒，改作民居）	陆家村（敦和里）、化美村
洪圣庙[10]	海神洪圣	妥神灵、清界址	一座	海滩（北泮沙界）
无主庙	"厉坛"祭无祀神鬼（海上亡灵）	妥神灵、清界址	一座	海滩

注：表中所列为民国《香山县志》卷3《与地·氏族·大字都》中所记宗族庙宇。由于战乱、台风等原因，根据村志记载，保存完整的只有平山翠峰祠、中堡东墅祠、六房祠、西堡竹坞祠、荆玉祠、东堡云谷祠、谭氏大宗祠和杨家大宗祠。清乾隆年间，曾有武侯庙、大皇庙、大湾古庙、财帛星君庙、观音庙等13间。留存至今的有星君庙、元神庙、武侯庙等6间。

①谭氏大宗祠位于崖溪村中堡下街，建于清代，1927年和2002年两次重修。该祠坐北向南，三间三进，中间夹两天井，面阔12.4米，进深38.9米，面积约484平方米。前廊为三步廊，用斗栱承托，梁架、柁橡雕刻精美；大门两侧挂着对联，墀头有花卉石雕，正脊有狮子和花卉灰塑。诸多岭南建筑元素搭配之下，祠堂显得古韵绵长。https://read01.com/66EDA.html，最后访问日期：2018年6月7日。

②新中国成立初期被台风吹倒。

③翠峰祠位于平山大街15号，坐西北向东南，面阔14.8米，进深21.4米，面积约291平方米。https://read01.com/66EDA.html，最后访问日期：2018年6月7日。

④荆玉祠位于西堡大街10号，坐北向南，面阔9.9米，进深19.7米，面积约195平方米。https://read01.com/66EDA.html，最后访问日期：2018年6月7日。

⑤云谷祠位于东堡大街41号，坐西向东，面阔15.3米，进深17.3米，面积约为271平方米。https://read01.com/66EDA.html，最后访问日期：2018年6月7日。

⑥1938年被台风吹倒，原地建为民房。

⑦土改时分给东堡人。

⑧新中国成立后，分给村民，改建两栋民房。

⑨现为老人活动中心。

⑩洪圣庙又称洪圣宫或洪圣古庙，为祭拜海神洪圣的庙宇，香港滨海的居民信奉的海神主要有天后、洪圣、观音、北帝、龙母、谭公等，而原籍广东沿海地区的居民多祀奉洪圣。

土地神坛多数作为居住边界，划定的是自然村之间的定居边界，也是沙田居民实际陆地居住权的产权证。对这一地区而言，陆地居住权以及附属的沙田开发权太过诱人，为避免田界争端，人们尝试过官司、械斗、埋石、树碑等方式。但是，或因财力关系不够，不敢到衙门争讼；或因人丁势力不够，无法在暴力抢沙、抢禾乃至械斗中获得有利地位，种种方法都无法有效解决田界争端。而建社坛成本低、认可度高，利用神明的位置确保生存的空间是一种安全而有效的土地产权宣示。因此，崖溪至今拥有数量众多的社坛，成为地界划分的最有效标志。

水上的疍民却因为身份卑贱，无法获得任何陆地权利。可想而知，虽然不是全部，但大部分疍民希望借助多种方式获得跟陆地大族居民一样的垦荒耕田，乃至水面控制权。水上居民虽然可以借助皇帝颁布的谕令取得合法的身份并拥有相应的田产权利，但这种机会并不经常出现。实际上，直到1729年，皇帝才下旨容许疍民上岸居住，直到1871年，清政府才宣布广东疍民、浙江九姓渔民等"贱民"从向政府登记改籍开始四代之后就可以参加科举考试①，而且，疍民需要有足够财力在岸上建造房屋、开垦荒地，并入籍承担税负。显然，这并不是能够快速、有效改善地位的方式。因此，在官府的政治规条管理制度之外，疍民也寻求民间的解决方式。有记载显示，有的疍民也通过水上经商积累的财富购置田地、购买学位、冒籍科考，进而重修族谱或寻求与大族联宗，手段多种多样。

无论对既得利益者的宗族子弟还是对于后天取得陆地居住权的"贱民"来说，居住权都是十分宝贵的。设立土地社坛不仅意味着拥有了合法的土地权利，也意味着拥有了合法的国民身份。因此，土地社坛不仅仅是产权证，也是身份证。

由于人口的扩张，八个自然村之间的界限因公路规划、潮田消失等原因已无法区分。区分村落边界的方式就是设立土地神坛，不仅自然村

---

① 叶显恩：《明清珠江三角洲沙田开发与宗族制》，《中国经济史研究》1998 年第 4 期。

之间设有专门的土地神坛，有的房与房之间也设有土地神坛，这些土地神坛不再作为个人或户的权利依据，而演变成群体聚居生活的地缘边界。

宗祠是宗族兴盛的标志，也是进行集体活动的公共空间。传统上，宗祠是宗族进行祭拜的地方，也是子孙团结的象征。以谭氏为例，既有大宗祠，也有各房宗祠。各房是否子嗣兴盛、团结就体现在宗祠的修建与否上。若族中衰败或者不团结，就无力筹资建立宗祠，更不可能为祖宗建立专门祭祀所用的"蒸偿"，又称祭田。祖宗祭祀以及相应的礼仪和财产控制方式是明朝朝堂的礼制传统的变体。依明朝律令，只有具有相应品级的官员才能建立家庙，并在家庙祭祀。随着儒家礼教的发展，民间的大族也开始模仿，建立祠堂，并为之设立"蒸偿"。因此，宗族祭拜是社群依照一整套理学礼仪自我组织的方式。这套制度模仿南宋理学传统，奉行仁义礼乐，行名族"蒸偿"之礼。只有能够承担祭祀费用的族人，才被视为族中合格者。

围绕祭祀礼仪，宗族成为地方社会自主选择的一种自我组织方式。宗族是崖溪至今为止最为核心的组织机构，崖溪的谭姓三堡是最强盛的三个宗族团体。严格说来，崖溪村三堡只是谭姓的三房，但是随着人口繁衍、财产日增，其势力越发强大，成为崖溪村最有影响力的三个自然村。

现在的宗祠，除了清明节进行祭拜，其余时间成为老人活动中心和村落公共事务会议、协商与选举的地方。村生产队的活动公示、生产队工分协商以及自然村和村代表的选举都在祠堂举行。

崖溪的大湾古庙连同另外两座天后宫，都被晚清时期崖溪合办的六股公司所掌管，也就是由崖溪谭、陆、杨三族"夹份"共同建造，这就进一步确认了崖溪三族作为地方宗族集团的社会地位。大湾古庙位于沿海滩涂的山上，为海上渔民提供指引。据传，曾有一个渔民遇上暴风雨，迷失方向，正是靠着高耸的大湾庙找到方向才得以脱险。[①]　每年三月二

---

①　黄健敏、刘志伟：《流动的边界与凝固的权力：中山崖口村的定居历史与资源控制》，《历史人类学学刊》2011年第9期。

十三天后诞辰，三姓六十岁以上耆老便会分成三批前往祭拜，这实际上展示了崖溪大宗族在地方秩序形成中的责任和权力。一方面，他们需要承担建庙和维护的成本，福荫其他族群，以获得其他族群的认可；另一方面，他们也借助这种方式宣示他们的支配权。泮沙以南，上栅以北，崖溪村控制着8.5平方公里海岸滩涂和紧邻的陆地。虽然这个海岸线以内还包括竹头园、下沙、蔡横、平顶村、长沙埔等大小村落，这些村落没人对崖溪的海岸控制权有异议，或者也没有能力提出异议，只有北邻的泮沙属于大宗族，据记载曾跟崖溪发生过边界冲突。

集益的大湾古庙保存了始建于1924年的《重修大湾古庙房名纪念碑》。这条碑文展示了崖溪庙宇的地权控制功能。碑文如下：

> 窃以神道设教，自古皆然，近虽神权堕落，而我大湾古庙，又不能不重修者，寓有深意焉。该庙创自前人，迄今数百载，神道非常显应，而庙朝早已倾颓。其要者，此地毗连邻境，向以该庙为古迹，若任其倒塌，则日久难稽，争端顿起。乡人等有见及此，爰集乡众，提议重修，一以妥神灵，一以清界址，诚一举两得也。

崖溪的飘色巡游活动展现出崖溪内部宗族之间的合作联盟关系。崖溪飘色现已被列入非物质文化遗产名录，主要是以彩旗、彩车、唢呐、歌舞、舞狮、舞龙等构成的巡游活动，又称大王公出巡。首先，需要提前一天，带齐糖果锦盒到陆家所在的敦和里采青；第二天一早，八个村子就按顺序在大礼堂集合：陆家（敦和里）、平山、向西（和星里）、杨家（起运里）、西堡、中堡、化美、东堡。然后先经过村口崖溪牌坊，横过马路，巡游平山、化美，再经过泮沙渠边的田野，经东明门进入东堡。巡游队伍进门时要放低旗幡，以示对主人的尊重，主人则以"让客三千里"的态度，将自己放在巡游队伍最后。[①] 午饭后，巡游队伍过中

---

① 李铭建：《海田逐梦录：珠江口一个村落的地权表达》，广东经济出版社，2015。

堡、向西经杨家回到陆家。巡游队伍中还有抬头旗和鸣锣开道的"仆役"，色板上面的"色芯"（小孩）则代表了主人们供奉的神明和祖先。这一仪式是崖溪人对他们权利、身份、地位的宣示，飘色中各村的出场顺序显示的是各族在村落中的地位。

这一仪式向参观巡游的崖溪人、外地人展示了合族联盟的契约关系。谭氏是主人，陆氏虽然是客人，但是在客人中拥有最高地位，谭氏一方面出于"让客三千里"的礼节，让陆家走在前面。另一方面，陆家作为村落联盟的军师，拥有受人尊重的地位。就像三国时期的诸葛军师那样，大王公需要提前请其出山，并准其随驾。从顺序上也可以看出，居住在化美（下尾）的萧氏处在巡游队伍的最后。

洪圣庙与无主庙都与海有关。洪圣是广府人的海神；无主庙主要是珠江口无主浮尸的安魂之所，敛尸的责任也是由六股公司承担。天后则多为福建移民所供奉。崖溪人为海上居民建立庙宇，一方面是为海上其他族群提供便利，另一方面则是为了宣示海上控制权。

因此，崖溪六股三族实际上已经是地方的乡绅，并依靠神权和祖宗力量建立起一套适合地方生态、族群环境的治理制度。既有权威也有规则，使得这个原本的"是非之地"得以维持了相当程度的安定与繁荣。

（三）宗族控产机构：六股公司和公偿田

崖溪村由于控制了大部分的海岸线，因此获得了丰富的土地资源，主要有三种土地类型：坑田、民田和沙田。坑田是云梯山附近的丘陵田地，是最早的地块，民田是后来由围海造田慢慢得来的大片"围田"，而沙田则是海水还没有淡化的咸淡水滩涂地区，这部分区域是随着围垦活动的扩大逐步扩大的。崖溪的滩涂北起崖溪北村的鸦洲山，南达珠海附近的水晶坑，长约六公里，宽约三公里，面积三万余亩。[①] 此外，还有云梯山、松林山等山林资源，以及沿海的鱼塘、红树林、海上温泉等。

---

① 黄健敏、刘志伟：《流动的边界与凝固的权力：中山崖口村的定居历史与资源控制》，《历史人类学学刊》2011年第9期。

依托咸淡水交界的天然地理位置，虾、蟹、蚝、白蚬等高档水产品非常丰富。新中国成立前，崖溪控制着海面，并拥有渔照，经营着三个鱼栏，买卖都需要经过这三个鱼栏。[①] 崖溪还有三千亩水稻田，自然资源丰富，宜居、宜耕、宜种、宜养。如何对这么丰富的资源和这么大面积的土地进行有效治理是一个极具挑战的问题。

崖溪早在清朝就成立了管理自然资源的永兴公司，因为是六股合股，又称为六股公司。关于六股公司成立时间的说法不一。

一种说法是：

> 崖溪、平山、隔田三乡，鳞叠聚居，依山面水。崖溪、平山皆谭姓，隔田则为杨、陆二姓。其三姓先人于清咸丰与同治年间，集资领有沿海渔照，属海面可筑田者，承税围筑围田六顷，披荆棘，竭勤劳，视己之不逮，又招他人承筑，迄今已由六顷递筑至三十余顷，已满荒者二十余顷，将满荒者十顷。每年所收之期价，按股份派。计谭平山堂第一股，崖溪谭云谷祖第二股，谭东墅祖第三股，谭竹坞祖第四股，谭澹庵祖和谭心月祖为第五股，隔田杨承业祖、陆绍常祖何为六股。当年围筑时，论出资之多寡，以定股份之多少，业权虽有把人，股数则实只有六股，故以六股名之，此当日创业之概况也。[②]

另一种说法是：

> 崖溪六股创于明朝，迄今垂五百多载，这是崖溪立乡之初，向当局价领海坦，由住在乡中各姓合股经营的大事业，几百年来，地

[①] 萧凤霞、刘志伟：《宗族、市场、盗寇与疍民——明以后珠江三角洲的族群与社会》，《中国社会经济史研究》2004 年第 3 期；黄健敏、刘志伟：《流动的边界与凝固的权力：中山崖口村的定居历史与资源控制》，《历史人类学学刊》2011 年第 9 期。

[②] 《崖口三乡两派纷争之鸟瞰》，《东镇侨声半月报》1936 年第 2 期。

方公益都是赖它抱注。到了民国二十六年，因为乡长谭本立私奔事件，便由谭伯英出头，组织一个耆老会来操纵全部收入，于是乎这几百良田收入，每年除分派耆老谷三百石之外，大部用于建醮、迎神、耍飘色、烧烧猪、酬劳金，等等，之乎者也销净尽。[1]

不管六股公司建立于何时，两种说法都肯定了其合股申请海照，以集体力量围垦的初衷。六股公司虽名为六股，实为三族，至少在近代，管理机构已经由耆老会控制。六股宗族分红用于宗族集体的祭祀、养老、济贫、助学等功能。在崖溪做了37年村党支部书记的满叔回忆，由于家庭贫弱，他自小便受宗族接济。崖溪六股公司成立的初衷虽是集宗族之力围垦，但是围垦成田之后的土地管理、海面鱼栏经营、宗庙修护、村落祭祀以及相应的利益分配实际上都归崖溪六股公司负责，崖溪六股公司是崖溪实际的地方权力机构。

沙田、滩涂、民田由于面积巨大，因此多被分包给附近的客家人和疍家人耕种，这些人至今被称为"耕仔"。土地租金收入颇丰，据谭氏族谱记载，这些收入能达到上万两银元，这其中最核心的就是公偿田。崖溪村至今流传着一个故事，一个谭姓子孙收受回扣，威逼耆老，卖地求荣，最后生死不明。

根据《崖溪村志》记载，土改时期崖溪村共有田地6963亩，其中，地主（八户）占有土地553亩（7.94%），富农（六户）占有土地391亩（5.62%），公偿田达4840亩（69.51%），合计占所有土地面积的83.07%（见表3-2）。这些还不包括永兴公司所控制的沿海滩涂和围田。多数公偿田不允许买卖，崖溪东堡的《云谷祖房谭氏族谱》规定："夫尝业所以供祭祀而子孙赖之受福也。倘有籍端串卖，则祀典有亏，不孝孰甚！其有犯此者，即集祠联众，闻官究治，扔摈出不许入祠。"宗族控制财产并非只是单纯追求经济利益，主要目的是实现"族产可持续"，

---

[1]　《东镇乡报》第71-79期合刊（1949年1月1日），第1页。

壮大宗族势力。

公偿田的面积显示了一村土地集体经营的历史传统。同时，村落集体经营的方式也是以出租为主，收取租金用于承担族中教育、老幼、公共事务的支出。这为以后崖溪的制度调适提供了脚本。从未离开过崖溪、坚持"在岗"状态、每日巡游地界的老村支书满叔，何以拥有多样的制度调适策略和集体主义的价值取向？回答这个问题，离不开对这个村落历史悠久的制度和当地生态、政治、社会空间的描绘。对沙田宗族集团发展历史的简单回顾是对崖溪历史背景的概述，反映了地方社会的社会史。

表 3 - 2　1951 年土改前崖溪各阶层占有土地情况

阶层	户数（户）	占比（％）	人口（人）	占比（％）	占有土地（亩）	占比（％）
地主	8	0.84	42	1.32	553	7.94
富农	6	0.63	33	1.04	391	5.62
中农	32	3.36	113	3.55	214	3.07
贫农	713	74.98	2247	70.55	620	8.91
雇农	181	19.03	705	22.14	88	1.26
小土地	5	0.53	21	0.66	154	2.21
工商业主	6	0.63	24	0.75	103	1.48
公偿田					4840	69.51
合计	951	100	3185	100	6963	100

注：以上为原文录入，小土地可能是小地主的笔误。
资料来源：崖溪村志。

三　小结：沙田上的宗族团体——共同体制度继承的遗产

小地方、大历史，崖溪属于中国最基层的行政单位——乡镇之下，却有着复杂漫长的历史，这一历史呈现了地方秩序与规则的形成过程。

整个珠江三角洲是在三次海浸和三次海退中形成的，自然环境的变化构成了当地居民的生活体验。通过长期与自然生态环境的互动，当地居民积累了丰富的生产知识，包括土法围垦的步骤，对海洋水文情况的了解，适宜的生产、生活组织方式，乃至相应的分配方式。从技术到组织再到制度，然后上升到信仰体系，最终借助信仰体系约束当地村民行为，这是制度的自然发育过程，其中，沙田的自然生态特性是地方社会自治制度得以维系并展示出巨大优势的首要决定因素。

沙田开发属于高投入、高风险、高回报的重大基础设施工程。若试图在沙田角力中获得回报，第一，社会必须高度组织化，以集体的形式集资投入，追求长远收益。宋明时期的沙田开发、国家里甲制度和儒化传统结合在一起，促使地方社会选择了宗族集团的形式。第二，为了时刻警惕其他势力的觊觎，他们还必须维持集体组织形式，以抵御随时可能到来的诉讼争议、武力争夺，乃至政治社会动乱给财产造成的损失。因此，他们选择了股份公司和宗族"蒸偿"，混合了现代与传统的集体制度组织原则。第三，尽量将组织制度和外部关系制度化、合法化。受制于所处的时代背景，他们很自然地采用了神祇祭拜、游行与建庙、树坛的方式来形成地缘群体契约关系。这一整套社会组织体系，都可以放在宗族集团的脉络下加以把握。

沙田的管理难度之大使沙田成为地方族群角力的对象。地方族群不得不自我组织起来守护土地及其附着其上的利益，耕沙、筑堤乃至满荒成田①的过程需要调动大量的人力、物力和财力，以"愚公移山"的精神代代填土、修堤、抗风（台风）、防浸。在这个过程还需要取得海照，上缴税赋，时刻防止其他势力的入侵。沙田族群发展出一整套环环相扣的制度体系：一方面，联宗、拓展社会网络、以持续的宗族教育等方式保持宗族的凝聚力；另一方面，借助"祖宗身份合法性""神权"乃至对公共事务的主动承担来取得事实上的社会认同合法性。正是由于创业艰难，崖溪极为重视培养子孙守护、珍惜土地的意识，以形成"祖产"观念，这在崖溪人心理上形成了强烈的产权意识。直至今日，崖溪人仍

---

① 满荒成田指的是沙田的盐醶退化直至能够耕作的整个过程。

然称呼村庄的土地为"太公田"，意为太公留下的田地，子孙人人有份之意。在这个意义上，宗族集团具有三方面的作用。

第一，团结的核心。类似于作为控产机构的教会，以神的名义团结起来。传统社会的祖宗不仅是血缘上的近亲，赋予子孙生命，还提供子孙赖以生存的土地资源。一旦将部分田地登记在祖宗的名下，行"蒸偿"之礼，就相当于为子孙设立了土地入股的信托基金。有些还以祖宗的名义申报纳税，那么后续的沙田开发也必然要以祖宗的名义申报官府，获得许可。因此，一族或一房的子孙就聚集在相应的祖宗之下，展开集体的宗族围垦、沙田开发、墟市鱼市管理、礼仪祭祀、族谱修订等集体活动。

第二，宗族集团是地缘社群关系的契约，是地方社会结构的组织机构。从房与房之间的群体分化，到族与族之间的继承分支关系，再到姓氏之间、族群之间的身份差异，这一切都由宗族集团进行定义和阐释。换句话说，地方社会群体身份间的权力关系和社会网络结构是宗族性的。虽然也存在稳固的异性联盟，但这种联盟关系仍然建立在宗族地位和宗族协商的基础上。与其他地区的宗族传统比较，崖溪村的宗族传统最为显著的特点在于其长久稳定并透过飘色巡游固化下来的异性联盟关系，这一传统为集体关系的维系打下了根基。

第三，宗族是公共事务的治理机构。由于村落血缘和地缘聚居的特性，实际上，宗族集体就变成了地方公共机构，因此，宗族以及相应的宗祠建筑、仪式、碑文都具有地方公共性。强大有序的宗族管理不仅为祖先提供"蒸偿"祭祀，还多设有学田或帮书（奖、助学金），为族中贫寒子弟提供教育资助或者直接办学，又或者接济族中贫寒家庭，并为其提供必要的社会和养老保障。有的还参与或控制地方经济的集资和经营，例如食米市场、鱼市、墟市。科大卫认为，"中国商业制度史，绝对是宗族制度史的延续"。① 除此之外，公共资源的获取、管理，例如山

---

① 科大卫：《皇帝和祖宗：华南的国家与宗族》，卜永坚译，香港商务印书馆，2017。

林、海洋、田地乃至浮尸处理也都由宗族进行协调管理。因此，宗族集团本身也是一个社会企业性质的组织，既具有企业性质也具有社会性和公共性。

总的来说，我们将崖溪的历史背景总结为沙田上的宗族集团。将宗族集团视为崖溪共同体制度和结构的原型并不是说在现代化之后这套制度还能原封不动地继承下来，而是说这些制度背景提供了崖溪面对挑战和压力时的反应策略，影响了崖溪现代化转型的选择。

第四章

重大转折：公社时期"崖溪模式"的形成（1950~1978年）

国家制度并不总是及时和清晰的，皇权的滞后与模糊为地方的士绅乡治提供了空间。新中国成立以后，政治格局、产权制度，乃至基层社会结构都发生了翻天覆地的变化，士绅社会存在的政治、社会条件已经荡然无存。随着土改等社会运动对地主阶级的改造，士绅等地方精英也消亡了。这一翻天覆地的变化，使得村庄的传统治理模式失效，取而代之的是新的国家秩序。

1951~1978年的崖溪经历了"土改分田—公社合田—下放分田—大寨合田"的"两分两合"过程。当面临第三次分田到户、联产承包大潮时，崖溪人已总结出了相当丰富的经验，选择了不分。曾经的"两分两合"使崖溪积累了丰富的经验和教训，崖溪人由此摸索到了独特的治田模式。因此，我们将通过对"两分两合"的历史描述，一方面展示崖溪面对国家强制秩序介入时的反应和调适策略，另一方面总结崖溪模式与上一章节的宗族集团和这一阶段的公社体制之间的异同之处。

本章分为三个部分。第一部分介绍前三次政治运动中崖溪的情况，关注这些运动给崖溪造成的影响，例如乡村青壮年的流失、水利基础设施改善的益处和经验、分家即败家的教训。第二部分介绍军区支持下的崖溪在农业学大寨的活动中进行重新合并，实现大队一级经济核算，并对制度做地方化调整的过程。1976年1月，崖溪正是在"村民代表大会"召开之后，逐步形成了自己的"捱口"模式①。第三部分主要介绍崖溪人民公社式的集体经济制度，从制度形成的逻辑角度解释为何脱胎于人民公社体制的崖溪模式能够长久维系，其农业生产效率为何不仅没有降低反而有所提高。

表4-1是这一时期崖溪所经历的外部制度变迁和自身的制度调适。实行军管之后②的崖溪由于获得了更多的自主性，强制性科层制度退出，拥有了制度调适的空间，开始将碎片化权威体制的各种制度元素和崖溪历史、社会条件相结合，创造了一种与众不同的崖溪模式。

表4-1　新中国成立初期的崖溪策略

时间	政治运动	外部制度环境	崖溪策略	社会后果
1951～1954年	土改	耕者有其田，土地私有	顺从	土地被拆分
1954～1961年	人民公社	土地收归国有，使用权属集体，国家范围内集体合产	顺从	土地集体所有，农民被动员进集体
1961～1967年	体制下放	生产小队集体劳动，小队合产	顺从	大队拆分为8个自然村为单位的生产小队
1967～1978年	实行军管/"农业学大寨"	集体劳动，兴修水利，大队合产	崖溪大队一级经济核算	形成崖溪模式
1978年至今	家庭联产承包责任制	分田到户（使用权）	不分田到户	维持人民公社体制

一　国家秩序的进入和改造：两分两合的遗产和经验

（一）一分：土改

新中国成立以前的珠三角是一个依赖农业产业发展的地区，并且农

---

① 捱口：广东话，意指抱团取暖，集体互助的集体经营方式。
② 军管：因其处于海防前线，东南海曾实行军事管理。

业发展产业化程度较低。中山市九个区中的四个区拥有 70% ~ 90% 的佃户。^① 在当时，中山市是一个习惯和善于借助雇佣完成生产任务的地区，需要注意的是富农并不一定就是农业生产剩余的攫取者，而贫农就是受剥削者。实际上，在广东特殊的自然生态条件下，他们更多地体现为分工上的区别。新中国成立以前的资料证明，佃户、贫农通常租种肥沃的水浇地；而富农相反，他们有一些剩余资金，有资格租用贫瘠的土地，并用较大的代价和投入改善土地质量。^② 因此，很多时候，富农大户承担了土地开发和水利工程维护等中大型项目，因此，富农常常进行大量基础投入，着眼长远收益，而贫农和小农倾向排斥土地投入，关注当季作物收益。

富农一旦有了进一步扩张产业的想法，并拥有合适的项目来保证他们的收益，就会通过联宗的方式结合起来，随着股份制的普及，便开始合族经营，由此形成了珠江三角洲地区乃至整个广东省的"集团地主"势力。崖溪六股就是这样的合族集团，他们积极进行围海造田，通过修筑堤坝、防风放浸，加速海水淡化，产生良田，福荫后嗣。

广东省土改之前的土地产权状况和阶级状况与其沙田的历史密切相关。基于爱国人士较多（华侨）、沿海渔民较多、海南少数民族较多和特殊土地（沙田、公偿田、山林、鱼塘、桑基、果园、塘禾田等）较多的特点，广东制定了相应的具体政策，如对沙田的处理原则是：

> 凡应没收与征收的沙田，属于水利工程较小、适合于分散经营者，其土地应分配给农民所有；属于水利工程较大、不利于分散经营者，均应收为国有，按实际情况分别采用下列四种办法经营之：私人投资经营、国家与私人合作经营、农民合作经营、国家经营。

土改之前，崖溪就是广东特殊主义的代表，以"六股公司"为代表

---

① 陈翰笙：《解放前的地主与农民：华南农村危机研究》，冯峰译，中国社会科学出版社，1984。
② 陈翰笙：《解放前的地主与农民：华南农村危机研究》，冯峰译，中国社会科学出版社，1984。

的三族合营模式是"集团地主"经营的代表。根据村志记载，各宗族太公留下的公偿田（"太公田"）高达4840亩，几乎占全部耕地面积的70%。此外，崖溪也有大量海外华侨置办的土地。

崖溪在1951~1954年开始响应政府号召，进行土改，将地主的土地分配给无地的农民。由于历史上崖溪就是农田大户，而隔壁的下沙村是疍家（水上居民）的聚居地，因此，土改期间，崖溪先后两次赠送土地，将1834亩农田和300亩山地送给了下沙村，2400亩农田送给了客家聚居的村落长沙埔、平顶和竹头园。实际上，崖溪也曾经送地给蔡横村，只是数字较小，没有留下相关记录。土改基本上改变了农村的权力格局，原来的大户精英与贫苦农民的差别由此消除。原来的汉民、疍民的身份差异也没有了，崖溪地方社会享受着"贫下中农一家亲"的氛围。

根据满叔的回忆[①]，崖溪的土改完全是由驻村工作队执行的，也就是说，国家的代理人直接植入村庄治理，取代了原有的治理组织和人员，所幸的是崖溪村内部的土改斗争不算激烈。每个村有1~2名地主，划分为富农的基本没有受到批斗，也没有没收财产，斗争的主要对象是恶霸地主，还有一些有历史罪恶的地痞流氓，这与部分地区恶霸斗精英的模式有所不同。对于工商业地主、华侨地主仅没收部分财产，地主土地被没收之后主要分配给贫农和佃农。被批斗的人和划分为地主成分的人虽然在1978年之前都受治保会管理，接受管制，但其个人自由不受影响。

（二）一合：从农业合作化运动到人民公社

土改两年后，农业合作化运动兴起，农民交回了土地证，土地产权集体化。1955年，崖溪农业合作社成立，为了顺应当时热火朝天的革命热潮而取名"光辉农业合作社"；1958年实行营连排军事化，称"崖溪生产营"；1959年称作崖溪管理区。所谓农业合作化运动，指的是通过国家的力量动员农民互助，逐步实现集体化的过程。1955~1957年，

---

① 作者访谈，陆元满，陆元满家中，2018年7月25日。

合作化运动相对和缓，到 1957～1958 年，特别是 1959 年左右，随着"大跃进"的开始合作化运动急速推进。

这些历史事件对崖溪产生了两个影响：一是一定程度的人口流失，二是大量的水利基础设施的建设。原因一方面是粮食匮乏导致生产的荒废，其他经济作业和副业经营也受到限制。农民缺少打零工、养三鸟（鸡、鸭、鹅）等副业的机会。另一方面是集体化劳作中出现磨洋工。这些加速了崖溪村人口的流失，1961～1962 年，流失 115 人，其中包括崖溪杨家村党支书、大队长。这对地方官员，特别是对驻村干部产生了很大冲击，这对以后崖溪体制选择产生了深远影响，表明限制自由是完全行不通的。

另一个同样深远的影响是，这个时期开始了大规模的水利设施建设。1951～1952 年，中山具城（现中山市）受台风影响连续决堤，1952 年 12 月 10 日，中山县人民政府召开中（山）顺（德）大围第一届受益地区代表大会，中顺大围工程于 1953 年 1 月启动，1957 年竣工，分四期进行了联围工程。通过这次工程，国家使用政治动员的方式开展了第一次大规模水利基础工程建设，并改变了中山地区易受风灾影响的状况。除此之外，位于兰日镇五桂山东侧兰溪河的水库以及五桂山北面长江坑的水库都是在这一时期建设的。在这些工程中，跟崖溪最为相关的莫过于云头溪工程。1955 年，合作社成立后不久就开始整治云头溪，开挖新管道，不仅使得崖溪村免于受涝，同时也解决了沿溪堤坝逢雨就崩的问题。在此基础上，人们对新的溪道进行了加宽、加高，而且在 1996 年左右完成了砌石、建水闸、水泥铺路的工程。这些水利工程使沿海农民农业生产、生活得到了根本保障，从此，大大小小的水利建设从未停止，当地为此投入了大量的人力物力。

（三）二分：体制下放

1961 年，国家进行体制下放，崖溪经历了短暂的闲适时光。体制下放包括两个方面：第一，允许山边、水边、地边的土地开发。农民被允许留一点"自留地"，种些蔬菜之类的自用品；第二，将多个自然村合并起来的大公社权力下放到生产队，生产队以自然村为主要边界。生产大队积累的公共生产资料，包括耕牛、农具、旧艇，都按土地面积、人口和上调任务（上缴国家的粮食、物资任务）分家，农贸市场都拆分到人，造成了惨重的损失，多年积累的生产、生活物资不是被拆就是被毁。这次经历为崖溪后来再次站在合或分的历史节点时如何选择提供了宝贵的经验。

崖溪是1961年上半年开始体制下放的，八个自然村除了将平山和化美合并为一个，基本维持了自然村的格局，成为七个生产队。生产队有了一定的自由，开始利用各自优势出海捞蚬或者种草、养鱼、养猪。临近港澳的优势也让他们可以高价售卖少量农产品以补贴家用，陆家村就用之前留下来的捕鱼船捞虾蟹以补贴生活。1961年8月，崖溪结束了饥荒困难时期，相比其他地区，其遭遇的艰苦日子短暂得多。

1967年实行军管，重新在崖溪建立支委会，稳定管理队伍，这是崖溪历史的重要转折点。随后，在军区的支持下，崖溪有了更多的自主空间，也开始了自己的制度修改。①

二　"二合"：学大寨学出的"捆口"模式

（一）三套班子，一个村庄

1968年，全国号召"农业学大寨"，当地县军管主任也提出了"抓革命，促生产，学大寨，修水利"的口号。与此同时，中央号召"知识青年上山下乡"。崖溪突然聚集了学生、工人、农民和军人四种不同身份的人员，为了促进工农兵结合，崖溪成立了革命委员会作为主要管理机构，设立民兵工作点，而且成立了自己的民兵队伍，负责海防工作：一方面防止偷渡，另一方面保卫其海岸线。1965年，满叔也在军区的支

---

①　根据崖溪村档案室提供的相关资料汇编。

持下回到崖溪，担任副书记，从 1974 年开始担任村党支部书记。外部政治环境开始发生改变，崖溪趁机收回几万亩海滩的围垦权益，拥有了属于自己村落的围垦权益。从此，崖溪的发展开启了新的篇章。

崖溪当时的管理机构较为复杂，分为三套：工作组、行政管理机构和生产队。工作组是在当地政权受"文革"冲击之后，崖溪实行军管而设立的管理机构。行政管理则由大队支委、革委等 12 名成员负责，由于派系严重，管理班子分裂。生产队有十二个，很多队长既缺乏意愿也缺乏农业知识。社会状况较为混乱，怨恨频生，粮食生产开始寅吃卯粮，捉襟见肘。为了应对这些复杂的地方社会治理问题，军区希望由熟悉地方情况的干部来稳定社会秩序，于是满叔被调回崖溪工作。

1974～1975 年，满叔重新调整了干部队伍，使曾经在"四清运动"中受冲击影响的干部重新恢复工作，启用了一批既有工作能力也有担当的干部，同时，理顺地方的生产和管理队伍。此后，崖溪的政治、经济、社会状况逐渐好转。

（二）崖溪"捆口"模式

1975 年，为了学习大集体的组织形式，提高动员能力，聚集经济资源，开展大规模的水利基础设施建设，县里又掀起了学大寨的高潮。崖溪重新考虑"合起来"，但并没有再采取粗暴的工作方式，而是根据各个大队的情况，事前做了详细的调查、动员和制度设计。崖溪既是大寨先进单位，又是民兵点。

1976 年，崖溪大队年人均分配 106 元（当时县里最高的是小榄绩东、古镇岗东，他们是经济作物地区，是 200 元多一点），最高的是东堡生产队，平均每人 138 元；最低的是杨家，平均每人 79 元（县里最低线是 80 元），差距为 59 元，这是工作的难点。在核心会议上已有激烈争论，摸清各方意见后，分阶段召集各类型会议，有党员会、干部会、社员代表会、小会、大会。好在工作人员多，有四级武装工作组（省军区、佛山军区、县、公社武装部），还有县、公社社教工作组，各工作组分工负责，先从认识入手，总动员，找个别人谈话，讲清政策，最终绝大多数达成了统一认识。①

1976年1月6日崖溪召开了正式合并大队一级经济核算的村民大会，这堪称"崖溪的十一届三中全会"，具有划时代的意义，从此之后，崖溪合并为一级核算单位，重新组成了大集体。这次合并，采用了民主协商的方式，对资产的评估登记、造册，不仅有专业的会计、评估小组，还有生产小队、社员参与协商。借助大集体合并，崖溪改善了管理体制，形成了最早版本的"村民代表会议制"，实现了村民自治。

> 自1977年起，我们就采取村民代表会议制方式，实行和落实村民自己管理自己的自治管理制度。换届时，以自然村为单位，按照人口比例，分配村民代表名额。代表选出后，根据代表能力，将其安排到土地基金会、农业、工业等部门工作，有的当生产队长，有的当生产队长助理。每月召开一次村民代表大会，首先由各单位把上月的生产、经济管理、收入、支出、存在的问题等情况逐一向代表们汇报；再由抓面上工作的干部报告面上工作、传达上级精神、部署当年和今后工作等；然后由村民代表们分组讨论；讨论后再在会上汇报讨论结果、提出意见和问题；会后把会议记录列印成文，进行公示。对于重大经济专案，都列印成档，发给每村村民代表书面审批。村干部、村民代表在政企合一的组织内分别担任多种角色，他们既是领导者，也是生产者。他们与参加集体生产的村民一起实行按劳分配。②

经过社员的民主协商，崖溪没有采用多数公社"学大寨，政治挂

---

① 陆元满个人的回忆笔记。
② 陆元满：《崖口村基本情况（代序）》，出自村委会提供的资料汇编。

帅"的公社评分方式。所谓"政治挂帅"，就是每个生产队不论工种，三五天都要集中全社队员开会评分，先自报、小组评级、大组通过，主要依据是政治思想，工作表现和成绩，这样的方式低效且有伤团结。崖溪采用了"三包一奖，按劳计酬"的办法。所谓"三包"，是包工、包产、包成本，"一奖"是增产奖励，减产不罚。满叔特意强调："因为按产量计，减产等于受罚。"这一做法，得到了上级部门的认可。因此，从1977年开始，崖溪实行了一级经济核算、一级行政管理的政、企合一体制，也就是合产合营的集体管理体制。

换句话说，从此刻开始，崖溪与上级政府管理机构的关系从上级政府直接介入地方管理和地方秩序变成了一种委托—代理关系。崖溪负责承担160万斤粮食的上调任务，依托自有资源，自主调配和组织生产，维持自身生计并上缴公粮。在当时的生产条件和亩产条件下，这可谓一个"生死状"。从此，崖溪和他们的沙田祖先一样，开始了"捱口"生活。

管理体制得以完善之后，经济体制也开始根据地方资源特色进行调整，各生产队按照计划面积种植水稻。此外，崖溪还增加了四个经济作物组，一个管理林场、果园，一个种中草药材，两个种瓜菜，用短期经济收入弥补粮食分配不足。另外，崖溪还成立了一个海组，负责出海打鱼；还成立了一个专门养殖淡水鱼的小组；家禽、家畜养殖业也同步发展，开始养鸭、养猪。因此，1977年，崖溪实现了水稻的大幅增产，既完成了上调任务，分配给社员的粮食也增加了，社员、干部、工作队都对此相当满意。1966~1977年，崖溪还建立了小学和村办中学。1974~1978年，崖溪开始在海岸进行围垦，显示出一片欣欣向荣的生活工作景象。

与此同时，对于上山下乡的知青，崖溪都给予优待，专门为他们建立了"知青果场"，不仅工作轻松，生活上也多有照顾。当时的粤省船厂感念于此，在1975年主动与崖溪"厂社挂钩"，帮助崖溪开设机械厂。因此，崖溪在1978年全国实行改革开放以前就已经理顺了行政管理体制，完善了经营管理制度。

1978年，工作组撤出，崖溪拥有了更为自由的空间，基本上回到了村庄自治的状况。村中的侨胞回乡，带回了资讯，也捐助了不少物资。崖溪拥有了三辆汽车，还有彩电、席梦思等很多城里人都没见过的稀罕物件，一时令人羡慕。

这一时期，党的十一届三中全会召开，农村随后开始实行家庭联产承包责任制。广东省委农村工作组决定责任制可以到组，零星少量经济作物可以联产到劳，对山边、水边、田边等"五边地"可以包产到人、包产到户。有了相当自主性的崖溪考虑到上调任务重，人丁不足，在经过充分协商之后，决定不分。

　　1978年，中央召开十一届三中全会，农村推行家庭联产承包责任制，把农村集体土地，上调国家公粮、余粮、三超粮，联产承包到户经营，当时崖溪有水稻耕地4250亩，平均每人1.5亩。上调任务中三粮平均负担，按人口计算每人上交564斤。当时，驻村工作组撤离了，我们变成了村庄鬼仔，村庄乱，年轻人偷渡去香港、澳门，有钱的离开村庄，自理口粮搬去了城镇。一部分村民丢下老人、小孩外出打工，村庄变成空心村。剩下来的都是老弱病残。还有一部分家底薄、子女多又无亲戚朋友的。面对这种情况，邻近一些村庄找代耕农。广东附近贫穷地区的人也来珠江三角洲承包土地。外地人找到当地耕户，只要肯承担该户的责任田和各种上调任务就可以在村庄田头山边搭建茅房居住。有些耕户为了尽快找到代耕农，倒贴一些资金、农具给代耕户，以换取外地人帮其承担责任田。对于当地耕户而言，责任田有人承担，自己一身轻。面对这些情况，崖溪怎么办？村庄中又不想容留代耕农，怕他们定居后再也不肯离开，前辈的百年基业又会变成"鹊巢鸠占"，村民将来万一外出不能谋生，再回故里而家园已失。

　　面对千缕万绪，崖溪召开各种会议，征求留村人的意见，如何打算？最后集中各人想法，大多数人都认为不分为好。面对困难，同船共命，齐心协力共渡难关！①

崔溪通过民主协商的方式维持了集体耕作制度，其中"守土有责"的家园思想还是非常重要的一个因素，为了守住家园故国，以免"鸠占鹊巢"，崔溪选择集体承担责任，勉励维持，共渡难关。

1978 年，党的十一届三中全会召开，随后我国开始实行改革开放，全国各地开始正式推行家庭联产承包责任制。这时的崔溪已经积累了相当丰富的经验，他们根据当时的情况，经多方协商，决定不分，这一决定也得到了时任军区领导的认可，该模式延续至今，崔溪已成为"最后一个人民公社"。

党的十一届三中全会之后，各级党委、工作组全部撤离。

从互助合作到人民公社，体制管理很严密，特殊政治环境对社员（村民）生产、生活形成了高度约束。20 世纪 60 年代初期，港澳经济高速发展，对一些村民的诱惑性很强，以致沿海一带出现村民偷渡到港澳谋生的现象。所以在改革开放的初期，崔溪按照当年上级党委指示贯彻农村改革，打破旧有的人民公社制度，实行土地联产承包到户的责任制，全方位开放。

面临全面改革开放，村庄有技术、在港澳有亲属关系、有资本的人都外出谋生或办企业。一些人想尽办法离开当时的生产大队，外出创业。留在崔溪村中的是一些没有社会关系又无专业技术的村民，他们家底薄，长期在农村习惯了集体劳动、共同分配，过着比较清苦的生活。开放初期，他们也无本领另谋高就，一些强者离开了当时生产大队自己创业，他们的子女、父母也留在村庄中，由集体承担他们的社会责任和农田、上市（上调）任务等社会责任。当

① 陆元满 2017 年 9 月 14 日日记。

年有 1700 名劳动力，平均每名劳动力 1000 斤上调任务，当年走了
一半劳力，如果把粮食上调、生猪、"三鸟"等各项任务都分给他
们，如何分担？我们也于心不忍，而且中国几千年一直是农耕社会，
都是一家一户种地，投入大产出少，生产受自然支配，效益低微，
而且劳动时间长、辛苦，日夜劳作只得温饱。面对这种情况，我们
连续召开了党员、农民代表、村干部等各种会议，经各方争议、讨
论，最后定下来不要分了，分了也没人愿意承担，就这样，我们选
择了不分田到户。

　　当时崖溪村只有 5600 亩土地，其中水稻面积 4225 亩，劳动力
800 多个（1984 年从事农业的只有 380 个劳动力），作为当时的大
队，无权去阻止村民自由择业，只得采取全方位开放，"一村两
制"，如果愿意外出择业，我们也不阻拦。若自愿留在村中，则仍
然参加集体生产。如果外出择业不理想，也可以返回集体从事农业
生产，这叫"一村两制"。就这样，我们继续采取大队一级核算，
一直延续至今。[①]

崖溪选择集体制度有着特殊的政治、历史、社会背景，这是其他村
落不具备的，特别是当时领导的支持是这种制度得以维系的重要原因。
上述表述基本理清了崖溪所面临的政治、社会背景。相对于责任田要承
担的公粮任务，崖溪的农业劳动力严重不足，而"逃港""逃澳"对崖
溪的冲击巨大，改革开放又进一步加速了人口流出，崖溪附近村落的情
况一样，不过多数村落选择了代耕农的方式。考虑到代耕农定居会"鸠
占鹊巢"，崖溪选择了坚持集体耕种，共渡时艰。代耕农方式对农民来
说是轻松的，责任与劳作都可以分担出去，但是后果就是越来越多的外
来人口开始定居村庄。有研究崖溪和北部泮沙耕地景观破碎情况的学者
指出，崖溪的外来人口比例适中，维持在相当低的水准，无论是对保持

---

① 出自崖溪村村委会提供的资料汇编，陆元满个人述职报告。

耕地景观、提高社会治理还是维系集体团结都有好处。

三 公社迷思：集体经济的村队模式与效率

人民公社时期的"公社体制"和崖溪改革公社体制之后的"崖溪模式"有什么区别呢？回答这一问题就需要对两种体制的变化部分与不变部分进行对比。

根据张乐天对人民公社体制的研究，人民公社的整个制度架构包含两种制度，一是自上而下的集中管理体制，二是以村为队的基层生产、生活体制，这在中间起重要缓冲作用的是公社党委。崖溪地区的公社党委在兰日公社，满叔也曾在兰日公社短暂地工作过几年。但对于村来说，崖溪村就是一个生产大队，即使是村党支部书记也需要拿工分，跟普通农民一样参与劳动。这两种制度是人民公社制度的组织体系，"干部"和"开会"让集中管理体制和村队生产生活体制融合在一起。集中管理体制将农民固定在土地上，试图通过劳动力、水利基础和技术密集投入的方式提高农业生产率，而问题的关键并不在于这种过度密集的农业经营方式本身，而是试图实现这一目标所付出的监督和组织成本过于高昂。为理解崖溪对农业集体经营方式的选择，下面分别介绍一下集中管理体制和以村为队的制度设计和功能。

集中管理体制主要有三个内容。

第一，支部建在大队上。党员和党组织是党支部建在大队上的依靠力量。党的领导集中在公社党委一级（现相当于镇一级），到生产大队乃至生产小队，党员就极少了。生产小队几乎没有党员，队员文化程度也有限，因此，多数党员属于管理者而非生产者。公社经常召开各种会议，有批判大会、有理论学习也有批判与自我批判的检讨会议，会议繁多是这个时代的主要特点。这一时期应该是普通农民对国家政策最为熟悉的阶段。对崖溪村民而言，与他们生产生活直接相关的是各种驻村工作组。工作组基本上是临时抽调、针对特定的工作内容而组建，例如

"土改工作组"和"四清工作组"。然而，工作组的多数下派干部并不了解村庄的情况，村庄仍然按既定的规律和方式开展生产生活。

第二，计划体制。在"定产、定销、定购"的政策下，农民种什么、怎么种、怎么卖都是受限制的，所幸的是，崖溪的农业种植结构十分单一，大量的水稻围田决定了他们对种植什么作物并无太大争议。定销、定购政策主要规定了他们需要上交多少，可以留存多少。

第三，干部管理。新中国成立初期，基层政府培养了一批党员干部，当地称之为"土改干部"，这些干部工作热情高，政治觉悟高，满叔任职期间正是这些干部的主管期间。

公社体制还通过作物管理指导农村种植，因此公社需要完成国家的种植计划和公社计划，有的大队还有专门检查计划落实情况的干部。但是崖溪的农业种植结构单一，大片土地主要用来种植水稻，偶尔也种植马铃薯等经济作物。

因此，崖溪的农业作物管理和农时安排主要是一年两季的稻谷种植。对崖溪而言，其受集中管理体制的影响相对较小。紧临港澳的地理位置，一方面为崖溪提供了"用脚投票的机会"，另一方面也提供了"私下交易的市场"，这导致公社体制对基层组织很难实行有效控制，"以村为队"的基层组织得以发挥更多的制度功能。

农业经营是一个自然资源、社会组织互动的复杂系统。生产要素投入（土地、水、肥料）、技术支撑、劳动组织和分配方式都是影响其系统效率的重要因素。村队模式建立在原有的宗族自然村落基础上，非常适合沙田地区传统的所有制模式、农业分工模式以及农业经营管理方式。不论是从劳动协调分工上，还是从生产节奏的管理上，村队模式本身的规模、协作方式都是有效的。我们以下将从三个方面详述村队管理模式与农业经营效率之间的关系。

（一）大队（集体）所有制与生产效率

从土改前崖溪的土地所有制表中可以清楚地看到，崖溪本身并不是一个阶层分化的社会，而是一个集体社会。地主占有 7.94% 的土地，而贫农占有 8.91% 的土地，土地占比最大的是"公偿田"，公偿田归三大姓氏共有，而且并不分红。满叔在一封信中如此解释：

> 公偿田属于宗族的田产，是每个姓氏、宗族中的产业。在传统的氏族中，富有者都购置一些田产，作为祭祀及族中贫困者供读的费用（可参考《红楼梦》第十三回）。每个姓氏宗族中，分支流派，都会积聚些田产作为房人的共同费用。

公偿田一般由族中长者管理，出租或经营收益都由族长支配，主要开支事项包括每年的祭祀开支，救助族中困难者以及村基础设施的维护和改善。①

此外，公偿田还在财力上和分配上用以维持宗族集体的凝聚力和人力再生产，进而获得海岸围垦、捕捞的权益。

> 崖溪老人回忆，崖溪村所拥海域（珠江口）广阔，村民宜农即农，宜渔即渔，有些村民渔、农一起作业，还有大户人家放养蚝塘近万亩。崖溪村既拥有这片海域，也要负责管理，凡是海上遇难者，或其他地方漂来的浮尸（过去称为仙人）都由当地收殓，这就需要一定费用。还有，在过去，每年需要向官府缴纳一定税费，然后由官府发给海照（即使用契约）。这属于地方物业，每年可收取在海域内捕鱼者的一定费用。②

这段话详细说明了崖溪独特的海面权益管理方式和采取这种方式的原因。这片海面位于珠江入海口，渔货丰富，滩涂广阔，是当地重要的经济来源，拥有这片海域，哪怕只是使用权，也能获得一定的捕鱼收益，

---

① 该村档案室提供的书面材料，"往来公函"。
② 该村档案室提供的书面材料，"往来公函"。

还能通过围垦增加良田面积。因此，传统宗族会集结几姓之力，通过向政府缴纳赋税获得海照，以图日后深耕。本质上，宗族沙田之所以采取这种经营模式就是为了实现族产可持续发展壮大①，这关涉宗族集体的长远利益，并不仅仅是为了当下受益。也只有集合集体的力量，将大量收益投入宗族人力的再生产（资助族中贫弱、捐官、纳学、祭祀、红白事等）才有可能进一步团结族人进行围垦行动，并以宗族身份获取海面使用权，这一点前文已经论及。因此，公偿田制度，是崖溪宗族集体制度的一个传统特点。

另外，恰由于崖溪拥有海面、沙田（海边围垦的滩涂）、民田（临近村边，向海坦延伸，半泥半沙）、坑田（两边是山、中间是平川的梯田）的资源格局，所以多数农民渔农一起作业。两种不同的生计模式配合季节形成了当地独特的农时安排和高效经营。因此，对崖溪而言，生计经营效率不是指单一的农业经营效率，而是农、林、渔、畜等的混合生计经营效率。如何经营、如何选择，既需要考虑各家的人力、财力情况，也取决于当地的自然资源结构。

公社时期的崖溪实行的是"三级所有，队为基础"的土地所有制，经过土地改革的调整，土地的位置和具体所有人发生了变化，然而，生产小队，也就是自然村（人口规模200~300人）仍然是"基本核算单位"。1962年9月27日，中国共产党第八届中央委员会第十次全体会议通过的《农村人民公社工作条例（修正草案）》（简称《六十条》）第四章指出："集体所有的山林、水面和草原，凡是归生产队所有比较有利的，都归生产队所有。"上面所说的土地、牲畜、农具、山林、水面、草原的所有权和经营权，经过社员大会或社员代表大会讨论同意，定下以后长期不变。因此，生产大队成为集体产权的载体。"公社或者是超大队的集体组织（如数个大队联办的企业）在征用生产队土地的时候必须

---

① Faure, David. *Emperor and Ancestor: State and Lineage in South China.* Stanford: Stanford University Press, 2007.

支付代价，或支付土地占用费用，或安排劳动力，或两者兼有。"① 换句话说，土地的法律产权在村集体（约等于自然村形成的行政村集体），即使公社时期出现的更大规模的合营或合产，也是采用置换或者赎买的方式。

对仅有小块固有耕地的农村来说，体制下放时期的"生产小队"管理模式和规模可能是最优的，它能够激发农民家户经营的积极性。但是，对崖溪来说，适当的经营规模不在"生产小队"而在"生产大队"（八个自然村合并形成的崖溪），原因仍然在其拥有广阔的海面，过于分散的经营模式无法应对"渔业"和"围垦"问题。生产大队所覆盖的地缘范围跟崖溪的宗族集团六股公司具有相当的重合。在崖溪重新成立"经济作物组"、"海组"和"畜牧组"的时候，崖溪的组织规模、资源管理范围和生计经营方式大致回到了过去。对崖溪来说，合适的所有制形式仍然是包括多种姓氏的村庄大队集体所有制，这是由当地的自然资源属性和半渔半农的生计模式决定的。

（二）劳动投入与生产效率

生产效率的高低取决于生产要素投入的多寡，包括技术、劳动、肥料以及土地的肥沃、平整程度。公社体制将农民固定在农村，通过增加劳动力投入、兴修水利基础设施和推广技术（农技站就是这个时候开始设立的）来提高生产效率，但是，过度集中的管理和责任不清的集体制度反而消耗了新增的效率。有趣的是，崖溪的集体制度在"学大寨"的合产合营中并没有降低效率，反而焕发出生机。

首要的问题是劳动规模。在公社体制中，劳动投入有两种：直接的作物生产投入和间接的技术及基础设施投入。直接的就是与作物生产、发育过程密切相关的生产投入，间接的主要是技术学习、革新和农田水利基础设施投入。

作物生长所获直接投入的差异并不是很大。所谓"农节时令"，每

---

① 张乐天：《告别理想——人民公社制度研究》，东方出版中心，1998。

一地区都有自己独特的春种秋收日程，尤其是崖溪这种核心作物单一的地区（稻田）更是如此。即使是集中管理体制下，崖溪的农田作物管理劳动投入也不是太高。水稻生产流程并不复杂，主要有犁田、耙田、盖田、平田、播种、插秧、补秧、施肥、排灌、除草、除虫、电鼠、收割、晒谷、入仓等几个环节。大部分的工序都由机器完成，例如，犁田和盖田都由手扶机操作，而收割更是全部机械化，使用联合收割机操作，因此，人力投入成本越来越少。但这个过程并不是一开始就是如此，而是依靠集体的力量不断增加水利基础设施建设和改善农机设备的结果，时间集中在1990～2000年。

表4-2　2004年度耕牛换铁牛情况

队别	耕牛减少	剩余耕牛（头）	拖拉机（台）	大队补助（元）
1.1	出售3头，9800元，被偷1头		购入3台	3000
1.2	出售6头，23000元		购入3台	3000
2		余4头（其中1头被车撞死获赔4000元，卖死牛900元，买回拖拉机一台）		
3.1	出售4头，15300元		购入2台，14340元	3000
3.2	出售3头，9900元，死1头		购入2台，14250元	3000
4.1	出售4头，15250元		购入3台，14200元	3000
4.2	出售4头，15300元		购入1台，7200元	3000
5	出售3头，8200元		购入1台，7170元	3000
6	出售6头，20900元		购入1台，7600元	3000
7	出售3头，8200元，被偷2头		购入1台，7170元	3000
8.1	出售4头，13000元		购入2台，14340元	3000
8.2	出售4头，13200元		购入2台，14340元	3000
9	出售2头，6500元		购入1台，7170元	3000
	合计减少：50头		合计购入：22台	

资料来源：崖溪村档案室提供的资料。

崖溪人与外界的沟通从未间断过，因此，与其他地方不同，崖溪人是关不住的，用满叔的话说，这是一个"没盖的鸡笼"。因此，崖溪的农业生产不存在过密的劳动投入，相反，崖溪面临的问题是劳动力不足。技术学习、革新和农田水利基础设施的劳动投入跟崖溪的"大块围田"特点十分适合，每到收割时节，在万亩黄金稻稻中，几百人配合着价值千万元的收割机进行集体劳动的场景展示出现代大农场作业的一片田园风光。借助民兵的力量，崖溪水利设施在这个时期不断完善，农业机械化程度也逐步提高，这使得崖溪的生产效率不仅没有因为集体化而降低，反而大大提高了。

> 崖溪的稻田主要是围田（沙田改良而来），整片整片连在一起，在这样的田里种水稻，适宜机械化耕作和统一经营，不适合一家一户分散耕作。首先是水的管理。如果分田到户，几家人的田挨在一起，若甲要放水到田里，甲田的水很容易漫过田埂到乙田，既影响乙田水稻的生长（如乙田的稻子快成熟时，不需要水），也影响甲、乙两田的施肥。其次是耕田和收割。如果拖拉机和收割机必须经过甲田才能开进乙田，那么甲乙两田的生产进度和品种选择都需要协调安排，做到统一耕田和依次收割。否则，乙田只能用牛耕和人工收割。[①]

崖溪持续多年建设水利工程，并聚焦在蓄水、排水方面。沙田农田并非天然的沃土，如果排水系统处理不好，"雨则溢，否则涸"。因此，要想使沙田变沃土，需要有愚公移山的精神，祖祖辈辈耕耘，更需要借助集体的力量，汇集资本、人力修建大规模的水利工程。表4-3是崖溪村历年兴建的水利工程项目。有些项目从20世纪70年代就开始施工建设，即使是已经完工的设施也需要不断进行更新、维护，这些庞大的基

---

① 崖溪村档案室提供的资料。

础设施工程，若无强大的集体组织，仅凭个人难以开展。

表 4-3　崖溪村历年的水利工程项目

目的	水利工程	时间
蓄水	云梯山水库	1972 年开挖 1974 年加扩 1987 年自来水涵洞建设 1988 年加扩，加反滤层 1998 年，注塑管通逸仙水库（调节库存）
排洪	流经村落的新溪改道工程	1955 年建设 1974 年加扩 1996~2001 年建水闸、水泥硬化
	北部：泮沙渠	1975 年开挖 1995 年硬化 1996 年加扩
	西部：沿山排洪渠（隆坑—树根井）	1993 年
防海潮	沙田围堤建设加阔（灰沙陂塘—二顷六排灌站）保护：三顷二、二顷、二顷六三块沙田，并利于机械运输和平整土地	1993 年建设
田间排灌	北部：五顷排灌站	1973 年修建 1995 年进行电动化
	南部：二顷六排灌站	1976 年修建 1993 年更新
田间水量调节	三顷二、二顷、二顷六水闸	1994 年提升现代化

资料来源：作者根据三本汇编自行整理。

　　关于崖溪为何坚持水稻生产这种低效率的方式，满叔在信里表达了自己的看法：

　　　　经营水稻生产需头顶烈日、忍受酷暑寒冬，夜以继日地进行劳作。面朝泥土背朝天，持续靠体力劳动，相当辛苦。要改善水稻生产，必须改变传统的耕作方法，引进先进农业机械，替代农民劳作。而使用农业机械，必须要有好的基础设施，例如，耕地要连片、要平整，排灌系统要完善，道路要宽阔、硬底化等。此外，植保管理要引进新技术、采取引进良种、统一规划、以收定播等措施。只有使用先进农业机械，规模化生产才可能实现。协调好生产力和生产的关系，才能解决好种粮的出路问题。①

实现沙田区土地的进一步退荒、改良，围堤的作用只是暂时的，更重要的是继续向外扩展海岸线，以围垦、建堤、排洪等多种水利工程来改善土壤品质，这样才能更好地防止海浪侵袭。因此，沙田区域跟其他农垦区域不同，其水利任务非常重，如果没有持续的水利设施保护，农田会因为海潮侵袭、台风、洪涝等发生退化，人与海是一个不进则退的博弈过程。

总的来说，沙田的这种特点对大规模的水利设施劳动和资金投入要求较高，而对劳作管理的投入要求相对较低，这决定了集体所有和集体劳动的方式是最有效的。

（三）派工、工分计算与管理效率

公社生产体制为人所诟病的地方大部分集中在其管理制度上，特别是派工和工分计算方式。

公社书记的主要权力就是给予部分人脱产工分以及给人们分派农活。这样的工作机会是人们争相抢夺的指标，但是这种指标非常稀少，一个队也就只有 2 ~ 3 个，能否获得其他工种依赖公社书记办集体产业的能力，所以多数人必须参加劳动。满叔的儿子就因为父亲没有给自己特殊安排而心存芥蒂。满叔的儿子陆向田回忆说，那时候个头小，不太会务农，经常被村里人嘲笑，至今很难理解父亲的选择。因此，公社集体之中人们相处得是否和谐，完全取决于管理者的水平。在 2018 年 5 月的田野调查时我们发现，牌坊旁的亭子下面躺着一个睡觉的男子。曾任村律师的谭伟敬告诉我们，这是村里一个精神有些问题的人，满叔安排他看

---

① 崖溪村档案室提供的资料。

守牌坊旁边的一个仓库。实际上，仓库现在已经废弃了，但是为了让他有事可做以获取收入，因此一直安排他守到今天。①

工分计算模式在公社时期是另外一个影响生产效率的因素。大寨时期的工分计算模式采用政治思想导向的评价方式，这种方式缺乏确定的执行标准，到了村庄就容易变成互相攻击、揭底的模式。甚至，很多评分会议完全就是妇女唠嗑、小孩嬉闹、男人调侃的娱乐活动。

崖溪改变了工分评价体系，实行"三包一奖"，即包工、包产、包成本，增产奖励，减产不罚。这样一来，生产队的积极性与产量挂钩，公社大队不再需要花费大量精力去监督生产小队是否有惰工行为，改变了公社工分评价体制的弊端。生产小队是如何管理的？生产小队的队长并非脱产管理人员，其本身也是生产能手。生产队长每年选举一次，当选之后即可负责管理，主要负责对农作物农时把握、作物管理等任务的安排，队长是很难偷懒的。队长虽然在排工和工分计算上发挥着重要作用，但是他们在具体安排这些工作时，多数要以协商的方式进行。生产队长通常会将生产任务按照工种和时间分解，然后张贴通知，由生产队成员来决定具体的参与方式，获得工分。工分最后的折算方式依据稻谷产量计算，然后根据生产小队成员获得的工分数折算现金。以东一队六月的工分计算为例。工作内容：泵水（60 工分），割草 + 过江泵水（40工分）。

崖溪的稻田集体耕作一共分为两造②，每造卖一次粮，折算一次工分，因此，一年会有两次工分计算过程。每造的计算都会按照月度来汇总，每月的出工天数与工分数加总，然后汇总一年的总工分数。每造的粮食按照产量卖给村集体（生产大队），生产大队根据当年的市场价加上一定的补贴折算成现金，分到每个生产队，每个生产队除以相应的工分总数，形成工分值。每个人按照自己的工分数和自己所在生产队的工分值核算应得收入。各队之间的工分值也许有高有低，但是分到的现金

---

① 作者访谈，谭伟敬，崖溪村陆元满家中，2018 年 5 月 23 日。
② 作物从播种到收获的一个过程。

收入都是按照产量计算的，所以工分核算结果在各生产队之间并无太大差异，一切以产量为准。

每个生产队的人员规模在 20 人左右，他们对工分的计算和分配会有很大异议吗？在崖溪的实践中争议不大。小组成员的规模不大，因此较为容易协商。通常生产小队每个月都会至少开会一次，来决定本月的主要工作内容和工分数。土地的面积、任务难度之间的差异是明显的，容易取得共识。派工方面主要依据成员的身体、家庭等情况，这跟传统家户的生产方式差异不大。如若家里有事，队员可以选择出工或者不出工。由于崖溪的稻田耕作基本实现了机械化，因此，队员的工作时间和强度都不是太大。一造田投入最多的通常是生产小队队长，100 多天的工作时长，大概是三个月，而多数社员也就是 40 天左右的工作时间。队长通常是费力不讨好的，因此，常常无人愿担此一职。崖溪的生产队长多是年轻的男性，体现了他们在集体耕作中的担当。

我们来看一下普通社员 40 天左右的劳动时间大概能够得到多少收入。2017 年稻谷的市场价格是 131 元/百斤，村委会的收购价格是 200 元/百斤。按产量计算的分配金额如表 4 - 4 所示。崖溪村分两造进行计算，早造预分，晚造结算，晚造以全年的稻谷产量计算最终的稻谷金额，多退少补。由于早造通常产量高，晚造低，因此，早造预分容易超支。最终的价格并非完全按照 200 元/百斤计算，会有所浮动。

表 4 - 4　2017 年各生产队早造和晚造的产量和收入

队别	早造产量（斤）	分配金额（元）	晚造产量（斤）	分配金额（元）
东一队	73941	145536.45	70374	151222.76
东二队	78056	149245.35	72538	164754.38
二队	75296	140809.60	62518	133497.56
杨一队	77956	147522.10	69392	153675.96
杨二队	85496	162450.20	79772	173455.47
中一队	109370	210547.50	89754	199863.54
中二队	130496	250428.60	97910	220134.80

续表

队别	早造产量（斤）	分配金额（元）	晚造产量（斤）	分配金额（元）
五队	26722	49862.20	20656	44758.92
六队	138520	274495.00	120470	276364.45
七队	157427	297490.10	125026	271822.39
西一队	75818	169185.00	60780	156621.40
西二队	102722	199136.70	77862	172741.62
农科站	58562	111996.70	50298	110513.96
合计	1190382	2308705.50	997350	2229427.21

资料来源：崖溪村档案室提供。

工分换算则在各生产小队内部进行。各生产队将粮食上交村委，村委按当年统一收购价为各生产队支付现金，各生产队拿回粮款，按照队里的总工分折算分值，每个人按分值与工分数获得相应的现金。同样地，由于早造预分，队里在最终结算的时候通常会有超支现象。

表4-5　五队（化美）2017年晚造社员现金分配

姓名	工分	分值	金额（元）	合计（元）	口粮（斤）	金额（元）	已分（元）	扣除合计（元）	找尾（元）	超支（元）
董	7247	2.05	14856.35	14856.35	—	—	13205.00	13205.00	1651.35	—
肖	13352		27371.60	27371.60	403	257.92	16017.50	16275.42	11096.18	
蔡	10295		21104.75	21104.75	327	209.28	12117.50	12326.78	8777.97	
谭	9925		20346.25	20346.25	338	216.32	10955.00	11171.32	9174.93	
陈	11685		23954.25	23954.25	410	262.40	11455.00	11717.40	12236.85	
杨	10690		21914.50	21914.50	396	253.44	9755.00	10008.44	11906.06	
董	4080		8364.00	8364.00	—	—	10200.00	10200.00	—	1836
陈	5861		12015.05	12015.05	354	226.56	—	226.56	11788.49	
小队	—	—	10612.05	10612.05	—	—	4933.30	4933.30	5678.75	
合计	73135		160538.8	160538.8	2228	1425.92	88638.3	90064.22	72310.58	1836

资料来源：崖溪村档案室提供。

崖溪田间的耕作包含插秧、收割、脱粒等程序，主要依靠拖拉机、插秧机、联合收割机等进行机械化作业。崖溪社员的平均收入是每个月

1500 元，但是，按照劳动时间（工时）来算，每年劳动时间大概是 90~100 天，这样计算的话，相当于每个月劳动收入有 6000 元，一天的工分收入能达到 200~300 元。这个收入不仅远远高于其他地区的耕田收入，甚至高于地区村支书等干部的时薪收入。

此外，社员还有工分粮和天数粮。工分粮的计算依据主要是出工天数，至少完成五成出工任务的才算社员、才有工分粮。按照社员人数计算口粮数，得到工分粮，生产小队再按照自己社员的工分数计算工分粮，2017 年的工分粮计算是 330 斤/人。天数粮，按照天数来计算，是出工一天有一斤天数粮。虽然在具体的粮钱分配上稍为复杂，但是基本原则相对简单，粮食基本属于社员福利，愿意进行集体耕种者都可以分到，现金分配则是一种激励机制，主要计算依据是粮食产量。

为了应对生产队干部工作积极性不高、工作协调困难等问题，1993 年，崖溪从建设逸仙公路征地补偿款中拨出 150 万元建立崖溪农村退休干部基金，将其存入银行，用银行利息作为退休村干部的退休补助金，按月发放（20 年以上工龄 400 元/月，按级别发放），这在一定程度上提高了生产干部的积极性。

我们可以发现，崖溪的作物管理相对简单，一年两造的稻谷生产维持了集体耕作和工分计算的组织管理方式，至于为何要维持这一方式，一方面是由于机械化耕种的普及，且稻谷生产劳动投入相对简单，作物管理也相对流程化，集体耕作易于分解；另一方面，集体耕作可以保障集体团结。而果园、捕鱼等其他的生计经营都已经不再采用集体耕作方式，而采用了一种市场化的承包和租赁经营方式。

四 小结：沙田效应——共同体制度的形成

埃里克森指出，真正的法律其实是人们在社会行动中自发产生的秩序安排，而立法则有可能违背自发秩序的形成。"个人有能力创造相互有利的制度安排，无须一个中央协调者的帮助。"① 只要外部政策允许，崖溪就重新调整成集体经营的共同体制度，其集体制度的产生基于其独特的自然环境和社会条件，体现在三个方面。

第一，珠江入海口的生态地理环境，决定了集体所有制的产权形式是更为理性的所有制安排。海面权益不仅牵涉当代人的生计选择，也事关后代的长远福祉特别是其可能获得的土地（海田），对生产、生活空间的渴望驱动着崖溪人团结起来，向大海要资源。因此，无论身处何种制度环境，对崖溪人而言，集体所有制都是更优的产权制度安排。崖溪人这么表达他们对海洋的依赖："我记得当年有个别村庄被别的村庄围了几千亩滩涂。原来有鱼挖，有白蛤捉，被人家塞（围垦）到门口，什么都没有了。"② 为了控制海面，崖溪需要维持更大程度和规模的团结，过去他们选择异姓联盟的宗族合作方式，现在他们又一次选择了超越生产小队（可理解为自然村）的生产大队合产合营方式（八个自然村形成的大集体）。

第二，围垦满荒之后的围田，若要改善土壤肥力，必须依靠完善的水利基础设施体系。水利基础设施建设的高投入要求和水稻耕种的高协调成本决定着人们必须采用集体耕作的管理方式。崖溪村每年都在水利基础设施建设上投入大笔资金，这样的投入规模显然是个体小农无力承担的。失去大规模水利基础设施建设投入和维护的土地，基本无法抵抗广东沿海地区频发的台风和洪涝侵袭，小农也会因为无力抵抗外在自然和社会风险而进一步贫困化。崖溪找到了适合自己的"生产力和生产关系的协调方式"，即采用机械化的集体劳作，以技术提高生产效率，减少劳动力投入，慢慢形成了稻田集体耕作的制度规范。对于养殖、渔业、经济作物的管理则采取了私人承包的方式，充分考虑了生产经营资源特性、生产方式和生产关系之间的协调关系。

---

① 罗伯特·C. 埃里克森：《无需法律的秩序——邻人如何解决纠纷》，苏力译，中国政法大学出版社，2003。

② 崖溪村档案室出具的 2007 年 6 月 24 日陆元满的讲话稿。

第三，集体管理和分配方式。无论是明清时期还是公社时期，崖溪都采用集体管理的方式，管理思路一脉相承，扶贫济弱，以稳定地方生产和生活秩序。这种制度之所以能够被人们接纳基于两个条件：一是公偿田的历史传统，明清时期的崖溪三族六股公司对大面积的公偿田的管理基本就采用集体管理的方式，并通过耆老会等机构制定族规，限制土地的买卖，以维护家族的长远利益。二是 20 世纪 70～80 年代，崖溪的内外部经济环境和人员流动情况。由于濒临港澳等发达地区，村中的能人主动外出闯生活，村里只剩下一些老弱病残等留守人员，面临较大的税费压力。为了防止"鸠占鹊巢"、守住家园，他们没有采取其他村落采用的寻找代耕农、自己出去谋生的方式，而是选择了"抱团取暖"的方式。特殊的地理社会环境形成了一个能人自动分流机制，使得在相当长的时期内能人没在村中提出过多的利益诉求，村内局面相对稳定，矛盾相对缓和，这种局面一直持续到 2000 年。珠三角地区先后崛起了多个一线城市，先是香港、澳门，之后是广州、珠海、深圳，为崖溪村民提供了源源不断的"淘金"机会。因此，围垦也好，农耕也罢，甚至是经商出租都对崖溪村民没有足够的吸引力。这成为崖溪小生态得以维系的大生态条件。

因此，即使遭遇重大的政治、社会结构变动，乃至产权结构调整，一旦有条件，崖溪就会重新形成集体所有、集体耕作和集体管理分配的组织管理制度，这种制度是由当时特殊的环境和社会条件共同促成的。

当然，宽松的外部环境为崖溪的制度调适提供了空间，崖溪根据自己的历史记忆和社会、环境特点进行组合形成了独特的集体制度。这种制度符合当地的社会、自然环境特点，因此是一种更有效率的组织方式，达到了生产力与生产关系的协调。

| 第五章 |

制度回应：市场经济中的集体
生计制度（1978～2000 年）

波兰尼关于社会保护与市场制度始终处于紧张关系的论断是其研究全球化的重要分析框架，对于这种紧张关系以何种面貌呈现、如何调适，现有研究关注不足。本章围绕生意和人伦之间的紧张关系与村庄创造性的调适策略，展现基于社会逻辑与市场规则对抗关系的崖溪生存策略。崖溪通过对正式规则、非正式规则的修改、调整、合并，在改革开放前30 年驾驭市场、不断前行。

本章分为四个小节。第一小节关注崖溪的"一村两制"制度，它体现为"公社集体 + 市场经济""农业 + 商业"的双轨制度，在分配上向参加集体农耕的农民倾斜，在投资上向农业倾斜。这种倾斜并非毫无目的，维持集体制度、争取更多的围垦收益是这一策略的主要目标。第二小节关注崖溪从商海回归农耕的历程，崖溪早在 1975 年就已经开厂经商，经过一段时间的尝试之后，出于环境代价和成本收益考虑放弃了这一模式，回归农耕与水产租赁的初级产业。第三小节关注崖溪招商围垦的经历，这是借助市场寻求农村集体经济长远发展的尝试。这一次尝试虽历经波折，但崖溪没有轻言放弃。历经 10 年围垦，崖溪的土地从 5000多亩增加到了近 50000 亩，在经济收益和社会价值上保障了崖溪集体制度的长期维系。第四小节关注市场经济对农业价值体系的冲击以及崖溪的调适策略。身处改革开放的前沿阵地，崖溪的集体观念和市场逐利之

间的价值冲突从未消失，满叔希冀用传统、教育、国法、党纪等各种话
语体系安抚躁动的村民。最后是小结，试图回答市场经济体系下的社会
保护如何达成的问题。

一 "一村两制"：以市场服务社会

崖溪不是唯一实行集体制度的村落。但实行集体制度、人员仍能自
由出入集体的村落却很罕见。大邱庄、南街村虽然也实行集体制度，但
是，一旦获得了免费的房屋、医疗、养老等保障就要让渡部分权利。在
崖溪，来去自由，可以留在村落，也可以流动到外地；可以参加农业集
体耕作，也可以不参加，甚至什么时候下田出工、出什么工、什么时候
收工都是自由的，只要在责任田和队长那里打卡登记、完成任务就可以
收工，这就是崖溪特色的"一村两制"。这一制度借助稻谷和粮食补贴维
持了村庄内部能人与弱势群体之间的平衡，也形成了商业反哺农业的产业
平衡。借助这两种平衡，崖溪的集体耕作、集体分配制度得以长期维持。
简单地说，这种制度巧借外部的市场力量形成了社区内外的动态平衡。

政治上的"一村两制"指的是"公社集体与市场经济两种制度的运
行"。一方面，以集体的方式保护弱势群体，保障他们的生存条件。无
论是出于党员帮助弱势群体的初衷还是出于宗族思想，崖溪村于客观上
形成了"扶助弱者"的制度设计。另一方面，允许村民外出打工，进厂
劳动，甚至经商。此外，村集体也集体办厂、经商。

经济上的"一村两制"指的是农业与商业的"一村两制"，以商业
反哺农业。

> 农业低效率，高投入，生产周期相当长，半年才收成一次，春
> 天投入，夏天才产出，在一百多天的时间里，受自然支配，有风、
> 有雨、有虫、有病害，还有人害①，在这么多的灾害袭击下，我们

---

① 指施肥喷药偷懒、不得法。

能够维持下来，持之以恒，而且越来越强大，从当年一穷二白，穷过渡，到今天变成一个很殷实的村庄，原因在于经济上实行双轨制。除集体生产产出外，我们还利用积累的资源去赚取一部分利润来扶持农业生产。学者称这种方式为边缘经济支持核心经济发展。如果没有在市场经济中赚取利润去支援核心经济的发展，我们的集体经济是无法运行的。

这是有 37 年工作经验的前任村党支部书记满叔对这一制度设计初衷的解释。

（一）分配方案：保护弱者与鼓励先富并行

无论是社会组织的帮扶项目还是政府、企业家发起的扶贫项目，都离不开对弱势群体的识别。然而识别弱势群体本身就是一大难题，识别策略不当，容易破坏村落社会关系，导致村民相互攀比、竞争与猜忌，进行影响村庄稳定。更有甚者，在项目与资金支持下，村庄中还会产生"食利阶层"，对于任何外部注入的资源，他们总是试图巧取豪夺。如何平衡能人与弱势群体之间的关系，让弱者真正得到有尊严的扶持，同时不打击能人的生产积极性，这是个难题。

崖溪巧借公社制度，蜕变为市场经济中的"弱者桃花源"，对弱者进行兜底保障。

如前文所述，崖溪在成为一级核算单位后，改革了工分评价体系，形成了"捱口"模式，这一情况在 20 世纪 90 年代中期以前没有任何变化，原因在于港澳粤三地的高速市场化发展始终对村庄有着强大吸力。人员的流出效应导致村庄能人流出，留守者多为老弱病残，只得以弱者抱团的集体力量维持农耕，这使得在整个 90 年代中期以前崖溪稳定地维持了"一村两制"。这是社会背景。

村里常说的"一村两制"是如何设计的呢？

村庄维持了原有的 8 个自然村、13 个生产队集体出工的模式，同时，维持土地的集体所有制，不分田到户。但是若村庄有人愿意外出谋生，集体也不阻拦，来去自由，即所谓的"一村两制"，这是 1976 年就决定的事情。1978 年，中央政策开始鼓励分田到户，崖溪考虑到当时的情况决定不分，维持土地的集体所有制。但是，市场经济一来，这一制度最先面临的挑战就是劳动力快速流失，此外，农业集体耕作的低效问题也开始浮现。

为了补贴农业集体耕作，留住劳动力，村集体领导班子制订了粮食高买低卖的方案，生产队的粮食高价卖给村集体，但是社员却可以以市场价的 1/3 从村集体购买口粮。以 2001 年为例，村集体以每担 120 元的价格收购粮食，以每担 35 元的价格卖给社员，外出做生意的人的子女同样可以享受这一福利。社员还可以利用差价把粮食卖给市场，对此村庄也不干涉。2017 年的稻谷收购价格为 120 元/百斤，村集体补贴价为 200元/百斤，从 1992 年开始，村集体每年对生产队的补贴金额都超过了 200万元。当我们问及这个补贴金额如何确定时，现任村党支部书记谭书记答道："这个标准一方面要参照上一年，另一方面也需要看村集体的其他收入状况，通常由班子集体协商确定。"参加集体劳动的社员，还有一个"粮折"。

> 我们的口粮安排是这样定的，按人定等，按等定份，比如说最强的劳动力，一年的口粮分配是 800 斤左右，一般劳动力是 700 斤左右。如果是"两头人口"，即老人家跟未成年人，我们免费供应粮食，他们的口粮份额一年大概是 400 斤，基本上能够满足他们一年的粮食需要，而且还有一点剩余。剩余的粮食他们可以自由处理，可以拿去卖，也可以留在集体粮仓。当我们新的粮食收割完了要入库的时候，他们就要把粮仓清空，到时候社员就把各家剩余的粮食搬回家，就是这么一个流程。①

---

① 崖溪村档案室提供的资料。

因此，崖溪会保证社员收入略高于周围务农人员的平均工资，但又不能高太多，否则会造成人员总量的大幅波动。崖溪需要在个人补贴与集体投入之间搞好平衡，若补贴不足，就会导致人员流失，村集体就有可能散掉，也就无法在市场中立足。若过度补贴，又会导致外出人员回流，使村集体变成一个养老机构，这也不符合崖溪村实行"一村两制"的初衷。因此，他们利用粮食补贴，将社员收入保持在跟市场平均工资差不多的水平上，以维持这种平衡关系。

村庄还设有干部福利基金会，村干部退休后可以按照任职时间领取退休金。村里还曾建有一个养老院，请专人照顾老人的饮食起居，以让他们安度晚年。

> 我们是全方位开放的社会，崖溪村有3100多人，劳动力大概为1700多人，现在真正投入农业生产的有600多人，其余有一部分进了工厂，有一部分是管理人员，有一部分游手好闲，有一部分外出谋生。对于外出谋生的人，我们不要他交纳任何基金，甚至国家的摊派费用，我们也不向他们收取。我们承担了社会的一切义务，包括计划生育工作、征兵、军烈属的优抚、困难户的补贴、鳏寡孤独的照顾、子女教育补贴、清洁、口粮补贴等。[1]

除此之外，村里建有一所小学，并设立了固定的教育基金，用于治安队伍、自来水、电等全部配套设施的建设及运营费用。

表5-1是2007年崖溪的主要支出项目，是崖溪自筹经费的集体开支项目，还有一些计划生育、农业普查、人大换届等行政性支出以及种子化肥一类的经营支出和管理费用支出未列举。相比表中所列，那些支出基本可以由经营收入或者上级拨款覆盖。

---

[1]　崖溪村档案室提供的2001年7月3日陆元满的发言稿。

表 5 - 1 2007 年崖溪的主要支出项目和金额

单位：元

类别	主要支出项目	2007 年账面金额
土地支出	社员分配支出	3130000
拨款支出	农业拨款支出	647964
	农机拨款支出	343500
社会性支出	福利费	338291
	环境卫生费	150723
	五保户、困难户补助	24000
	治安费	25000
	支农支出	11099
	路灯费	96107
崖溪治安、生态、养老性支出	崖溪养老院	26000
	治保会	20000
	干部岗位责任奖	50065
	红树林养护费	100000
	生态公益林补偿	12357
	云梯山健身步道铺设水泥	15000
	云梯山水库道路建设工程	15000

资料来源：崖溪村档案室资料。

表中与农业支出有关的项目占据大部分，包括社员分配和拨款支出，亦即受益者都是社员，其中涉及的老弱扶助和环境保护项目也最终由留在村落的人受益。此外，崖溪很多管理机构和公共设施都会尽力安排村中老弱残疾者就业。

集益公园本身也安置了部分失去劳动能力、"手停口停"的弱者。另外，每年维修、道路、环境、设备还需提取部分收入来支付。

学校，除了拨了一些基金外，每年还从市场收入拨一半给其使用。

治保会人员、各单位看管人员，这些人每年的开支也很大，我们都是拨一些产业给该单位收租来维持其生活。

> 我们自办的自来水厂，每年的水费收入不足以支付其工作人员的工资，因此也需要从基金或产业中拨款补贴。此外，每隔两三年，在经济条件允许的情况下，还要拨部分资金用于更新部分管道。[①]

这是以市场服务社会的崖溪模式。与周围卖地办厂的快速扩张模式相比，崖溪所采用的确是一种罕见的"低度发展"模式。可以说，崖溪以自己丰富的自然资源、地理条件办成了一个风景优美、就地安置的"弱势农民福利院"。

（二）收入方案："农业＋商业"的经济双轨

崖溪除了在分配方案上向参与农业集体耕作的社员倾斜，在生产经营上也采用以商补农的方案，这也在客观上进一步促成了社会资源向农耕群体倾斜的格局。

> 崖溪村民的就业现状是：600多名劳动力[②]从事水稻生产。水稻生产高投入，低产出，而且受自然灾害威胁，效益很低。目前种植水稻的经济效益不足以支付劳动报酬。如果没有补贴或补贴过低，就没有人愿意种田。为了解决这一困境，维持正常的水稻生产，必须从四个方面投入：一是村集体投入资金进行补贴，以解决高投入、低产出的困境；二是加大对先进农业生产机械和工具的引进和使用，改善传统农业耕作方法，减轻劳动者的劳动强度和缩短劳动时间；三是引进先进技术、品种和耕作方法，逐步提高效益；四是逐年完善基础设施，包括水利、农网道路、围堤窦闸、排灌系统等。这些都需要村庄从集体经济中进行补贴。[③]

---

① 崖溪村档案室提供的2006年9月陆元满的发言稿。
② 作者注：平时参加集体劳动人数为300~400人，农忙时期加上短期用工人数可达600人左右。
③ 崖溪村档案室提供的2006年9月陆元满的发言稿。

所以，对于农业的投入不仅仅体现在对劳动力的补贴上，还体现在大型基础设施建设和水利基础的改善上，这是崖溪三十年经营的核心成果。换句话说，在其他地方卖地搞分配的时候，崖溪始终在改善土地耕作条件上持续投入。随着农业税费的取消，崖溪为村民承担的税费成本降低，但是基础设施投入和维护费用却在增长，包括对于村庄自己的水电、自来水等设施的投入占据了村庄支出的一大部分。此外，由于经营生产资料、农机具配件、油料等方面的都是民营企业，因此，生产、购置车辆和资产、建设项目所要缴纳的税比免去的农业税还要多。①

2007 年，崖溪在向市里申请农机补贴的申请中表示，要购置 2 台新东方红一二〇型胶轮拖拉机，淘汰 3 台旧履带东方红拖拉机。他们所需要的这种一二〇型胶轮拖拉机为 120 匹马力，出厂价格为 20 万元一台，还不包括数万元的配套犁耙和悬挂装置，两台的价格要 50 多万元。由此可见，稻谷耕种的机械化投入成本极高。加上去年他们购置的 2 台，单是购置新东方红设备就投资近百万元。

前文我们列举了崖溪的农耕设备和水利建设的投入情况，这笔支出占据了崖溪一半以上的投入。当然，这些都是固定资产，如保护良好，可以让子孙受益。崖溪的固定资产包括：会堂、厨房、车库、卫生所、加工厂、商场、养老院、市场、新仓库、种子仓、排灌站、自来水厂、烧猪炉、烘干机房、旧食堂、基金会办公楼、电厂车房、拖拉机机房等，折净值接近 1600 万元。这还不算 20 世纪 90 年代后期陆陆续续成垦、回到崖溪手中的大片土地，即使是维持最低限度的水产养殖出租经营也能够支持崖溪的制度运作和再投入。

　　华围每年租金 149.8 万元，管理成本（包括工资）15 万元。其中，华建公司占 20%，每年除管理成本后分得约 22 万~25 万元；崖溪占 80%，每年约分得 88 万元。此外，鸦洲南围每年租金约 87

---

① 崖溪村档案室提供的 2008 年 1 月 30 日对某会计师事务所审计报告提出问题的回复与说明。

万元，泗东围约 20 万元，大牌围约 9 万元，二顷四约 20 万元，新旧五顷约 52 万元，威发地租 100 万元，昌生厂地租 15 万元，兰日镇 5 万元，每年总收入 500 万元。每年支付街道清洁和垃圾运费约 45 万元，支付公共路灯电费 15 万元，支付绿化管理费 15 万元，每年补贴口粮、免费供应口粮约 100 万元，基本建设、水利设施建设、围堤支出约 100 万元，应付社会管理、办公经费、各种收费约 50 万元（这些支出是不可估计的），总开支约 320 万元。①

除了滩涂出租收益，若维持农业经营崖溪每年还能获得国家安排的粮食专项补贴七八十万元（包括马铃薯种植、稻秆回田、柴油、粮食生产补贴等），以及部分政府、财政拨款、征地收入（公路占地、宅基地占地等）。

当然，这得益于围垦土地慢慢收回之后的经营模式：农耕 + 滩涂厂房出租。20 世纪 90 年代以前的崖溪，日子就没有那么闲适了。一方面，村庄承担的税费负担较重；另一方面，家底薄弱、人丁稀少，土地、围垦都在投入期，属于崖溪村的集体草创期。

崖溪还曾经依赖白泥、白沙等矿产资源维持生计（见表 5 - 2）。虽然农耕是崖溪一直以来采用的核心经济模式，但是用来补农的市场经营部分却大致经历了开办工厂、粗砂白泥开采到滩涂出租三个阶段。

表 5 - 2　崖溪村土地经营历年收入情况（1979～1998 年）

年份	来料加工厂		矿产		土地出租	
	收入/元	占当年可供分配资金比例/%	收入/元	占当年可供分配资金比例/%	收入/元	占当年可供分配资金比例/%
1979	28024	—	60838	—	—	—
1980	314298	—	58556	—	—	—

① 崖溪村档案室提供的 2006 年 9 月陆元满的发言稿。

续表

年份	来料加工厂		矿产		土地出租	
	收入/元	占当年可供分配资金比例/%	收入/元	占当年可供分配资金比例/%	收入/元	占当年可供分配资金比例/%
1981	267034	26.1	167377	16.3	—	—
1982	465510	36.5	177844	14	—	—
1983	384255	35.1	175647	16.1	—	—
1984	552187	44.4	219201	17.6	—	—
1985	549020	34.2	553310	34.5	—	—
1986	262421	22.4	522375	44.5	—	—
1987	375150	23.4	655683	40.8	—	—
1988	618305	31.2	895322	45.2	—	—
1989	1040809	44.4	436056	19.7	111251	5
1990	793445	37.6	412732	19.5	125486	6
1991	1014458	41.2	581114	24.1	121986	6
1992	1129444	36.1	971057	31	102682	3.3
1993	826740	25.8	850990	26.7	556989	17.4
1994	946909	17.8	611938	11.5	2005172	37.7
1995	714187	14.1	13142	3	2093430	41.3
1996	900930	15.7	—	—	2421809	42.3
1997	940723	17.4	—	—	2311808	43.3
1998	695943	12.6	—	—	2347109	—

资料来源：曹正汉 2004 年对该村庄的研究。

时间越往后推，陆续回到崖溪手中的土地就越多，滩涂出租经营的收入比重就越大。2001 年 4 月 30 日的审计报告显示，崖溪 2000 年的农业经营收入为 1921112.94 元；围田、鱼塘、果园承包收入达到 1322802.8 元，租赁收入 23885.5 元；农业经营收入只占总收入（7017599.26 元）的三分之一还不到。①

————————————

① 崖溪村档案室提供的资料。

（三）"一村两制"模式的初衷

为什么要坚持这种低效率并且还一直需要补贴的农业生产？满叔在2006年9月崖溪推行股份制改革的讲话中给出了明确的答案。

一是解决农村中弱势群体的就业安置问题。现在崖溪村一部分人离开村集体到外面经济市场中谋生计，这些人大多数是成功者。按目前的状况看，这些人已有稳定的生计，对土地的生存依赖已处于可有可无状态。但崖溪村民，大部分既无资金又无技术且学历较低，在与外来劳动者的竞争中处于劣势，只有这些人尚需要基层政权的帮扶和安置。只有这些人安居乐业，社会才能安定祥和。

二是维系公共事业和社会事务。崖溪村中的公共事业和社会事务大部分都是由这些农业劳动者承担的，例如每天都需要有人打扫道路、清洁环境，让村民过干净日子。这些劳动者投入的时间很长，也很辛苦，劳动者的个人收入虽然不高，但总的开支比较大。此外，路灯的维护，对于军烈家属的优抚，困难户、五保老人的照顾和扶养，各种各样的管理费用都由参加集体劳动的群众通过劳动积累去承担。如果没有集体生产体系，崖溪村的公共事业和社会事务亦将难以维持。要维系集体生产体系就需要对集体生产进行补贴，集体生产的产出则反过来又能承担起公共事业和社会事务，这是一个良性循环。

三是解决粮食供需问题。我们崖溪村是一个鱼米之乡。近年来珠三角地区发展迅速，可耕农田面积日渐减少，社会上所需粮食都是靠外地购进供应。一旦遇上重大自然灾害或政策上的变故，粮食出现供应风险和价格浮动，受害者还是弱势群体。我们依靠自己进行粮食的生产、储存、加工，使我们崖溪村民能吃上健康米。近年来我们还免费供应和低价供应粮食，这是一项保障民生的措施。

四是壮大集体力量。我们崖溪村的集体经济在20世纪80年代初起步时，土地资源只有5600亩（还不包括大小云梯山、山边一代山地和猪仔山等山头），已包括了民田、山坑田、新旧五项、集益围、沙田、二项四、三项二、二项、二项六、沙头围等，还包括后期开垦的二项六围仔、四项围仔。崖溪村具有强大的集体力量，因此在20世纪八九十年代与周边村庄、地区的多次争议中，在沿海滩涂一带围垦了近三万亩土地。这些土地的开垦离不开集体的力量，只有强大的集体才能确保我们在争议中占有优势。

五是以集体力量进入市场，有了村的集体组织，我们在20世纪70年代中期以穷困薄弱的家底起步，通过购置、建设、引进、收购等手段，形成创业、劳动、分配、积累、壮大的良性循环，积聚了一笔庞大的资产财富。别的村庄是以分散的方式进入社会经济领域的，相反，我们是以集体的方式进入市场经济的，在市场经济中成长为一个强大的群体。①

满叔的总结已经十分周详地列举了"一村两制"模式的缘由，即借此进行社会兜底、扩大公共事业投入、保障粮食生产、以集体力量围垦守地、扩大积累再投入、改善生产条件、提高生活水平，也就是说，崖溪借助集体的力量，实现了生产、分配、积累的良性循环。

二 商海撤退：环境生态的价值

（一）办厂经商

1978年对于整个中国来说都意味着变革。而崖溪的改革开放提前了5年。20世纪70年代中后期，崖溪已进入"大工厂全办"的时代。1975年，广州等大城市的知青陆续回城，大城市的青年不再来农村，改为当地市、镇应届毕业生下乡，当地以单位与农村挂钩的方式集中安置这些

---

① 崖溪村档案室提供的2006年9月陆元满的发言稿。

毕业生。这一时期，粤中造船厂与崖溪大队挂钩安置了136名知青。崖溪为了安置他们专门建了一个"知青果园"，种香蕉、种荔枝、搞果林生产，还给他们提供每个月不少于30元的工资，不仅可以满足基本花销，还有盈余。他们的业余生活也十分丰富，有难得一见的黑白电视机可看。粤中造船厂投桃报李，帮崖溪开设了一个机械配件加工厂，有车床、刨床、钻床、冲床等，还有风焊、电焊设备，利用船厂边角料加工机械零件半成品。从这时起，崖溪开启了集体经济的工业化发展之路。

国家实行改革开放之后，崖溪与移居港澳的同胞们的交流日益增多，回乡探亲的同胞们带来了新的思想观念和发展理念，也为崖溪带来了资本和技术。凭借得天独厚的区位优势，崖溪吸引了大批商人。

首先是汕头商人利用崖溪谭氏大宗祠，培训崖溪青年，开办了第一间针织厂——永利针织厂，该厂全盛时期有500多名工人。崖溪人还跟汕头商人合作，经营港侨针织厂。后来又兴建了十二针毛衫厂，有120多名工人。1985年，恰逢一位商人因个人原因处理设备，崖溪以大队之力筹措资金买下设备，崖溪村集体得以开设第一家制衣厂，从招商引资走上了独立经营之路。

1985年，崖溪工业达到全盛时期，约10家工厂，涵盖针织厂、缝盘长、灯头长、食品厂、发电厂、汽车与拖拉机修配厂，工业产值达233万元，占据工农业总产值的70%。[①] 2000多名工人、8台发电机组、10多台汽车、2台卡车、6台大货车、数栋厂房，崖溪实现了从利用以前的会堂、祠堂、旧学校开工厂到建专业厂房开工厂的转变。

1986年底，工厂监管日渐困难，时常出现加工费、租金追讨困难等情况。商人与部分管理人员串通一气，使崖溪失去了对经营状况和财产的控制权。

崖溪不仅办厂，也经商。20世纪80年代初期，崖溪就开始组建经商小组，安排村干部、工作人员、汽车司机和财务专员组成经商团队，

---

① 地方县志、村志。

以 27 万元作为本金在公路旁修建商场楼，并配有 3 台汽车（一台面包车、一台双排座货车，一台解放牌大货车），主营业务是倒买倒卖进口商品和油气物资。但是直到 1983 年商场都没有钱返还集体，反而一直要求集体增加周转资金。1986 年底，商场负责人告知崖溪集体，商场经营困难。崖溪决定不再投资援助。商场经营 7 年，给崖溪集体留下的只有债务。

因此，崖溪的经商开工厂经历基本止于 1986 年底。满叔认为"工业自主权不由我们掌握，为了补贴集体经济而兴办工厂是权宜之计，不是长远、永恒的创业"。满叔总结："对于村庄而言，招商引资办工业，原料、机械以及成品的销售'两头都在外'，受益的只是投资经营者和负责经营的干部。他们把能吃的都吃掉了——'生意好做，伙计难靠'，农村投入了自己的能源、土地资料、廉价劳动力，得到也就是出租场地那一点收入。"①

崖溪的账目算得很细，他们总结五年多的经商开工厂经验，得出的结论是：商业的虚假报销等行为令村庄难以招架；投资开厂经商的收入还不如将本金放在银行得利息划算；除了为村庄培养了一些工厂管理人员之外别无他获。

更为严重的是，崖溪的环境遭到了破坏，得不偿失。满叔回忆称，在 20 世纪 60 年代公社时期，邻村曾发生过一件至今令人十分恐惧的事情。该村曾经建过一个农药厂，药厂将残渣偷偷倾倒在山上，事后逐渐被人遗忘。后来经大雨冲刷，毒药水四处横流，人畜庄稼接连死亡，村民却一直被蒙在鼓里。直到一位老人回忆起这件事情才连忙处理，但是为时已晚，毒药水已经渗入地下，难以清理。

与此同时，崖溪在办厂经商过程中也发现了难以遏制的环境恶化。制鞋厂的二氧化硫和灯头厂的有害物质被偷偷倾倒在崖溪水域，这一行为屡禁不止。满叔在一次讲话中说：

---

① 崖溪村档案室提供的发言稿。

同志们不知有没有留意，从 60 年代到今日，我们身边失去了很多东西。过去一到黄昏就会听到乌鸦嘎嘎叫喊，如今一只乌鸦也没见到。60 年代，从珠江口，即临近我们村庄的海面，狮头鱼、庵丁鱼、鲨鱼等，每年能捕捞一万多斤。三黎，我们陆家试过塞了（捕捞了）三千多斤。现在很多物种都消失了，狮头鱼现在还有一些，但要到淇澳岛对面的海面才有。现代工业发展造成了生态环境的恶化，对人们的生存而言是得不偿失的。①

因此，1985 年，崖溪逆势而行，选择从商海撤退。崖溪人对此表示，"我们有那么多资源条件，没有必要走这样一条路（污染环境）"②。

（二）矿产枯竭

崖溪的矿产资源十分丰富，主要是砂料和白泥，还有位于云梯山的花岗岩。砂料主要分布在沿海地区，可以用作玻璃和建筑原料。白泥则主要分布于化美、平山村边山坑，面积达 200 亩。1988 年，白泥和沙场收入占据了崖溪总收入的 45.2%，可以说是 80 年代崖溪滩涂未成垦之前的重要收入来源。表 5 - 3 展示了 1979～1995 年白泥、沙场为崖溪提供的资源收入。1996 年，为了保护几近枯竭的矿产资源，崖溪决定不再进行开采。

崖溪对沙场和矿产的开发相对节制，对于开采、供应单位的选择更是慎之又慎。蔡横石门村的领导说他们无沙子、无矿，曾经向满叔请教致富方法，满叔说："你们周围有群山，可以开石场啊，搞得好一年也有五六百万元的收入呢。"石门村果然开了石场，但是在短时间内就开了 10 多个石场，各厂之间相互竞争、压价，最后全部倒闭。

---

① 崖溪村档案室提供的发言稿。
② 崖溪村档案室提供的发言稿。

表 5 – 3　白泥、沙场收支明细

单位：元

年度	收入			支出			纯收入
	小计	白泥	沙场	小计	白泥	沙场	
1979	50158.36	50158.36	—	—	—	—	50158.36
1980	58555.83	53854.83	4701	—	—	—	58555.83
1981	187335.04	16299.58	171035.46	19958.15	8686.39	11270.76	167376.89
1982	239448.51	74366.05	165082.46	61604.25	22431.37	39172.88	177844.26
1983	240025.52	93105.72	146919.8	64378.35	35066.15	29312.2	175647.17
1984	302841.51	53835.4	249006.11	83640.07	23935.86	59704.21	219201.44
1985	701558.64	106800	594758.64	148249.03	68169.92	80079.11	553309.61
1986	651298.14	71165.72	580132.42	128923.69	27714.82	91208.87	522374.45
1987	883191.87	265877.05	617314.82	227503.47	143626.28	83877.19	655688.4
1988	2612676.12	1679386.19	933289.93	207354.12	107641.59	99712.53	2405322
1989	530461.65	102743.05	427718.6	94405.52	34840.96	59564.56	436056.13
1990	458305.4	279325.5	178979.9	45573.53	7233.65	38339.88	412731.87
1991	624439.4	391061	233378.4	43325.19	11838.2	31486.99	581114.21
1992	1038110.7	408024.1	630086.6	67053.49	15085.86	51967.63	971057.21
1993	901410.28	129420.51	771989.77	48606.97	6654.1	41952.87	852803.31
1994	660950.28	—	660950.28	49011.97	32.1	48979.87	611938.31
1995	189068	67549	121519	57641.47	2351.5	55288.97	131427.53
合计	10329835.25	3842972.06	6486863.19	1337227.27	515308.75	821918.52	8992607.98

资料来源：崖溪村档案室资料。

　　之后的崖溪，哪怕是进行围垦也不在自己的山上挖石头，而是去外地购买。

　　本地人很清楚村庄有哪些资源，这些资源是否有市场，对村庄来说怎么利用是最合适的。满叔说："我们村庄有那么多资源，要发展不一定要走污染的路子，划不来。"最近，笔者在跟满叔的接触中发现，他一直在盘算的事情是种柚木和樟木。"这些树木好，不易腐烂，适合南方气候，而且市场价格极高，也适合崖溪的山林地。"满叔记忆力好，无论是 20 世纪 70~80 年代的扣子、竹子、机器的价格，还是某种鱼类、木材的价格都能脱口而出。他常说的话是"绝对不会蚀本的""不会花错一分钱"。

（三）红树林

崖溪的红树林主要分布在村境东部伶仃洋沿岸的泥滩上，主要树种为红树林科的秋茄树和紫金牛科的桐花树，有800亩。以前的红树林面积更大。1992年，蔡横村镇征下沙2000多亩土地进行房地产开发，填埋了崖溪的红树林。后来由于围垦等原因的破坏，崖溪现在只剩下100多亩原生林，成林时间达百年以上。红树林位于崖溪村与下沙交界处，4片红树林组成了面积达80亩的内陆岛，形成了一个"小鸟天堂"。中山市林业局有关人士表示，临近夏季水鸟繁衍生息时，在这座岛上就能看到白胸苦恶鸟、绿鹭、苍鹭、池鹭、白鹭、斑嘴鹈鹕、白骨顶等水鸟，是市观鸟协会的主要活动区。

崖溪沙围地区的对面就是以保护红树林为主的福田自然保护区和米埔自然保护区。2005～2007年，为了建设美丽村庄，崖溪在沿海滩涂上试种了500亩红树林，进一步改善了崖溪海岸的红树林生态环境，形成了著名的落日和红树林景观，每到假期来临之时，游客络绎不绝。

三 招商围垦：驾驭市场的尝试

为了实现崖溪的永续发展，从工商浪潮中撤退的崖溪转向伶仃洋中的土地。

崖溪的最大资本就是其所拥有的大片土地。在中山市，"崖溪认第二，没人敢认第一"。中山市28公里的海岸线，其中26公里在兰日；兰日的海岸线中，崖溪占了多数。附近的平顶、长沙埔、下沙、泮沙、龙穴、冲口、横门等村庄都没有滩涂地。依赖20世纪90年代政府许可进行的村庄集体围垦，崖溪从当年的5000多亩地发展到近50000亩地。1988～1998年，崖溪的滩涂总面积达24679亩，这还不包括新中国成立前后逐步围垦的小块土地。

（一）法律、政策与"官民合作"围垦

在当时优惠政策的激励下，崖溪开始合作围垦。1987 年，中山市人大八届二次会议审议通过了《围垦造田规划》。鼓励自筹资金、自己施工、自己受益的"三自"政策和鼓励集体筹资开发、集体与个人联合开发、个人与个人集资开发等刺激政策推动了围垦造地。同时，将围垦权下放到沿海村镇，由各村镇自行围垦。但是，多数围垦工程都由镇一级政府推动，很少有村一级能承担这个任务，即使是由行政村围垦，也是由市围垦公司统一经营。崖溪却拥有独立的围垦经营权，至于这个独立经营权是如何得到的，满叔和现有的崖溪档案是这么表述的：1973 年 12 月上级部门考虑到崖溪处于海防前线、海外关系复杂、偷渡、"内外勾结"等复杂的政经民情，希望选择一个根正苗红、有文化、有能力的村干部，因此希望把当时在兰日公社（现为镇）工作的满叔调回崖溪担任代理书记（后转为正式书记）主持工作。满叔趁机提出要求："为搞边防建设，民兵学大寨，劳武结合，搞围垦建设是上策。可以集中民兵，边围垦边训练，生产训练两不误。"这样，崖溪获得了主管领导的支持，获得部分滩涂的围垦权。而且，上级领导还批了 20000 元现金和部分围垦工具如船艇、钢钎、炸药、导火线等物资给崖溪，以示大力支持。

1987 年的崖溪刚好从办厂经商中受挫，这个政策的出台恰逢其时，彷徨中的满叔进行了深刻反思，希望利用地理优势寻求长远发展。满叔回忆道："要实现崖溪人的长远发展，必须用尽我们的地理优势。我们村东临大海，宜农宜渔，围垦造田，扩大土地资源是良策。"为了实现这一目的，满叔外出寻找机遇，后来找到兰日镇的镇党委书记，表示要进行围垦。书记爽快地做出了承诺：

> 书记很高兴，一拍大腿，满叔，好主意！这件事我可以帮你，你点话点好。随后书记叫了镇水利干部李大观，当面嘱咐他要大力

支持崖溪围垦叫埋水电所（到场），① 组织围垦指挥部，迅速开始行动，没有资金，可向银行贷款。安排好了，并和崖溪签订了围垦协议。首先把泗东围围好，条件是给围垦指挥所八年围垦收益，期满后无条件给回崖溪。当年就筑好了围堤，分包给耕户种甘蔗。②

虽然1978年兰日分为三个镇，崖溪归属蔡横村镇管理，但是1990年以前，崖溪始终与兰日镇政府合作围垦，由兰日镇、围垦指挥所或水电所直接负责。并镇前，兰日镇把围垦的数千亩地无偿交回崖溪。1991的蔡横联围则改为跟蔡横村镇合作。具体合作方式是这样的：兰日或蔡横村镇的围垦指挥所负责协调，引进商业和银行资本，围垦收益分配方案通常由双方协商。由于崖溪跟兰日镇的合作较为密切，因此合同规定得相对宽松，条件是围垦指挥所收取8年围垦收益。然而，蔡横村镇因为崖溪选择与兰日合作围垦而颇有些不愉快，围垦条件是收取15年围垦收益以抵偿围垦投资，同时，蔡横村镇享有49%的土地权益。这一时期的围垦合作主要是跟政府打交道，实际上并不直接与商人进行合作。

根据满叔的描述，围垦的手续办起来相当复杂：

> 围垦这种事，第一要有钱，第二要"有啖气"（有勇气）。有钱"没啖气"不行，"有啖气"没钱，也是"嘥气"（白费力气）；有钱"有啖气"，还要有地方给你围。就算这些通通具备了，还要看人家给不给你围。如果没有一定的社会关系，一样不批给你。扔一块石头下去，也要你捡回来的。

> 围垦事小，办手续事大。围垦是要由珠江委（指珠江水利委员会）批的。珠江委啊，那衙门在哪里你怕都摸不到。要等珠江委那边的高级工程师帮你论证过，帮你放线，才可以围！那些手续多的

---

① 地方话：叫来水电所。
② 崖溪村档案室提供的2017年9月14日陆元满日记。

啊，一路盖章盖上去……①

但与政府合作围垦的好处是不直接面对市场风险，而且能大大减少行政手续的成本。跟后来招商围垦中的惊心动魄相比，"官民合作"的围垦可以说是顺风顺水。

与围垦有关的现行法律只有两个：一个是 1986 年颁布的《中华人民共和国渔业法》第二十四条"沿海滩涂未经县级以上政府批准，不得围垦"；另一个就是 1986 年颁布的《中华人民共和国土地管理法》第四十条"开发未确定使用权的国有荒山、荒地、滩涂，从事种植业、林业、畜牧业、渔业生产的，经县级以上人民政府依法批准，可以确定给开发单位或个人长期使用"。因此，在实际执行中只要围垦单位和上级（镇政府）达成共识就可以，而主要负责批复管理的机构就是中山市围垦工程指挥部。

由于崖溪从人民公社时期就开始不断地进行周边海域的围垦活动，无论是基于"先来后到"原则、"相邻原则"还是"谁开发，谁受益"的原则，各级政府都尊重崖溪的权益。制度的模糊性可能会使村落面临巨大的收益风险，但是也为村落行动提供了空间。2008 年 7 月，上级政府表示要与崖溪合作开发虎池围周边的 1.3 万亩围垦滩涂，为此相关领导曾到崖溪动员，并做了如下发言：

> 自 1949 年新中国成立以来，我们国家实行了国有政策，也对土地实行了二元土地政策，一种是国有土地，一种是集体土地。这两种是指所有的土地，比如说我们崖溪村的所有土地都是我们集体所有的，但是所有的海面、河涌、滩涂、未用地的使用权，两次的法律界定都是一样的。但省里在 70 年代出台的有关政策规定对滩涂、未用地的使用权是谁围垦谁使用，就是谁围垦的土地，其使用权永

---

① 李铭建：《海田逐梦录：珠江口一个村落的地权表达》，广东经济出版社，2015。

远都属于该集体。我们崖溪村围垦的几万亩滩涂，其使用权永远都是我们崖溪村的。[①]

强势的村庄，有时候也能推动政策朝有利于自己的方向调整，崖溪就是这样一个例子，作为一个集体村庄，它利用维稳压力，反而在与政府的互动中占据了更有利的位置。

（二）招商围垦：成本、效益与风险

崖溪素有围垦的传统，但都是遵循"鱼游、橹迫、鹤立、种草、筑围"的传统流程。鱼游指的是泥沙沉淀到水深 1.5～2.0 米，能见鱼游；橹迫则意味着橹尾在低潮时期可以触及泥沙，说明水下已然形成水坦，水深不足 1.5 米；鹤立，则意味着水深仅为 0.2～0.3 米，形成"白坦"似的泥滩；种草，通常是指可以种植咸水草等植物；最后是筑围，这个时期，海坦面会逐步抬高，随着时间的推移，土壤逐渐氧化、脱盐，形成沙田。随后人们要加筑围堤，防风防浸，随着土壤进一步脱盐，海岸线进一步往外推移，沙田满荒就可以种植稻谷、蔬菜，成为良田、围田了。若遇台风，潮田不熟，堤坝遭毁，围垦工作就会功亏一篑。因此，围垦需要借助宗族的力量进行长期经营，历经数百年方可成田。其间，"岁修、小修，守基之人，守获草之艇，以防偷掘，亦以候风信"[②]，需要持续投入人力、物力。

现代围垦，工期大大缩短，一两年就可以迅速围闭一片海域，抛石、种草、筑堤效率也大大提高。堤坝定型、加固（水泥硬化）则费时相对较长，即使效率提高，也需要耗费巨大的投入，如劳动力、船、石、推土机等。崖溪是这样计算围垦成本的：

---

① 崖溪村档案室提供的资料。
② 意即中间需要多次修补，防止偷盗与损毁，引自李铭建《海田逐梦录：珠江口一个村落的地权表达》，广东经济出版社，2015。

从 1980 年到 2003 年，每立方米沙石 20 元左右，基本都是这个价格，2003 年以后沙石就贵了。那么按照每立方米 20 元的价格，每公里需要 30 万立方米沙石的话，每公里筑围的造价是 600 万元。这每公里 30 万立方米的沙石，即每米需要 300 立方米，这是按这一带最深的海滩来计算的。在一般的情况下，每公里的造价十几万元就够了。如果围 1 万亩筑 10 公里的堤，花 6000 万元已经是最高的价格了，也就是说，围垦的最高成本是每亩 6000 元。[①]

那围垦的收益如何计算，能有多少呢？围垦的最大收益在于海面迅速围闭产生的泥下鱼虾，本地人称之为"头啖汤"（第一口鲜汤）。咸淡水交接的珠江入海口，渔产丰富。在快速形成的围堤中，前五年完全不需要放鱼苗和饲料，只需要利用一天两次潮涨潮退就可以收获大量渔获。白蛤鱼、基围虾、水蟹、鳗鱼、鲈鱼品种多样，市价不菲，自然生产和捕捞，每亩年总产值达到 1500～2000 元，这样算下来，三年即可回本。投资商较为看重前期的水产收益，因此十分乐于投资。一段时间之后，投资商便会把围垦交还给崖溪村集体。这一前提就是现代围垦能够快速围堤，如果成围缓慢，鱼虾就会因生活环境的变化而跑掉。这是招商围垦的资源条件。

崖溪的真正招商围垦主要围绕四块土地：1993 年的华围，1996 年的燕围以及 1998 年的虎池围和将军下围。

最早的华围是崖溪第一次与商人合作。虽然崖溪做了充分调研和足够的心理准备，但是这次交易过程仍十分曲折。1993 年，崖溪与中山市 A 公司签订《出租、租用蚬塘养殖滩涂合同》，出租崖溪村 3688 亩海滩，租期 70 年，每亩租金 430 元，3688 亩总计 1585840 元。为了稳定租金币值，双方以当地市场粮食销售价格为计算标准，每五年以粮价的升降幅度调整一次租金，时间是该年 6 月上旬。1998 年，A 公司经营困难，拖

---

① 李铭建：《海田逐梦录：珠江口一个村落的地权表达》，广东经济出版社，2015。

欠崖溪租金 505 万元。崖溪将租金转为投资，改为与 A 公司合作经营，首先提取收益的 25% 作为基本建设投资，按照 A 公司 20%、崖溪 80% 的方案进行利润分配。

A 公司是由中山市计委组建的经济机构，与之进行合作办理相关手续、获得贷款指标等较为方便。但是，该公司不熟悉农业经营业务，他们围垦的目的是进行房地产开发，对此，崖溪也心知肚明。因此，双方都十分谨慎，签订了一份较为灵活的合作方案。对方提出让崖溪协办各种报批手续和相关证明，崖溪承诺在不违反法律法规、商业道德的情况下出具证明，但是不得改变出租、租用原则，合作期满，证明立即失效。但是 A 公司很快就因为经营困难开始拖欠承包工程费。A 公司找台山李老板转包，承诺头两年免租金，但要其投资 300 万元完成围堤。台山李老板偷工减料，拿树枝、淤泥进行围堤，但照样捕鱼、蟹等。台山李老板赚足钱财后在免租期内又将其转包给地产商张、徐二人，收取转包金 300 万元。先是台山李老板与张、徐打官司，官司未了，A 公司的土地证却出了问题。

1996 年，A 公司瞒着崖溪办理了"国有土地使用权证"，然后在 1996 年 3 月 12 日将华围沙头涌总面积达 1948.37 亩的两块土地使用证作为抵押向中山市建设事业公司借款 1480 万元。1999 年 11 月 24 日，由于 A 公司以崖溪土地为两家公司作担保借的款项无法偿还，市法院对崖溪相关土地进行了封查，并于 2001 年挂出了拍卖公告。一直到 2006 年，A 公司的土地证才被撤销，该公司承认"办错了证"。

华围的围垦经历十分波折，商人一味逐利、转包，其经营行为难以监管。1996 年的燕围相对顺利，崖溪将 5000 亩燕石海坦给乙方围垦，用以农业范围内的种养生产，租期为 18 年：第一期为开发期，即前 3 年；第二期为低租期，即从第 4 年到第 15 年；第三期为优惠期，即第 16 年到第 18 年，租金为种养场市价的 70%。而且双方约定：

围垦面积范围内，乙方应以鱼虾养殖为主。在合约期内，乙方不得在围垦面积范围内排放废料、废气、废液，特别是不得排放无机污染废料。甲方也不得在乙方围垦面积附近经营排放三废的行业，以免造成附近海水污染，影响乙方的正常生产经营。甲乙双方发现有污染源头，应共同协商、寻求治理方法。①

合同条文翔实，还规定了租赁、转包的权益安排，以及如遇上级征用的补偿方案，总投资额约为 1980 万元。如今的燕围，食肆林立、车如流水、食客如云。

最后两块招商围垦的土地是虎池围和将军下围，这是两块多事之地。这两块地位于崖溪与邻市交界处，又有海上温泉，俗称"虎凼"，清末就引得陆家两兄弟打官司以致倾家荡产；1990 年，崖溪又因此与邻市发生边界冲突；1992 年，省民政厅边界调处办公室下文，这两块地的归属才得以确定；1993 年，又遇上地产开发热潮，崖溪将红树林、蔡横联围以租代征的方式将这两块地交给蔡横村镇及海城房地产公司，结果也是麻烦不断。

围垦活动持续到 2002 年，全部围垦土地收回。这笔财富既成就了崖溪，也给崖溪带来了无穷无尽的烦恼，对此满叔常常发出"怀璧其罪"的慨叹。

四　交易方式的调整：规避风险

崖溪一直与市场保持着一定的距离。谈及市场，满叔说："随着对外开放的深入推进，港澳台地区和各国的大企业也开始进入内地市场，它们拥有雄厚资本、高精尖科技、国际市场，它们消息灵通，这种外资势必选择现代化、繁荣的大城市，它们对投资的软、硬件要求很高。这些投资对我们农村而言是带有掠夺性的威胁。我们农村如何承受得了？

---

① 崖溪村档案室提供的资料。

我们想也不敢想。"但是，崖溪对农业和农民的补贴又是真金白银，因此，崖溪即使不想，也不得不与市场发生联系。如何趋利避害？崖溪在不断与市场打交道的过程中形成了自己规避风险的交易策略，即以粮计租和以租代征。

（一）以粮计租

在 20 世纪 90 年代以前，崖溪也是承担国家粮食任务的主产区，在新中国成立前还曾经是当地游击队的主要供粮基地。

满叔是挨过饿的人，对粮食充满了感情，认为不能"盛世忘饥馑"。他经常回忆起公社时期四处借粮的日子。早造刚分一个月，就有村民带着孩子在村委会或他家门口等着借粮，他只得到周围村子凑粮食。有的人借到粮食后就拿去换酒，不顾家人的生活。满叔只好限制这户人家每日借粮数。正是基于这段日子的痛苦经历，崖溪后来建立起一个"粮食银行"，村民凭"粮票"随时支取。村集体高价收购农民粮食，低价卖给村民，老人、孩子可以免费获得口粮。崖溪之所以选择以粮计租方案，不仅基于情怀，而且因为粮食具有重要的抗通胀功能。

"粮食最保险！现在什么都不调控了，唯有粮食价格还是实行计划调控，为什么呢？因为粮食的储存、运输都很困难。"在 2008 年以粮计租的征地方案中，满叔还提到"粮食可以充当能源，价格以后还会涨"。崖溪村对粮食在市场经济中的价值十分清楚，虽然目前粮价较低，但从长远来看，粮食的抗通胀功能是显而易见的。

1995 年，崖溪形成了完善的以粮计租方案。崖溪公路附近的土地租给了蔡横石油公司、石油站和车辆销售公司。合同条款规定："为了稳定租金币值，使双方免受市场经济浮动的影响，确定以当年市场购销粮食价格为计算标准，每五年调整一次。"[①]

该方案是怎么形成的呢？广东的改革开放既早也快，这导致其建设

---

① 崖溪村档案室提供的资料。

用地需求快速增加。从 1989 年起，崖溪就频繁遭遇借地事件，这时候的农村还有大量的公粮缴纳任务。现保存最早的合同是蔡横村经济联合发展总公司为发展镇级经济与崖溪管理区签订的永久转让用地使用权协议书，转让面积为 68.3 亩，经济补偿标准则是每平方米 6.5 元。但是土地原来承担的国家公粮缴纳任务仍旧由崖溪继续负责，这对崖溪来说并不划算。因此，1992 年，崖溪强化风险意识，拟订的租地合同规定："为解决国家粮食部门、土地税务部门提高地税或公粮代金价格的问题，甲方应按所增加粮价比例提高租金……乙方使用土地，应考虑当地水利系统、环境污染问题，避免给甲方造成不该有的损失。"

完成公粮缴纳任务是崖溪最早用粮食作为计租方式的重要原因，至于之后取消公粮，那是 1997~1999 年的事情。1980~1985 年，只要村集体肯出具有人承担责任田的证明即可办理城镇落户，这一部分人被称为"自理口粮"迁出人员，多达 350 人。因此，在当时，每一块田地都跟向政府交纳的粮食数量挂钩。没有了土地就无法交纳公粮，这是一个非常现实的问题。

之后，崖溪村集体对这个条款做了进一步细化。事件导火线是 2008 年杨姓村民与崖溪村因以哪个粮食价格为标准起了争执。《出租、承租鸦洲南围合同书》中特别注明："签合约之日粮价每百市斤为人民币陆拾元整。"村委会规定按照市场价格出售，村委会当时规定的市场价格就是以粮计租价格。但是杨姓村民坚持应该按照政府收购保护价，两者相差 19 元/百斤。村委会提出按照当前市场价实物交割也被否认，最后仍然是在双方之间折中，定了 600 元/亩（政府价折算为 539 元/亩，市场价折算为 672 元/亩）。

2008 年，当地政府在与崖溪合作开发虎池围和将军下围 1.3 万亩围堰时，崖溪提出了以粮计租方案的完整版本。"按土地面积每亩每年 600 斤壹号米的标准收取土地经济补偿，壹号米的折价按当年国家公布的年度稻谷收购保护价格上限的 2.5 倍计算，每年在 6 月底及 12 月底分两次收取。"按照股份制每个人 5.5 亩土地计算，每个人是 3300 斤稻谷。假设按照 2017 年 120 元/百斤的市场价格计算，每个人的收益是 3960 元。这种收入是长远的租金收入，而且会随着时间推移因物价指数升高而升高。可惜的是，这与每亩 5 万元的一次性收益相差太多，部分村民更愿意选择一次性折现。

（二）以租代征

以粮计租跟以租代征是密不可分的。崖溪的土地出让多数跟政府有关，从 1992 年开始，崖溪就提出了"以租代征"的方案。他们发现选择一次性征收的补偿款很不划算。在 2008 年的征地事件中，崖溪村民曾在网上争议：

> 甲：一定要卖地。
>
> 乙：为什么要卖地？
>
> 甲：卖了地，有钱分。
>
> 乙：分了钱，做什么？
>
> 甲：做生意，挣钱。
>
> 乙：挣了钱，做什么？
>
> 甲：挣了钱，买地。
>
> 乙：那你当初为什么要卖地？况且，等你挣了钱之后，地卖多少钱？而你当初能卖多少钱？你用你所挣的钱也买不回你原来的地，甚至买不回一个零头。孰得孰失？
>
> Youkouren 发表于 2008 年 6 月 16 日 11：57①

这是崖溪村部分主张不卖地的村民与主张卖地的村民之间的网络对话，代表了崖溪村对于是否卖地的力量博弈，以租代征的方案可以说是相当有前瞻性的。20 世纪 90 年代，广东的地产风潮已经来临。1992 年，

---

① 崖溪村档案室提供的资料。

蔡横村镇与海诚地产公司签订协议，希望征收崖溪滩涂 1.5 万亩，补偿价为 8000 万元。满叔坚持不卖地，提出了以租代征的方案。他说："一是我们这代人不能卖掉后代人的生存资源；二是一次卖掉了，我们也无法守住这笔钱，如果由当时的村民平均分了，子孙会怪罪我们；三是不容易分配，会造成崖溪当代群众争夺，从此崖溪就会多生事端。"因此，合同交割实行以租代征，一方面缓和上下级矛盾，一方面村民也分得了些许经济利益。

土地的租金仍然参考 8000 万元的补偿价，以 70 年租期计，按当年农业银行存款利率 16% 计算，8000 万元每年可收利息 1280 万元，崖溪与蔡横村镇以此进行租金分配，崖溪得 645 万元，蔡横村镇得 635 万元。

至于如何处理这笔钱，满叔回忆称："当时有村民知道这件事，就怕自己争不到，因此还四处活动串联、写信上访。为了避免各种追债麻烦，也担心蔡横村镇守不住这笔基金无法交租，崖溪决定一分不要，全部划拨给崖溪村成立的一个群众基金会。基金会自行开展工作，制定分配方案，收取蔡横村镇租金，协调原来承租养殖户关系，按月分配。"

果然，崖溪收取 755 万元租金之后，蔡横村镇与地产公司的合作宣告失败，崖溪无法继续收取租金。按照合同规定，三年之后崖溪收回了土地，群众基金会封账，相关人员就地解散。

崖溪从这次交易中全身而退。1993 年，蔡横村同样遇到了征地事件，得了首笔款 8000 万元，这笔钱没有存入银行，而是由村集体来管理。结果，商人、官员都来借款，先是上级政府前来借款支持财政，接着是陈姓商人借款去澳门投资地产，结果赔了个精光（满叔听闻）。至于为什么坚持不卖地，而要采用租地的方式，满叔在卖地风波的协调会上一次次向群众解释了个中缘由：

> 土地资源是人类赖以生存的重要条件。贫富差距是由土地资源条件和人口密度决定的。珠江三角洲与粤西、粤北山区的贫富悬殊，就是土地资源条件决定的。

我们现在生活得那么好是沾了改革开放的光，但也是由于我们拥有优越的自然、地理、资源、体制条件所决定的。我们一旦失去了土地资源，我们也就失去了一切，到时我们的生活甚至会比四川、河南部分地区的人更苦。他们在珠三角和各繁荣城市打工，万一失业，回去还能种玉米、辣椒，而我们呢？能做什么？能怎么办？

如果我们这代人把土地卖了，我们这代人是会得到一笔丰厚的分配，但只有一次，以后就没有了。先富后穷更可怕，古人说："家有二千，日用二钱，如无生计，能用几年？"

每个人出生都没有从娘胎带来一片土地，到死的那一天也带不走，土地不属于个人所有，而是属于生产者使用，土地＋资金＋劳力＝财富。但明确一点说，现在土地法规定：集体土地是农民所有，行政村管理。

假设卖地一次性分配，怎样分才合理？统一管理，不分给人的话，各人都来争夺、吵闹，无日安宁，而且放在任何地方都不安全，也会贬值。分吧，怎样分？死去了的人是否有份？今后出生的如何领取？迁居海内外的还分否？是不容易分的。

谁也不敢担负历史责任。我们这代人卖了土地，后一代人会指着卖地者的子孙骂："本来我们拥有很丰厚的生存资源与条件，是你祖上吃掉了我们的。"这样的话，我们的后代会很难堪。还有海内外人士，万一遭遇排华或受战争、大灾难影响，他们连回来寻根的机会也没有了，我们怎样有脸面见他们？这是我们的思虑。

暂时把土地卖了取得一笔钱，在分配期间激烈争夺，分完之后特别是花光之后，就会怀疑经办者多占或分配不公，从此天下多事了。

当我们考虑到这些，我们就想我们生存、生活、当干部是为了什么？应留下些什么给后代？

我们选择把最好的资源财富留给后代，让他们以后生存、生活得更富有一些。

留下高尚的道德和情操给他们，使子孙后代能和睦相处，能维持一个地方祥和的生活环境。

把我们这一代人遭遇的丑恶事情、人物告知他们，使后代人警惕，对这些害人的人和事群起掣肘。

这就是我们这一代人的期望和应该做的事情。①

五　商品时代的道德

（一）集体经济的养老方式

除了崖溪的美景、美食，吸引游客的还有不得不提的庙群。这片庙群规模宏大，背山靠海，共有 12 座，占地约 200 亩，建筑面积达 1 万多平方米，原名大湾古庙，后改为集益庙群，本地人称"满天神佛"。更令人好奇的是，这是由一个村集体兴建的。因此，这个庙群为满叔本人招惹了不少是非，不少检举信都以此为由。以前建庙是为了争夺土地，现在建庙对这个集体经济村落又有何种意义呢？

该庙群是 1991 年初崖溪与蔡横村镇、中山市国有企业、集体企业共同成立的蔡横湖发展公司利用泗门江对面的伶仃洋历史遗迹，在崖溪百年前的天后宫遗址上重修的，目的是充分挖掘本地丰富的自然、历史和文化资源，发展旅游业。

该庙群实际上是分三个阶段依次修建的。

1997 年 3 月，天后庙、飞来禅寺、大王殿、观音阁 4 座建筑重修落成。天后庙是原址重建，飞来禅寺是原平山村的飞来寺，大王殿就是前文说的谭姓供奉刘谌的地方，观音阁是原来露天的望海观音。

这些建筑红墙绿瓦，在外人看来它们与当地的自然环境有些不协调。满叔解释道："那是因为瓷砖瓷瓦最便宜，红红绿绿的，现代人也喜欢。"

---

① 崖溪村档案室提供的资料。

崖溪的多数角亭、凉亭都采用这种红绿相间的颜色。满叔每次带我们去
看这片庙群时都会说，"这些佛像是钢筋水泥浇筑的，又快又靓，而且
耐得住广东沿海潮湿空气的侵袭"。

2002～2008年，崖溪又建造了7座庙宇。瑶灵洞府供奉八仙，南海
慈航殿供奉道教慈航真人，元辰大殿供奉斗姆元君和六十太岁，财神殿
供奉财神（香火最旺），霍元殿供奉的是香港陈姓家族的恩人（曾在鸦
片战争中英勇作战，颇有义名）。后来，崖溪又建造了北极殿，星君府
与霍肇元大老爷庙紧邻，很多庙还有偏殿，供奉着太岁、生肖等诸多民
间信仰，可谓"满天神佛"。

2010年，受澳门信众吴老先生所托，崖溪又建造了五百罗汉堂用以
供奉五百罗汉。这个五百罗汉堂不是一字排开，是三庭三进的格局，意
为"六六无穷"，完整宏大。525尊罗汉，三五成群，形象生动活泼，看
得出是出自雕塑大师之手，跟崖溪"本地生产的菩萨"有天壤之别。

崖溪村建庙还出于一个更为实用的目的，就是承担养老院的赡养费。
村中庙群由8位崖溪老人管理，每个老人可以从庙群的收入中提取少量
生活费。

> 现在的社会，垃圾都有人要，就是人老了没人要。鳏寡孤独，
> 连儿女都不养。现在算是菩萨养的，村里也就没人说了。我也不用
> 村里的资金，也不用违法集资募捐，有人提出捐就可以了。我也不
> 收门票，不搞商业、餐饮，庙里有功德箱，仅仅够维持就是了。①

"瘦田无人耕，耕开有人争。"这句话不仅是对于崖溪土地争端的真
实写照，也是崖溪庙群的宿命。现在庙群年收入约为200万元，实际上，
2001年，只有四五座庙的崖溪庙群收入就已经接近90万元。

崖溪认为这属于民间信仰，而且并不是崖溪主动发起兴建，是镇政

---

① 作者访谈，陆元满，陆元满家中，2008年12月3日；李铭建：《海田逐梦录：珠江口一个
村落的地权表达》，广东经济出版社，2015。

府联合私有企业为发展旅游而修建的。资金来源也是多方筹措，至于为什么不申报合法手续，崖溪答复道："原因是没有把握去办理报批手续，估计有关部门也不会批准，也很难批准，还是不麻烦人家为好。如果样样手续都办完妥，必然花费巨大，也负担不起。假如手续容易办，收费不多，农民是老实、守法的，不会不办。"关于费用问题，崖溪庙群全面开放，从不收费（门票、停车费），香火钱每天集中起来由管理人员理清入账。

2002 年，宗教局接管所有庙宇，崖溪移交范围包括新旧庙宇 11 座，周围土地及周边卫生间、凉亭等附属设施；接管后，庙宇的产权、使用权均属市宗教团体；镇、村协助宗教团体办理土地使用证、房屋产权证等有关手续；移交工作于 9 月 15 日前完成。

双方协商之后达成 6 条协定，其中集益庙群日常收入（扣除水电、清洁、购物资费）的 50% 用于回报崖溪村社会福利事业（每半年结算一次）。集益庙群为社会公益做了大量工作，包括解决了十多个孤寡老人的衣食住行以及村庄的修桥铺路等问题。

（二）飘色申遗

崖溪飘色已经有百年历史，是村落内部和外部权力格局的体现，更是村庄文化传承和凝聚力体现的最佳载体。

1956 年，崖溪飘色因为历史原因被叫停，道具也被销毁，所幸一些村民私下保留了一部分。有些道具已有 200 多年的历史。1982 年，崖溪飘色重见天日。2008 年，崖溪村将传承 200 多年飘色申报为广东省非物质文化遗产，飘色表演人谭浩彬被选为非物质文化传承人。2016 年，崖溪的飘色成了兰日镇端午文化节的重头戏。

飘色，当地又称"耍菩萨"。关于飘色活动的由来，各方说法不一。一说是，在唐朝，崖溪曾发过海啸，引起了瘟疫。有一对谭氏夫妇上山采摘草药给村民服用，治好了村民的疾病，因此被称为"神医"。崖溪附近的村民纷纷前来求医，后来妇人由于过度劳累而死，其夫悲伤过度，上山采药时不慎失足跌落而死。村里为了纪念这对夫妇，为他们举行了隆重的葬礼，村中扎纸艺人按照二人模样做成菩萨送葬巡游。

明清之际，故事则有些不同。据可考的说法，飘色被视为传统村落权力格局的呈现，主要的菩萨不再是扎成的色柜①，而变成了大王公和诸葛亮，内容也变成了大王公巡游。飘色文化的现实意义就更多地与沙田的争夺联系在一起了。

原来（20世纪80年代以前）会抬出大王公和武侯打头阵，后来由于有搞封建迷信的嫌疑，飘色中去掉了这个环节。据负责人谭伯介绍，他们还想探索新的形式，除了传统的故事，例如《三国演义》《水浒传》中的故事，他们还想改进工艺，从一层飘发展为二层飘②，甚至希望和其他飘色队伍一样加入神舟六号宇航员、奥运福娃等现代元素。

笔者看到的2018年的崖溪飘色已经发生了诸多变化，但基本保留了传统形式。流程大致如下。

五月初五18时左右开始进行"小耍"，陆家的舞狮队先在陆家敦和里牌坊前面练习，并请菩萨。陆家的舞狮队先要到武侯祠和八仙的瑶灵洞府拜仙人。这时已是傍晚时分，小孩老人都出来观看，孩子们在鞭炮、鼓声中兴奋不已。村中妇女会在瑶灵洞府前摆一张圆桌，摆好凉茶供村民和表演的狮队饮用。据中山市孙中山故居纪念馆的黄馆长说，这个桌子一定要摆在八仙庙的位置，因为村中的孩子一出生就要拜八仙为契爸契妈（干爸干妈），八仙可以保佑村中子弟祛病消灾。狮子在狭小的庙里腾挪翻转，表演大概需要一刻钟。这个时候，其他村子（自然村）的狮子就陆续来了，其他村子的狮子颜色不一，有红色、黑色、蓝色，但都是两人大小。狮子首先需要在敦和里外与陆家村的狮子行见面礼，互相戏耍一番，然后三低头进入敦和里。接着各狮队开始进行5分多钟的表演，主要就是采青。采青以鞭炮插树叶的方式进行，采青结束，人们

---

① 将菩萨安置于一个长方体的柜箱体之中，色柜里面的菩萨形象各异，有哪吒、观音等，被称为色芯。澳门仍保留有这种形式。

② 两个小孩坐在铁架子上，呈现二层楼的样子。

会在狮子旁边放鞭炮。年轻人（广东话叫后生仔）最多的中堡以杆上采青表演夺人眼球；陆家村的醉狮表演颇有创意，狮子在几罐啤酒面前欲拒还迎的神态表现得惟妙惟肖。整个表演持续 3 个小时左右。由于天气炎热，舞狮中途要多次换人。

第二天一早，整个崖溪都会陷入忙碌之中。男人参加巡游，女人支起炉灶、大锅、圆桌，准备晚上的村落聚餐，被选作色芯①的小孩（6～13 岁）已经在装扮。上午十点钟，各村准备就绪，陆家村的敦和里打头，然后是杨家的和星里，华美、向西，然后是三堡，东堡村最后。据说三堡谭姓压阵意为送客三千里，准主准客，呼之欲出。各村的色板数目不一，通常是 3～7 块。陆家村有 6 块色板，分别是刁蛮公主、吕布貂蝉、牛郎织女、唐伯虎点秋香、双枪陆文龙与花好月圆。按照既定的路线，巡游队伍围着整个村子转。每支队伍，前有头牌，后有罗伞、彩旗。每支队伍都有自己的锣鼓，几乎每到村落地界就放一次鞭炮，其间还伴随着八音锣鼓班演奏的喜庆音乐。

据说原来队伍要巡游一整天，海边、田边都要去，以祈求风调雨顺，现在中午就结束了，只是围绕聚居的各个村子巡游，据说这个路线已经改动很多了。傍晚是聚餐时间，人们会在此时进行修整并为后续活动做准备。

飘色的文化形式对村落的意义是多重的。满叔虽仅有小学文化，对中国传统文化和历史故事却能信手拈来，这离不开村落文化的熏陶。锣鼓喧天的飘色活动对小孩来说无疑是印象深刻的，孩子们不仅可以学习如何敲鼓，也可以了解飘色的故事，村落文化知识由此在飘色仪式中得到了传承。这些传统的文化、庙宇、故事在崖溪人心里种下的是伦理和价值选择，促成了巨大利益诱惑面前崖溪人坚持"不卖地"的可能性。而一年一度的巡游、聚餐也是维系村落集体凝聚力的重要方式，即使在激烈的利益冲突中，意见最大的村民也仍然认为"千走万走，不及中山

---

① 指坐在柜上被抬着巡游的小孩。

兼崖溪"。

（三）办学：村庄精神的寄托和延续

在崖溪村，陆家历来注重诗书传家，在村落中承担着教育功能。清末时期陆家就有设立学田的记载，也正因为如此，陆家才能在崖溪村稳坐第二。满叔退休之际，有访客问："你们村哪个是大姓？"满叔说："谭姓2000多人，陆姓只有200多人。"来访者不禁感叹，以小姓管理大家庭，真不容易。的确如此，陆家在崖溪的位置不是靠先来的合法性，也不是靠人多地广的势力，而是靠科名和广泛的社会关系取得的，对教育和文化的重视和积累造就了他们广阔的眼界和深厚的社会基础。

陆家村的村口闸门"敦和里"的匾额由清末香山著名文人彭炳纲题写，武侯祠的题匾是广西提督苏元春所书，武侯祠旁边的瑶灵洞是由道光御赐"书法冠场"的香山进士鲍俊所题。陆家在清中期之后就科名渐起。

今天的崖溪也非常重视教育，满叔对办学情有独钟，凡有机会壮大学校力量，他总是十分积极主动地去争取。崖溪一直都有自己的小学，村志记载，从清光绪时期起就有崖溪小学堂。新中国成立后，村中子弟先是在立传祖宗祠堂上课，后搬去可庵祖祠堂。1967年，为了支援学校，崖溪利用倒塌礼堂的砖、杉木修扩建两个教室，从此有了专门的学堂。

1974年3月，满叔返回崖溪做支书，为了改善学生的上课环境，他开始筹划改建小学。经多方选址，校址定在杨家、向西和东堡搭界的三房林处。一开始因为涉及各村的自由地，各方有些意见，后来，向西和杨家纷纷表示支持，愿意给学校让出好一点的地方。位置选定之后，满叔又开始积极争取各方资助。

迁居北京的村民表示愿意让出祖屋，崖溪将其拆除，凑了近10个课室的建筑材料。当年的县领导，批了两吨冷铁指标（计划经济时代，钢铁指标极难得）。然后动员村民进行建设。1975年，通过安置粤中船厂知青，崖溪又获取了不少建筑材料。1977 年，三房林学校初具规模。1982 年，为保证学生的安全，崖溪村委为学校修建了围墙。

1982 年起，社会对教育的重视程度日益增加，为了解决孩子们的就近入学问题，各地流行起"戴帽中学"，就是村庄的中学，由原班人马继续负责教学，小学学校增设初中班，中小学一体不分家，如同"戴帽"。因此课室又不够用了，崖溪又开始四处筹借，由镇政府拨款、海外乡亲捐款，建造了一栋教学楼，共 8 个教室，后又加建一栋教学楼，也是 8 个教室，1985 年建成完工。最后，崖溪共有 2 栋教学楼，共 16 个教室。

1987 年，蔡横村镇从兰日分出，崖溪中学获得进一步发展的机会，可以招收翠亨村镇的中学生，招生规模又进一步扩大了。1993 年，蔡横村镇的新学校建好后崖溪的学生一起搬过去了。走的时候，崖溪 10 年积累的图书、教具、标本、课桌椅都被搬空了，留下的空教室于 1996 年借给中山市公安局做了一年临时警校。1998 年，考虑到小学生年纪小，上下楼不便，又被改成了庭院式、独立小群体教室。1990 年，崖溪将街市收费资金划给学校做教育基金。1994 年，崖溪经济形势好转之后，又拨款 50 万元给学校做教育基金以支持学校发展。①

1998 年之后，受计划生育政策的影响，各村庄的学生生源越来越少，各地开始实行"撤点并校"，将生源不足的小学裁撤合并到镇上规模比较大的学校。3000 多人的崖溪，随着计划生育政策的实施和人员流出，每年新出生婴儿不足 30 个，该村小学也面临被裁撤的命运。

恰在这个时候，满叔从市教育局的朋友那里得知，博雅学校因为学校面积小，无法满足扩大招生的需要，正在物色校址，而且以后还有可能跟加拿大合作办大学。这让满叔颇为心动：崖溪有土地、博雅有专业的办学师资。虽然是贵族学校，但是崖溪也能负担得起相关建设费用，双方一拍即合。

---

① 崖溪村档案室 2003 年 6 月 18 日提供的村小学教育设施建设历程资料。

崖溪认为，博雅学校在这里建校至少有三点好处："第一，如果有一两万名学生在这里生活消费，就把崖溪这里带旺了；第二，最关键的，崖溪世世代代子弟的教育就有了保障；第三，珠江三角洲最宝贵的就是土地，最容易失去的也是土地。但是，建了学校，那任何地方都难以征收教育用地，因为征收教育用地的成本相当大。"①

划拨一块土地作为教育基金，让崖溪学生能够就近入学，也趁此机会置办田产义学，为子孙后代的教育问题打下坚实基础，这种思维既是传统的，也是现代的。这个项目得到了镇政府领导的大力支持，很快就得到批复。

但是，该事到村民内部却引起了争议。崖溪将协议书誊写在大红布上让两委和村民代表进行讨论的时候出现了不同的声音。这份协议起草得相当细致周到，不仅规定了土地的性质（归属崖溪，崖溪还因为土地证放在哪里管理跟对方进行了谈判，以由崖溪管理作罢）以及不得开展教育以外的其他谋利项目，还要求博雅学校优先保证崖溪子女入学，并且是一流的、符合省一级学校要求的九年义务教育（贵族学校，但是对于崖溪子弟按照义务教育的标准收费）。为了防止以后公办收费标准变化造成争执，崖溪进一步规定："若今后省一级公办学校的收费标准有变化，按照现行省一级公办学校的收费标准与博雅学校自费生收费标准比例，确定对崖溪村民子女的收费标准。"若博雅学校吸收崖溪子弟无法超过50%，无论是村民外出自主择校还是其他原因，崖溪就要收取租金。租金是每年每亩1000斤壹号稻谷，以市场价折算。新学校的建设，甲方投资100万元，崖溪投资50万元，将原来的崖溪小学改建成现代化小学部。初中升高中，崖溪子弟还可以加15分，租期仍旧是70年。

对于这个以土地换教育的方案，村民们并不认同。有人说："博雅是贵族学校，学校氛围差，以崖溪的风水宝地换这样一个没法评估收益的方案，怨笨（以后会埋怨自己笨）。租出去，收了租金，去哪里读都

---

① 李铭建：《海田逐梦录：珠江口一个村落的地权表达》，广东经济出版社，2015。

可以，为什么要这样不灵活。"甚至有村民说如果不能达到70%的支持率而执行的话，就要组织村民上访。最后，这个方案以84人同意，17人不同意，3人保留意见，即以81%的支持率获得通过。但是村委会却决定放弃与博雅合作办学。

"教育这件事情要求平平稳稳，大家都支持才能办得好。所以就算大多数人同意，少数人反对，也都搞不了。善良的怕邪恶的。一粒老鼠屎搞坏一锅粥啊。他们的能量不能低估。"① 但是，满叔还是抱怨道：

> 合同的起草，我们也足足花了半年时间。你对教育问题抱何种态度是你个人的事情。当时你们若对合同条款不理解，可以找起草人去要求解释，而不应该在会议上有计划、有目的地一哄而起。正如李商隐在《安定城楼》中所讲的"不知腐鼠成滋味，猜意鹓雏竟未休"。上午签了赞成的，下午为什么反对，是有人做了大量工作。有人反映说，"满叔，我是出于无奈，有人恐吓"，空穴来风不可因。我们吃政治饭的人，一叶落也知天下秋。有人是抱有政治目的来对付这个办学问题的，而不是怀着诚意、友善的态度。起草合同花了半年，是一个字一个字修改的，你可以在三分钟之内就知道是牺牲了崖溪的利益？究竟是哪方面的牺牲？②

崖溪的兴学梦戛然而止，崖溪小学和另外两所村庄小学一起被合并到了蔡横小学。村里的孩子都走出了崖溪，村里的幼儿园陷入了恶性循环。2011年后，新的村干部采纳承包制理念，将村中幼儿园承包给了他人，崖溪多了一份承包收入，但是教育却办不下去了，村民宁愿多走一点路也要将孩子送到其他幼儿园去，崖溪的幼儿园成了"留守儿童"收容所。

在传统社会，为了保证社群经验和价值的传承，一些村落常常会置

---

① 李铭建：《海田逐梦录：珠江口一个村落的地权表达》，广东经济出版社，2015。

② 崖溪村档案室提供的资料。

田办义学，以使后代人有所依靠，留下宗族延续的希望，同时对当代人形成长远预期。学田制度属于传统中国宗族文化的重要部分，在福建、广东等大宗族中十分盛行。但是，随着现代国家的崛起和土地制度的改革，这一制度渐渐荒废。后代人多数只能从文字、建筑等去了解这一过程。[①] 虽然这一过程因历史的原因被打断，但是宗族思维仍在中国社会中普遍存在，也是与基层中国，特别是与中国农民进行沟通的有效手段。

教育对村庄文化的传承至关重要，而文化则是村庄共同体的灵魂。崖溪非全票不可的态度、以地换学的思路，都是宗族式共同体特征的表现。

六　小结：波兰尼命题——社会驾驭市场

随着市场经济的扩张和全球化的深入，越来越多的地区被卷入市场经济的浪潮中。地区规则、国家法律都被动地卷入这一浪潮，人们按照市场经济规则行事，以商品化思维进行交易，寻求利润的最大化。随着市场经济席卷全球各个角落，其本身的弊端也在不断显现。市场经济将所有要素商品化，劳动力（人）与土地的社会价值让位于市场价值。弱者群体和分散的个体被市场经济抛弃，陷入失业、贫困、饥饿甚至流离失所的困境。为了实现市场的自发调节，市场经济不仅超越了当地界限也超越了国家界限。市场经济体系带来的后果是多方面的，主要表现在以下三个方面。

第一，劳动力的商品化带来人的异化。人的幸福、自由、伦理都被生存所取代，以自己的劳动力换取更多的物质回报变成唯一的动机，不择手段获利成为常见的生存方式，以致引发社会贫富分化、失业、饥饿、

---

① 李绪柏：《明清广东的社学》，《学术研究》2001年第3期；魏玫娟、汤京平：《文化资产治理与公民参与：大陆培田古民居的案例分析》，《台湾政治学刊》2017年第1期；Faure, David, and Helen F Siu. *Down to Earth: the Territorial Bond in South China*. Stanford: Stanford University Press, 1995.

伦理失序等社会问题。

第二，土地的商品化导致土地的居住价值、生态价值被获利潜力取代，带来土地的滥用和环境的破坏。

第三，风险的累积。市场经济不断扩张，不仅脱离当地小社会，甚至脱离国家权力约束在全球范围内寻找廉价劳动力、生产要素，低买高卖，导致市场经济的"脱嵌"和风险的累积。粮食的价格会因为远在千里之外的一场自然灾害而陡然升高；缺乏足够资讯的地方社会可能会因此遭遇严重的饥荒；看似不相干的事情也会互相产生致命影响，例如一次失误的杠杆投资导致的股灾可能引致数百家低端制造加工厂的破产，继而引发成千上万的工人失业以及相应的家庭瞬间陷入贫困。

波兰尼虽然指出社会会自发或不自发地进行自我保护的反向运动，如济贫、社保、互助等，但是，他始终认为，社会保护运动与经济体系自身的运转无法相容，并将导致严重的社会紧张关系。

市场经济如何服膺于社会需求？

崖溪给出了一个村庄社会的答案——"只做雪中送炭人，不做锦上添花事"：以人伦和人居两个标准指导崖溪集体经济的生计选择，为追求人伦而实行"一村两制"，以市场服务社会；为追求人居而从商海撤退，保护生态；为维持"低度发展"模式而驾驭资本、规避风险、修补信仰。

> 劳动者通过劳动，领取相对合理的报酬，这是我们按劳分配的原则。按劳分配的标准，参照社会上地区性的劳动报酬水准而定。如果劳动报酬偏高，其他行业的劳动者就会回流到农业，这就导致农业劳力过剩和农业劳力分配过低。反过来会导致农业失去劳动力，农业分配如果跟不上其他职业的收入水准，农业工作就没人干，必然跑到高收入的行业中去。我们这二十年，一直在维持平衡，优先

农业收入的方针。①

　　崖溪是如何处理自身与市场关系的呢？回到波兰尼对劳动力和土地
异化的论述，本书认为崖溪充分利用了土地要素的市场溢价补贴了农民
劳动力投入的折价，形成了"一村两制"的动态平衡，并利用集体农业
耕种这一形式建立了市场风险的缓冲机制，保障了村民免于失业和饥饿。
积累、分配之间要维持在适当的比例，一旦比例失调，集体就会"侧翻"。

---

① 崖溪村档案室提供的 2001 年 7 月 1 日陆元满在村民大会上的发言稿。

| 第六章 |

近期挑战：城市化中的土地争议（2000 年至今）

20 世纪 90 年代末到 21 世纪初，崖溪进入了一个新的历史阶段——守业阶段。崖溪的领导没有换，崖溪的资源也没有变，但是外在制度环境发生了变化，此时的崖溪面临来自内部和外部的双重压力。2008 年的卖地风波是这个变化的集中爆发，或者说，这之前的崖溪还是暗流涌动，之后的崖溪就是风雨飘摇。矛盾的集中点是土地收益的处理。

"为什么村里有那么多资源？我会穷？钱去哪里了？"盼望致富的村民对此感到十分困惑。

本章试图展现可持续发展模式中，积累与分配关系中、能人与穷人之间、发展路线之中、当代与后代之间的紧张关系。围绕土地，崖溪不断进行田制改革，软硬兼施：一方面，守，再次逆向而行，主动申报农田为基本农田，以严格的"三规"——城乡总体规划、土地利用规划和控制线详细规划土地用途，遏制卖地冲动；另一方面，分，借股份制改革政策的东风，将部分土地分配给个人、分散守业。

本章主要有以下四节。第一节，积累与分配的权衡。崖溪为了应对内部进行分配的利益诉求和变化的外部环境，采取了集体所有制和股份制两种所有制形式，希望在分配和积累之间维持一种平衡。所有制的双轨制造就了崖溪特色的"两田制①"——股份分配的新田和集体积累的

---

① 家庭联产承包制时期，广东的其他地区，例如崖溪临村也实行两田制，但是他们的两田制是大块的围田集体耕种，小块的散田承包到户。

老田。第二节，守护村庄可持续经营梦。当其他村落耕地消失殆尽的时候，崖溪的五万亩土地便日益宝贵，不时受到各种政商、社会力量的觊觎。如何在这种复杂的局面下守住崖溪的地，特别是为崖溪的子孙守住生计成为崖溪人亟待思考的一大难题。为此，崖溪取消豪族争沙的策略和手段，以租地协议保卫边界；利用国家基本农田保护制度，积极争取别的村子避之不及的农保指标；并与政府签订长期租地协议，开展合作开发。正当一切似乎顺理成章的时候，崖溪部分村民却发生了分歧，提出了激烈的反对意见，主动要求卖地。第三节，发展路线之争。崖溪的矛盾体现在村民对发展路线的争议上，实质上是一种关于代际分配方案的争论。村民在没有清晰预期的情况下，今日不知明日事，更倾向于一次性落袋为安的分配方案。在没有人为子孙后代的长远发展进行考虑情况下，结局可谓一边倒，多数村民选择卖地，虽然这并未危及崖溪的整体制度设计，但终究埋下了隐患。第四节，小结。崖溪在 2000 年之后的冲突和矛盾日趋激烈，最终导致了集体行动的失败，集体经济组织内部出现了路线之争，个体做出了个体效用最大化的理性决策，却导致了集体的不理性。这背后的制度诱因是什么？小结部分试图做进一步的梳理。

一　分：积累与分配的权衡

从 1992 年开始，周边地区的城市化进程加速推进，附近村落进入了"卖地时代"。与此同时，广东省为了让农民充分享受发展红利，开始了股份制改革试点，又称为土地股份合作制或者土地股份合作制，是指耕地承包方——农户联合起来，用土地承包经营权入股，农户放弃土地经营权，由集体组织或者其他市场组织统一支配土地从事农业或者其他经营生产，农户从经营生产中获益的一种生产要素分配方式。股份合作制并不是全国统一实行的政策，而是最先卷入城市化、工业化浪潮的珠三角和长三角等沿海地区的"先行先试"。广东省最先摸索出了折股量化、建立股份合作制的方式，1990 年 5 月和 8 月连续出台相关规定，逐步确立起集体经济的股份合作制形式。①

股份制改革将农民纳入城市化收益分配体制中来，对农户参与"卖地"形成了巨大诱因，在巨大的物质诱惑之下，农民致富的心开始躁动起来。

（一）我们为什么会穷？

虽然在长远来看，崖溪的发展控制策略是有利的，但却一定程度上损害了部分当代群众的物质分配利益。代际的各种利益难以抉择，若当代人执意要分光吃净，又当如何？

代际矛盾从 20 世纪 90 年代以来就在村庄暗流涌动。崖溪曾经送给下沙的土地，转眼在 1992 年被卖掉了，农民"洗脚上田"，住进了洋楼。周围拔地而起的楼盘、其他村落新起的楼房和小车时时刻刻刺激着崖溪群众的神经。2002 年股份制分配以前的崖溪多数是低矮的旧房，在珠三角地区富裕村落中的确显得较为落后。每月 1000 多元的收入和周围村落上万乃至两万元的收入相比也对许多领导干部造成了巨大的心理落差。10 年之后的 2011 年，这一情况仍然没有得到改变，他们不明白为什么崖溪从一个很富的村庄怎么就慢慢变成了很穷的村庄？钱去哪里了？

"钱肯定是被领导干部贪污了。"村民想当然地认为。于是，部分群众写信揭发，认为蔡横村镇曾经给过崖溪 8000 万元，随后便以某退休干部的名义，组成了"崖溪反腐败行动小组"，要求清查崖溪历年的收支与账目，特别是蔡横村镇曾经许诺的 8000 万元征地补偿款去哪里了。请愿签名者共 16 人，除部分被骗而撤回诉求的村民，实际坚持的有 5 ~ 6 人。他们也曾到村委会查过相关账目，满叔向村民们解释了当时的分配方案，即每年每亩租金为 430 元，直接划拨给崖溪基金会管理，后来由于与蔡横村镇合作的海诚地产资金出现了问题无法给付租金，最后崖溪村只得收回土地。满叔进一步解释：

---

① 倪冰莉：《广东农村集体经济股份制改革研究》，《河南科技学院学报》2014 年第 3 期；许承光：《关于股份合作经济若干问题的思考》，《统计与决策》2002 年第 2 期。

我讲一段小插曲给你们听，当时传闻崖溪有 8000 万元，甚至惊动到外边的人，其中有两个是陆家的人，儿女成群，他竟然找到我在韶关的大姐，跟她说："你弟弟做支部书记，叫他帮一下忙，把我们一家人迁回去，听说一个人能分 9 万元，拿了钱我们再迁回来。"所以我们没要这 8000 万元，要了也根本没有办法分，后果将会很严重。因此，我们决定采取租的方式，随便他给多少钱。租期也不是长久不变的，随着社会的发展变化也会跟着不断变化，租金能收多少就收多少，因为这些钱是"好彩"① 的。

满叔还详细陈述了经营过程中的曲折艰难，包括各种难以预期的管理经营风险和收租困难。对于群众的检举上访，崖溪干部没有采用卡、吓、压的方式，由党员、群众自己决定集体的命运。

同时，崖溪认为这件事给干部造成了无法估量的名誉损失，要求上级党委、政府派工作组加以解决，并要求举报者向村民澄清事实，在原来张贴公告的地方，重新张贴事实真相公告，并在崖溪村民大会上公开宣读。但崖溪干部心里清楚，这种毫无根据的谣言还是给集体组织造成了恶劣影响。曾经他们对前来采访的记者说："你见哪个社员开工之前需要先问工分值多少才干的。就算有分配方案也往往得等到晚季稻结算才能知道今年到底能挣多少。因此，我们和群众是相互信任的，我们的群众是相信干部的。这件事情，无疑给双方心里留下了阴影，也为集体经济制度危机的爆发埋下了隐患。"

村民的质疑主要有：8000 万元究竟是如何处理的；为什么只有落田耕种的人才有资格分配，没有落田耕种的人没有资格分配；为什么不实行股份分红；村干部搞封建迷信建庙宇；财务不够公开；租金追讨不得力；等等。

---

① 意为"好意头"，由崖溪村档案室提供的 2001 年 4 月 24 日党员会议记录。

有的村民直接否定了崖溪的大集体制度，认为是村委会没有顺应历史潮流，每年的经济收益不能只分配给下田劳作的村民，从事其他行业的村民也应有分配权。村民要求放弃农业，发展工业；放弃水稻，改种经济作物：这些意见似乎是给满叔开了一个极大的玩笑。

最后镇政府派出审计，对来往账目做了充分的清单和公开，走访了725 户，2000 多人，广泛收集各方意见，并召开了座谈会，村民与干部就相关事项和对于崖溪未来的选择进行了充分沟通，也达成了共识。最后，崖溪村委承诺将进一步公开账目，信访人也进行了道歉。

但是这件事造成的社会影响十分深远，展现了崖溪发展模式的裂痕。写信上访，贴公告的是什么人？多数是退休、离休或者不在籍的居民——这透露了崖溪居民与村民身份之间的冲突。崖溪居民是早年出去经商、求学、从医后回来的。户口只要迁出就不再算村民，即使在村里买房，只要没有入籍也不算村民，这部分人无法得到村集体的分配收益。另外一种冲突则体现为生意人与务农群体的冲突，很多人都表示："出去做工，看一看，就知道崖溪落后，观念落后。"

村籍与生计身份的群体冲突具有重合性也不完全重合，但是他们却一起搅动了崖溪 2000 年之后的平静。

（二）股份制改革：崖溪两田制

或许是为了顺应大家对分配的热切期盼，或许考虑到了集体守业存在的巨大风险，2002 年，崖溪村决定顺应股份改革的政策潮流，在本村采用股份制改革。

2002 年，当我们完成了全部围垦土地时，对怎样守土很忧虑。珠江三角洲由于工业、房地产高速发展，土地已过度开发掉了。我们一下子拥有了这么多土地，的确是件麻烦事。如果集中在村委会管理、寻租，外来资本等都来光顾这些土地，又很快会失去。因此，未雨绸缪，我们将土地提前分给在籍村民，这是分散守业法。①

崖溪从1988年开始采用招商引资的办法围垦的土地已经全部成垦。以2001年10月31日在籍的3088位农业人口为分配基数，崖溪将总面积达1.7万亩的围垦土地永久划拨给8个自然村。所有权属全体村民，管理权在自然村，收益权属个人，按照每人5.5亩的数目进行收益分配。各村分配数目见表6-1。

表6-1　2002年1月党支部通过的崖溪围垦土地资源权益分配方案

村别	实有户数（户）	人口数（人）	男性（人）	女性（人）	按照人口分配（亩）	每人分得（亩）	分得总面积（亩）
东堡	150	520	273	247	520	5.5	2860
平山	66	231	112	119	231	5.5	1270.5
杨家	124	435	225	210	435	5.5	2392.5
中堡	153	5267	2534	273	5267	5.5	2898.5
化美	52	176	97	79	176	5.5	968
向西	120	382	172	210	382	5.5	2101
陆家	95	345	170	175	345	5.5	1897.5
西堡	156	511	252	259	511	5.5	2810.5
合计	916	3127	1555	1572	3127	5.5	17198.5

资料来源：崖溪村档案室资料。

注：表内人口数为最终公示数字，而正文的3088为会议纪要数字。

这样，崖溪实际上形成了两种所有制并存的"两田制"。20世纪90年代中后期围垦出来的"新田"实行农村股份合作制，之前的"老田"（包括稻田）采用集体所有、集体管理的形式，田地收益用来承担集体管理性开支，包括村民就业、社会福利、生产管理、资源管理、社会关系维护所需的费用。集体与个人的具体分配比例仍然是以地作为主要资本进行划分，但不对资源进行量化，只是以折股方式，即5.5亩一股。

---

① 陈新焱：《"不卖地"书记：让种地农民获得有尊严的职业收入》，http://www.infzm.com/content/62770，最后访问日期：2018年6月29日。

股份制改革之后，崖溪人手上有两个本子：一个是"中山市兰日镇农村股份合作经济组织股权证"，红封面，落款是"中山市兰日镇人民政府印制"，发证时间是 2006 年 11 月 15 日，发证单位是"崖溪村股份合作经济联社"；另一个本子是"土地基金会成员证"，绿封面，落款是"兰日镇崖溪村民委员会印制"，发证时间是 2006 年 12 月 31 日，发证单位是"崖溪村民土地基金会"。集体所有的老田颁发红本，股份分配的新田颁发绿本，也称"红股"和"绿股"。

虽然崖溪有经营公偿田的集体主义传统，但是时代变了，太公祖业在土改之际已经宣告消亡，所有村庄的土地资源已归国家所有，再分配给农民的只是使用权。

改革开放初期，受"三自"政策的影响，围垦土地采取谁开垦谁所有的政策，需要以村集体的力量进行围垦，因此，崖溪采用大集体的力量，维持集体所有制，勒紧裤腰带，一方面承担起税费包袱，另一方面，依靠村集体的资金、人力、物资、社会关系积极围垦、经营土地和招商引资，这才使得崖溪的海岸线向外推进了 3 公里，土地面积从分家之前的 5000 多亩增加到现在的近 50000 亩。如果当时实行分田到户了，每个人都只能守着几亩地过日子，即使遭遇征地，也只能跟其他村庄一样，分光吃净、以打麻将度日、坐吃山空。因此，崖溪认为这些土地是参加集体劳动的人开垦出来的，并不是世代传承下来的。

在城市化进程之下，集体创业累积的资产、资源、财富应该属于谁？村民个体是不是集体的一份子？随着土地利益的增加，人们会渐产生不同的意见，再加上情、理、法的界限相对模糊，十分不利于守业。除了集体界限模糊带来的成员分配矛盾，政府依赖出卖土地增加财政收入与崖溪不卖地的矛盾也会因为土地升值而累积，因此，崖溪决定实行股份制，将土地分配到个人，消除个人与集体日趋紧张的矛盾。

从未来预期来看，满叔也认为，土地需求日趋增长，守的时间越长，价值越高，土地是只升不贬的宝贵资源。最近，满叔更是主张，要将所有的土地进一步分散化，以便制约村中恶势力、政治势力的觊觎。他说：

"我以前主张不分，情形变了，应对就要变，我现在要求分。"

二　守：守护村庄可持续经营梦

（一）地界：从立"社"起庙到租地协议

人们走在沙田区，特别是香山县的街头，无论是在摩天高楼的门口还是在临街商铺的门口，都会看到一个木牌或石牌，有的写着土地神的名字，有的直接写着："某某社。"社稷坛中的"社"指的是就是"土神"，"稷"就是"谷神"，合起来就是社稷。"有这两样，就什么都不怕。"满叔说。有很多研究将崖溪模式的成功归结为满叔的信仰和人格魅力，但满叔本人却回答说："我本是一介农夫，不靠什么意识形态、理想、信念来开展工作。"

沙田宗族在争地方面积累了丰富的斗争经验。崖溪重修的大湾古庙保留了当时的界碑，上面清楚标注："一以妥神灵，一以清界址，诚一举两得也。"明清时期，人们的争沙手段多种多样，种树、设坛、建亭，甚至暗藏石碑，或明示或影射，方法不一而足。满叔在公开和私下场合都曾提及过早年一位友人的劝告："你回去，地里埋不了这么多，只在地界周围种上几棵树，日后争上来是很有利的。"这句话点醒了满叔，他一直颇有用心地在可能存有争议和争端的地界留下标记，当代社会建庙、石碑已经不是很方便，认可度也不高，因此满叔在以前的方案上做了改进——土地出租协议。

在崖溪围垦范围的北端、伶仃洋的东堤，南端耸立的是武警边检站的大楼，北端是中国移动的信号塔，在茫茫海田之际划出两道竖痕，就像崖溪的哨兵。清晨、傍晚时分，人们经常能够看到操练的士兵在大堤上跑步，崖溪的治安环境也因此得到了明显改善。

崖溪的南边也存在争议地界。更重要的是，这片有争议的海面下藏着一个稀有的海上温泉，本地称为"虎凼"。据说这个虎凼温泉有几十处泉眼。这个地方是一块风水宝地，也是是非之地。满叔带我们去看的时候，讲述了陆家两兄弟争蚝塘的故事，颇有借古讽今的寓意。

清末，崖溪陆家村的陆建和、陆建轩两兄弟一同开发经营虎凼的蚝田，声势浩大，共拥有 9 个蚝塘，每个蚝塘有数百亩。据说雇有 500 个工人，每天光是工人吃饭就要 1000 多斤米。后来不知怎么搞的，两兄弟争利益打起官司来。各自抬着整箱整箱的银子到县衙门打官司。随着银子越送越多，两兄弟倾家荡产，但是仍然不依不饶。县太爷劝说无效，只好把他们锁在一个监仓，一个床头，一个床尾。说什么时候，你们不打了，就放你们出来。两人承受不了监狱之苦，表示悔不该当初。但是，兄弟俩已经是两败俱伤，家业衰败。①

（二）申报基本农田：免死金牌

为了保住自己的土地，满叔又一次想到了合并外部制度。这时，国家的农田基本保护政策恰好为崖溪的土地保护提供了机会。

国家基本农田制度有五不准规定：不准非农建设占用基本农田（法律规定的除外）；不准以退耕还林为名违反土地利用总体规划减少基本农田面积；不准占用基本农田进行植树造林发展林果业；不准在基本农田内挖塘养鱼和进行畜禽养殖以及其他严重破坏耕作层的生产经营活动；不准占用基本农田进行绿色通道和绿化隔离带建设。每个地区的农田以指标分解的形式下发到地方。

兰日镇基本农田保护面积为 2032 公顷，折合 30480 亩，其中崖溪村占了 3000 亩。跟崖溪一路之隔的蔡横村只剩下一块供人参观的"龙田"作为所谓农耕文化展示园的一部分。北部相邻的泮沙村现在一块农田都没有了。兰日镇的关塘村 2018 年卖地时整个村子分得 12.99 亿元，每位

---

① 这个故事听过多种版本。几乎村里的人都会讲，虽然细节有细微差异，但大体如此。

村民分得 350 万元，引得汽车公司组团上门推销豪车。

但是崖溪村的集体用地基本在 2000 年都被划为基本农田，受到"三规"的严格限制，要想改变其用地性质极难。"三规"要求，任何项目在调整规划过程中都不得占用基本农田，不减少总绿地规模，与城市生态控制线等相关规划一致。由于近年来耕地情况不断恶化，国土资源相关部门还会配合土地执法部门对违规占用、以租代征等违法耕地占用行为进行清查和整治。因此，被划为基本农田的土地，其用途很难有所改变。

接任满叔的谭书记在接受某刊记者采访时说，"以前村民社保这一块的支出只要 400 多万元，村里还能承受得起，但是社保缴费改革了，一下从 400 多万元上升到 1000 多万元，又不能让村民自己交，因此，唯有进一步发展村庄经济"。因此，他曾经跟北京某旅游集团进行沟通，试图在崖溪村建设一个大型旅游项目，然而，最终因为土地性质无法调整的原因不了了之。崖溪村几乎所有的土地都是农保用地，没办法改变用地性质。

2000 年，在崖溪村的努力争取之下，崖溪与兰日镇签订了基本农田保护区责任书，9339.02 亩（合 622.6 公顷）被纳入基本农田保护区，包括禾田 3350 亩，蔬菜地 60 亩，经济作用田地 4309.77 亩，其他土地 1619.25 亩。

2011 年后，新任谭书记在部分居民、村民要求改变低效率发展模式的压力下，将部分农田改作生态示范园，试图在原有的框架内修改发展模式。

（三）卖地风波和代际剥夺：今日不知明日事

2000 年后，整个珠三角地区处在高度发展之中，城市化进程进一步加快，区域化、一体化甚至全球化的浪潮已临近崖溪。2008 年，兰日镇镇政府提出利用虎凼温泉进行旅游开发的设想。这一次，满叔没有拒绝，而是提出了两种方案：一种是跟蔡横村镇合作过的长租模式，以每年每亩 600 斤壹号米计租；一种是出售股权的方式，每股 40 万元，崖溪计划出售 12100 亩土地，分成 2200 股。最后，定下的方案是租的方式，包括两块土地。

第一块是崖溪南边的虎围、将围以及部分晶坑、泥涌的土地，共9536.04 亩。价格是每年每亩 650 斤壹号米，折现标准是国家每年公布的粮食收购保护价上限的 2.5 倍。同时，中山市土地储备中心为符合条件的崖溪村民按照 500 元的基数支付购买社保、医保的首期缴费。合同由崖溪与镇相关部门签订，协议履行期以 70 年为一个周期。第二块是北边跟蔡横村镇合作中失而复得的红树林 1979 亩。按照这个协议，崖溪村民2009 年的每股分配是 3642 元，并且享有医保和社保。

崖溪村委将分配方案与中央和省政府 2008 年关于提高稻谷和小麦最低收购价格的文档下发给自然村，进行政策解读和意见征集。事情发展让村委干部有些始料未及，西堡等村张贴公示之后流言四起，村民开始聚集起来不断向满叔提出质疑。村民的疑问主要集中在以下几个方面：第一，合同的周期长达 70 年，倘若彼时政府下属经济部门不复存在该当如何？第二，大米会不会贬值，大米贬值过于严重该怎么办？第三，能不能一次性分完，落袋为安？

> 其实村民的意见很简单，这份协议书也的确让村民没信心，村民个个都中意一笔落袋，因为今日不知明日事，会议上都这样说，所以村民就中意一次分完，这样就可以保证自己的利益。①

村中领导虽然解释了个中缘由，包括允许加入"半年内，若无租金，一次性收回土地和所有建筑物"的条款，也解释了一次分完可能导致的后果，然而，部分村民仍然坚持一次性分完。为了平息事态，崖溪最后只得采用股民一人一票的方式决定用地方案，股民 3376 人，到场表

---

① 崖溪村档案室提供的资料。

决 3334 人，收回表决票 3330 张。表决结果是：同意征地 3272 张，反对征地 28 张，其他意见 2 张，弃权 6 张，无效票 22 张。九成村民同意卖地方案。根据卖地方案，将按照每亩 5 万元的价格进行经济补偿，蔡横红树林地块的价格则是 3 万元每亩，每个股份可以分到 14.2 万元的经济补偿。

村民对这件事的考虑是："儿孙自有儿孙福，理不了这么久远的事。"征地之后的崖溪村，到处都是建楼的脚手架，村里的新房越来越多；老人院的老人也被"孝顺"的子孙接回或送进镇的福利院——据说多数很快就去世了；村里的麻将声越来越多。村民估算，招拍挂后的土地溢价近 10 倍，心生怨言。

大字报事件也好，卖地风波也罢，透露出的问题是发展的路线之争，村民希望更高效率的发展，侧重发展的物质回报，而满叔等保守派则侧重规避风险的低效率发展模式，强调发展的社会意义和环境代价。村中持续存在的争议反映着村民的内部分化。

三　发展的路线之争：同床异梦的村民

崖溪作为一个集体经济村庄，保持集体所有制，走"共同富裕"之路，算不上特殊，大名鼎鼎的南街村、华西村皆是如此，但是坚持低度发展方针、自给自足、以商补农却是特例。笔者原本以为身处高度发展的社会，一个坚持可持续低度发展的村落面临的挑战更多来自外部，对该村接触的时间长了以后才了解到把崖溪推上风口浪尖的并非是外部矛盾，而更多是持有不同发展方案群体之间的内部冲突。

在卖地风波中，村民连续三四天冲击村委会，见惯了大场面的满叔至今心有余悸，现任村党支部书记谭录文提及此事时也是连声说道："好惨，好惨。我当时跟满叔说，他们非要卖地，你就让他们卖嘛，满叔死活不肯。""倒 6 派"（6，即陆）对满叔评价到，他就是"颈硬"（脖子硬）。卖地风波余波不断，后来演变成"倒 6 派"在网上散布舆论，鼓动村民非法集结，所持意见也从领导人腐败改为领导人无能。据说卖地风波情势突然变化，从租转卖也与这些鼓动有关。更有传闻说卖地之后的土地管理基金会以诱骗或恐吓的方式诱导农民卖股份，村庄似乎陷入治理乱象。

有趣的是，原本针锋相对、势同水火的两派都采用了改革开放总设计师邓小平的同一句话："发展是硬道理。"

> 如果90%的人同意一次性卖了，那我们可不可以在这里讨论，将更好的结果带给群众。像前两天发生这么大的事情，我身为两委干部，没有人通知我，我都是自发地出来，看村委会发生什么事，自己收集群众的意见。群众针对这个内容，真真正正地表达了自己的意见。一是我们崖溪村穷了几十年，生活水准对比上下三村，我们小学生上学读书都没有钱，富裕在哪里？二是看病没有钱，为什么我们拥有这么多的土地还会穷，还会没钱看病？如果我们村委会为村民寻求更好的方案去发展，会不会好上加好呢？当然，到时留下来发展的资金好不好，谁都不敢说，邓伯伯都曾经讲过，发展就是硬道理。是不是这样说，为什么我们有机会发展但不去发展呢？[1]

非崖溪村籍的居民谭国亮（化名）在2011年提交了一份更为详细的《崖溪村未来发展走向意见提议书》，这份提议书代表了那些下过海的人的发展观。摘录部分如下：

> 既然新的领导干部经营都是为了村民的切身利益去考虑的，现在我们为什么不将农田以承包制的方式租出去呢？为什么还要每一年都花600万补贴到农田里面去呢？承包制租出去后，一来不用每一年都花几百万去补贴，二来又有了租金的收入，那样算下来，群

---

[1] 崖溪村档案室提供的资料。

众的生活水准会大大提高，更能有效地保护弱小的群体。

既然本村已实行股份制，我们建议村领导去做一次民意调查，让股民们自己决定农田到底是继续亏本耕种下去，还是承包出租转亏为盈，在承包出租的同时股民应当以同样价格享有优先权，这样的承包责任制不是更好吗？

为何我们崖溪村委会里面有一百几十名工作人员做事，怎么要那么多人呢？希望村委会（不要感情用事）达到退休年龄的都应该退休。为何崖溪村委会有一些一年半载都见不到面的工作人员？这些人究竟是做什么工作的呢？究竟村委会知道不知道呢？不可以缩减人手吗？简直就是浪费公帑。①

谈及崖溪村如何处理生产、分配、积累和社会福利的关系时，满叔同样说"发展就是硬道理"，但叙述的是另外一种发展观。早在20世纪80年代实行家庭联产承包制的时候，崖溪没有采用其他村子采用的"代耕农"的方案就是因为不想以后"鸠占鹊巢"，下沙、竹头园等疍家和客家村落曾经都是崖溪的"耕仔"。在集体经营策略的选择方面，崖溪从一开始就不以营利为目的，它首先希望解决的是就业和社会问题（安排合适的生计给合适的人，而不是坐等收租），坚持按劳分配，希望维持一种鼓励劳动的社会制度。关于这一点，满叔曾经在回答某报社记者的提问时明确做出了回答："上级让我治理崖溪不是来做生意的，如果做生意，少一分钱我也不会干。但是，我在这里的任务是安置社会就业，保证社会稳定。"

我们崖溪现阶段还是多做些雪中送炭的事情，至于锦上添花的事，三五年后才能完善。

任何一个社会、地方，首先要解决的就是生产问题，生产是动

---

① 崖溪村档案室提供的资料。

力，开展生产才能带动社会活动，带动经济运转，才能满足生活、生存、生息的各种需要。

是否参加集体劳动，由社员自主决定。愿意参加集体劳动的，我们分别安排到农、工业或其他集体经济部门中，以解决村民的就业问题。

…………

由于我们的底子太薄弱，发展速度要保持平衡状态，每年要按一定比例投入积累资金。投放积累资金，首先要解决劳动工具的改进以及基础设施的建设等问题，如电力资源、农业机械、仓库、水利、道路等。这些投入，占我们每年分配的比例是很大的。

发展才是硬道理。我们在仅能维持社员生计的基础上，着眼于长期投资和长远效益考虑，我们珍惜资源，防止污染，保护生态环境，给后代留下了一方净土及丰厚的积累。①

满叔提出的是可持续发展的策略，说到底就是优先考虑弱势群体和子孙后代的利益，兼顾环境资源保护。理性来看，这个策略对文化程度较低、无一技之长的多数村民是有利的，至少能够解决他们的就业和粮食生产问题。但是无论满叔、谭律师和镇政府领导如何向村民解释这个道理，似乎都无法阻挡村民卖地的冲动。有人说多数村民是讲道理的，但是禁不住少数人的鼓动。他们难以理解为什么崖溪拥有这么多资源，跟上下三村相比反而落后了。于是，村民偏向一次性卖地的方案，表示"今日不知明日事，儿孙自有儿孙福"。他们不理解市场经济的风险到底有多大，也不知道以后的世界如何变化，于是选择最为稳妥的方案"一次性，落袋为安"。笔者在走访中也发现，多数村民对满叔本人并没有意见，都认为他是个好人，但是不卖地怎么行？花 600 万元补贴农业太傻。他们认为总有人可以带领他们走得更好、赚更多的钱。多数村民都

———————

① 崖溪村档案室提供的资料。

在说"共同致富"，没有人认为自己是致富之列掉队的那一个。

发展是一个复杂的问题，资本的天性使然，社会需求是无法通过天生逐利的资本得以满足的。

> 如果在商海中，亏一分钱我都不会干，有钱赚的生意才会做，但我们的职业不是商人，上级叫我回崖溪工作，是承担治理崖溪、安排社员生产、提高社员生活水准、搞好建设、促进发展的工作。因此，想尽一切办法获取利益来补贴生产，维持一个地方的繁荣和稳定。
>
> 假如我把数百万的钱去进口粮食，虽然购回很多粮食，再也不用自己去生产粮食。但是大批资金外流了，地方少了这笔资金就很困难了。我们需要的不但是粮食，还有其他生活、生存所需。而且，一个地方的群众无所事事，这个地方就没落了。
>
> 我把这笔资金投入农业，每年可生产300多万斤粮食，既可以完成国家任务，除足够自己食用外，尚且盈余。在农业生产中，生产成本只占40%，不计工资，尚有盈余，再加上多投放几百万元，社员工资足可以和社会各行各业工资保持平衡，资金不会外流，而且可以增加生产剩余，使这个地方富裕起来，钱也入了生产者的口袋。
>
> 丰收年到处可以买到粮食，假如遇上天灾、战争、政局动荡，那么3000人又可以到哪里去买米吃？那就麻烦了。我们这样做，首先是要稳定这个地方。①

第二次是去年，有位领导问："崖溪机械化程度已经这么高了，耕牛完全可以取消，用拖拉机耙田不是比耕牛好吗？而且论成本也会很低。"

---

① 崖溪村档案室提供的资料。

满叔回答说："有些事情，你会觉得我们很傻，很保守，这个年代还养这么多耕牛。在十年前，我们已经能够用机械代替耕牛，而且成本低，管理也方便。但是，取消了耕牛，崖溪就会有一百多位社员失去工作机会，他们没有耕牛看，不能当驶牛工。我们现在所做的，是安排愿意就业的人去工作，使他们心安理得，通过劳动获取报酬，自食其力。"[1]

满叔的回答颇有波兰尼的味道，当资本和商品在全球范围内流动时，风险必然累积。任何一个人都没有办法掌控这个体系，更何况一个村庄，所以村庄选择从自己的社会目的出发，选择跟市场保持一定的距离，以当地资源满足当地需求。

四 小结：囚徒困境——模糊产权中的集体组织

20世纪90年代之后的崖溪综合利用传统和现代两种手段巧妙化解了外部挑战，但却由此陷入了典型的囚徒困境，个体的理性决策造成集体的不理性。是什么条件的变化导致了这种情况的出现呢？

最重要的制度变化是股份制改革，与此同时，农业税费改革速度过慢和补贴不到位加速了土地要素从农业向城市工商业的流动，导致崖溪村从"瘦田没人耕"走向"耕开有人争"。

在"瘦田没人耕"的20世纪80~90年代，虽然全国实行家庭联产承包责任制，但是，农田是"责任田"，农民承包的是国家的责任，这就意味着农民承担了沉重的粮税负担。在国家层面，政府原意是通过一定的工农业剪刀差以农补工，实现工业积累，自然希望农民积极耕种，提高生产力。而在广东，特别是"无盖鸡笼"的崖溪，村里强人（有技术、有关系、有头脑的）用脚投票，与国家意志相悖而行。崖溪以村里

---

① 崖溪村档案室提供的资料。

留下的弱者的力量组成社会经济组织，利用市场的力量补贴农业，形成可持续的集体经济制度。外部繁荣的市场经济环境与崖溪的农耕田园形成了巧妙的系统动态平衡，在更高层次上实践了国家意志。

进入新世纪，事情起了变化。从国家层面上看，这个时期工业化的目标已基本实现，城乡、社会矛盾突出。国家开始为农民削减税费，开始以工业反哺农业。2000 年，国家进行农村税费改革，削减农业提留，将大量需要征收的名目纳入农业税。2002 年，国家为了提高粮食品质和数量，鼓励农民使用优质粮种，给予良种补贴。2004 年，开始推行农业税改革试点，并实行粮食直补，将原来的粮食风险基金发放到农民手中。2005 年底，彻底取消农业税。2012 年中央财政安排粮食直补 151 亿元，农机补贴 215 亿元，希望实现工业反哺农业。

广东的发展情况有一定的独特性。20 世纪 90 年代之后，广东省的城市化进程加快，出现盛极一时的卖地高潮。为解决集体土地上市流转问题，广东最先尝试股份制改革，农民以土地入股，争取从城市化发展进程中得到实际收益。这造成的实际局面是土地要素积极主动地从农业流出，流转成城市建设用地，因为激发了农民自主卖地欲望，这个过程几乎难以控制。与此同时，广东开始进行产业升级换代，港澳粤三地都面临着产业的升级转型困境，广东逐步退出原始的劳动密集型加工产业，普通劳动力的就业机会减少。商海淘沙，大量被淘汰的劳动力不得不返回村庄争夺土地。被淘汰劳动力的流入压力与土地要素的流出压力都集中在崖溪 5 万亩土地和滩涂上，崖溪困境的产生在所难免。

如果只是股份制改革带来农民的卖地冲动，崖溪的"落袋为安"派与可持续经营派之间的矛盾也许并非不可调和，假如两派都对未来的预期持有相同的态度，也许他们仍然可以团结起来，崖溪模式的张力或许就不在内部，而体现在外部了。导致崖溪集体行动出现囚徒困境的一个重要因素是中国现有农村集体土地产权制度的模糊性。制度模糊性对拥有足够操控能力的行动者是机会，但是对多数行动者来说更易诱发短视行为，这是导致崖溪精英与能人分裂的制度诱因。

第七章

组织原则：共同体制度维系的策略

前文用四个章节介绍了崖溪发展的四个阶段，从历史背景、重大转折、制度回应到近期挑战，展示了崖溪集体经济制度选择的社会背景以及所进行的调适过程。为了方便呈现这一过程，在前四个章节中，我们将崖溪的集体经济组织作为考察的因变量，来检视政治经济变化为崖溪带来的挑战以及崖溪的应对策略。为了勾勒共同体所处的时空背景，前四章采用了"外部制度变化＋崖溪策略"的方式来进行呈现。

无论是外部政经力量的挑战，还是内部成员对发展路线的争议，崖溪都难以规避，以致满叔发出感叹"就怕渔郎来问津"。崖溪的集体制度能够维持到今天实属不易，我们关心的问题是：他们是怎么做到的呢？灵活的制度调适策略自然是重要的回应手段，但是内部的团结也关系到集体组织的存亡。因此，本章聚焦于崖溪的内部治理。

第一节关注崖溪的内部治理。在组织管理体制上，自从实行一级经济核算体制（大集体体制）以来，崖溪就建立了政企合一的组织管理机构和参与协商的基层民主机制。在经济分配方案上，崖溪采取了两个举措：第一个举措是以土地作为分配手段，以地租换教育、以地租换设备、以地租换社保。这样就将土地与特定的社会需求或功能直接建立起联系，一方面强化土地的社会功能，另一方面让村民与土地产生了情感联结。第二个举措是尽量规避"不好彩"的分配方案。避免直接的大额现金分配方案，也就是要避免那种留有隐患的方案，"要给子孙留下一个和谐的崖溪，使他们和睦相处，维持一个优美的生活环境"。为此，崖溪选择了长租或以地租换社保、教育的置换思路。最后，作为一个集体经济组织，必然涉及成员资格问题。如何界定组织边界攸关集体组织的稳固，因此，在组织和治理部分，笔者针对成员资格的组织边界另做说明。

第二节关注集体的社会合作与关系。崖溪坚持建立合作共赢关系：在组织外部，他们采用的是"搁置争议，共同开发"的合作策略，以租代征，以长远收益预期抑制村民的短期分赃冲动；在社会关系上，他们争取一切能够团结和创造共识的社会关系，团结一切关心、支持崖溪的各方力量。正是因为借助了媒体、学界的关注，崖溪才得以维持原有的制度和生态。

第三节探讨维系集体的话语。转型社会的共同体认同较为碎片化，为了团结各方势力，崖溪灵活运用各种话语策略：用党的纪律约束干部、用宗族的话语约束村民、用生意的话语争取集体利益，展现出宗族与生意、传统与现代、国家与地方之间的融合与对话关系。

最后一节小结本章内容。一方面总结了崖溪的组织和治理技巧；另一方面总结了共同体制度调适所需要达到的两个主观条件：创造利益认同与认知认同。

一　共同体的组织和治理

（一）组织结构：政企合一与民主参与制度

1977 年 1 月 6 日，崖溪决定将原来的自然村（生产队）一级核算合并为大队（村级）一级核算。基于之前的经验和教训，他们意识到在一个大集体组织里，若要维护农民的切身利益，经营管理是关键，因此特意请教了当时市农委的相关专家。专家提出了关于民主理财以及将财务、分配、生产、经营、计划等各方面进行公开的一系列管理规范，并根据管理功能安排，由各自然村（生产队）选举代表，既代表村民，也领导村民，组成政企合一的管理委员会。同时崖溪参考各级政府向人民代表大会报告的民主制度规范，每月召开村里代表、管委会议，由各单位管理人员集中汇报各单位工作、财务、政务以及管理效率等情况，进行议论、决议，然后安排下期工作。对于重大开支、重大经济合同，均列印成文，进行公开审议批示、存档。在这种管理方式中，各村选出的管理干部发挥着联系村民的桥梁作用。

20 世纪 80 年代后期，广东地区很多农村集体开始转向非农经营。因此，市农委为了配合农村经济发展的需要，提出要在农村设立经济联合社，以此作为发展农村经济的合法性组织。崖溪在这一时期也成立了崖溪经联社。

1999 年，广东开始实行村民自治以及财务、政务两公开一监督制度。崖溪对照自己的经济组织，经过党委和村委干部协商之后，认为该村实行的管理制度总体上符合广东的村民自治精神，社员也相对比较信任集体，因此，基本维持了原有的经营管理制度。

崖溪的组织管理体制采用政企合一的方式进行管理，领导班子也按照这种方式组建。

第一，党支部是崖溪行政集体的主要领导核心。党支部按照党章规定开展工作，每三年选举一次支委会。支委会的选举，先由上级党委确定名额和选举条件，选举产生后再报镇党委批准。支部委员共有 7 名，分别由支书、副支书、组织委员、支部委员等若干人组成。崖溪村从确立一级经济核算体制以来，所有选举均采用无记名、无候选人、直选的方式进行。

第二，行政村村民委员会。行政村村委会的建制是根据 1998 年施行的《中华人民共和国村民委员会组织法》推行的，崖溪村有 7 个名额，每个自然村有一个名额，由于化美在差额选举中落选，因此化美没有代表名额。村委会既需要担任行政职务，也负担一级核算各方面的业务。

第三，管理委员会。这个机构是其他村落没有的。崖溪按照人口比例分配管理委员名额，由各村选出，他们既承担村务职责，也是社员代表，起着联系社员的桥梁作用。

村里还有农机站负责农业机械的管理和操作等。为了处理与其他公司、政府等组织的法律事务，崖溪还聘请了法律专业人士为律师①，处理法务事宜，还负责档案撰写与管理、媒体联络等各项外联事务。

村委会的主要人员都是党员，分管经联、村庄规划、城管、治保、工业、老干、农业、卫生、民兵、共青团、妇联、计生等工作；其他村委会成员（绿股）在土地基金会、生产队、农业、新庙、崖溪幼儿园、农机站等岗位上任职。工资支付标准和支付方式也不尽相同。

崖溪村每月召开一次全体支委（党组织）、村委（政府组织）、管委（生产组织，包括农业耕作和村办企业的租金等管理）工作人员会议。各单位负责汇报村务、政务、财务、企业管理等方面的情况，进行讨论和意见表决，并布置下一阶段的工作。如遇重大问题，相关讨论事项均需列印成档进行审批。

为了保证选举公平、公正，崖溪村在选举点都设置了单独的秘密写票处，并安排专职工作人员为不识字的群众代写，也就是说，崖溪的管理基本实现了民主管理和信息公开透明。通过走访笔者发现，崖溪村民对村庄事务的了解和关心程度明显高于周围的其他村落，这是长期实行民主治理的结果。村民对村庄公共事务的管理和参与程度高于其他村庄，对自己的利益有更为清楚的认知。

崖溪村委会外的资讯公开栏与隔壁蔡横村的资讯公开栏也形成对比。2008年，卖地风波结束之后，崖溪又在已有的村委公开制度基础上成立民主理财小组。崖溪公开的村务事无巨细，包括租赁合同的全文、资产明细、银行收支、月度收支、股份收益分配、工厂租金收租情况和固定资产盘点等，并在各个自然村的宗祠张贴生产队的工分、出工记录、自然村和生产队的收支情况表格。蔡横村的公示栏明显单薄，只有村庄、村委介绍以及相应的计生罚款等基本信息。

---

① 后来，由于部分村民有意见，撤销了律师这一职位，改为必要时向中山市法务部门进行咨询，寻求法律协助。

（二）分配方案：以地分配与"好彩"的钱

崔溪的对内分配策略具有明显的崔溪特色：以地分配和团结分配。

无论是"两田制"的股份合作制和集体所有制，还是集体经济的具体出租合同，基本上都采用以地分配的方案。博雅学校的办学方案也是以地租换教育；农机站拥有一个地块专门用来收租，以此补贴职工工资和机器维修费用。这一点让部分村民颇为不解。

崔溪为什么采用以地分配的方案呢。"分配到个人，有个归属感"是重要原因，这对保护土地意义重大。其一，个体利益直接跟具体地块产生联结，村中子弟对土地的前途命运会更加关心，进而产生保护欲望，若遇不公，群加制衡；其二，"新田分配村民和老田留作集体积累"的方式跟崔溪六股公司的公偿田和私有田的分配方式近似，留下老田给集体赚取经济收益，既可进一步积累承担公共事务的费用，也可唤起族中子弟对"太公田"的记忆。前文已经述及，"太公田"严禁买卖。村中至今广为流传一个卖祖地的故事，深具借古讽今之意：

> 崔溪乡中长者都说：20 世纪 30 年代，西堡村出了一任乡长谭逸潮，家道富有，住西堡大街，屋后是王巡抚车站。谭逸潮平生为人刻薄，生性贪婪。自从当了乡长更是贪欲膨胀。
>
> 崔溪近百年都是富庶鱼米之乡，四姓同居一乡，谭氏为大族。乡中族产很多，拥有良田万亩，大部分属公产。乡中成立永兴公司，有六大股东也称六股永兴公司。
>
> 时任崔溪乡长谭逸潮，想通过变卖祖地发达，经多方谋划，把临近上栅的 380 亩耕地贱卖给上栅乡人，附加条件是回扣，即其中 40 亩地的所有权归谭逸潮，个人买主每年按时价交租给谭逸潮。
>
> 至于这 380 亩地价多少，崔溪乡人不知内情，也不知卖地所得用在何处，强权之下，弱民何以知晓？
>
> 但是，买方也知道这片良田是公产，为免日后争讼，要崔溪乡

耆老会（六十岁以上属耆老，耆老会是乡中最高决策人，相当于现在的村民代表）上祠（开会）商量，在契约上签字画押才能生效。谭逸潮老谋深算，择日召集崖溪乡耆老，集中在崖溪谭氏大宗祠上祠。彼时由乡长、耆老会主席主持，有茶水、烟招待，中午有包点任食。到中午，捧上点心，逸潮说："父老小心慢食，不要咬崩牙齿"，原来是双毛银做煎堆馅，耆老边吃边取银，很快将数蒸笼包点吃得干干净净。吃饱喝足，耆老想散当（即离开），但是大门口有两位心腹乡警手持驳壳枪把守，要签名，打了指模，才让离开谭氏大宗祠。耆老无奈，只好乖乖就范。

这大片良田卖后，被当年五桂山游击队侦知。趁月黑风高，夜静无人之时潜到谭逸潮家中，把熟睡中的谭氏大乡长掳到五桂山游击队根据地，然后拉到山下枪毙。这件事，崖溪大快人心，乡中人还编了顺口溜，教谭逸潮的盲孙到处唱。

这已是历史，正如粤剧《山乡风云录》唱词所说："乡长，乡长，一乡之长，黄金万两。"①

翻看崖溪的《档案汇编》，笔者发现，2006 年以前，崖溪极少直接将现金分配给个人。村集体支出多花在农产品补贴、环境改善、自来水设施修建、电厂和堤坝修护等公共产品的提供上面。2006 年，崖溪推行股份制之后，要求配股的纷争持续不断。2008 年一次性卖地之后，外嫁女、迁出户、居民户口户（居住在崖溪，户籍不在）关于要求入户并配股的上访就更多了。这些争论让这个村落充满着分歧，除了村民与村委会，自然村和村委会、干部与干部之间也因为法律和情势等情况出现分歧，各方由此产生了隔阂，这对集体经济组织来说是个不小的挑战。

关于子女配股问题的争端就起源于股份制改革对于股员身份的界定。在超生子女是否具有配股权这一问题上，西堡村村民与干部之间产生了

---

① 崖溪村档案室提供的 2017 年 9 月 14 日陆元满日记，原文引用，中间夹杂广东话。

分歧。村民将此事上报到村委会，村委会根据该村民已经缴纳超生款，同意村民的意见，由此引发了西堡村干部与村委干部之间的争议，影响了干部之间的团结。

满叔有了某种不好的预感，希望用摆事实、讲道理的方式维护崖溪的团结。部分拿了钱的居民尝到了不劳而获的滋味，想的是怎么消费、怎么取巧，更加不想劳动，认为最好什么都承包出去，坐等收钱。原本就有毒、赌、黑问题的村落陷入了治理困境。之后，谩骂、攻击村干部，乃至串通、蛊惑、利诱村民等不良事件时有发生。

（三）集体成员资格：居民、股民、农民

崖溪作为一个集体经济组织并没有清晰明确的成员资格边界，虽然有一个大致的户籍和地理边界，但是涉及巨额利益时，这个大致的成员资格边界明显是不够清晰的。

崖溪的集体经济分配方案总体上偏向从事农业集体劳动的群体，换句话说，就是那些留在村里，听从村集体安排，"下大田"、"上工厂"或者"在农机站"工作的社员。至于出外谋生的群体，村集体除了负担上缴费用和基本社会福利之外并没有更多的补贴，这是引发崖溪村庄矛盾的根源。当然，很多时候利益的分配无法做到完全公平，只能是在集体协商的基础上拟定较为合理的方案。地多了之后，崖溪的矛盾越来越激烈，从干部之间到村民之间时有不愉快事情发生，争论的问题无非是分多少、谁该分、谁不该分。如果说只是个别人主张卖地尚且是小事，但是，主张卖地者不在少数。公开表达反对意见者多为无户籍的非农户口居民，共200多人，相比之下，有户籍的农业户口村民共1500多人。这些居民是怎么产生的呢？

以前农业户口负担重，有一些人靠花钱或者通过参军、求学离开农村，转为非农户口。也有部分镇里（城镇有很多流动和非农人口）的人长住崖溪，这就形成了居住地和户口地不符的情况。一些长居崖溪村的人是附近的"代耕农"或"手艺人"，并无户籍。还有一部分去往港澳、

东南亚等地侨居多年，虽有户籍却几十年不参加村集体事务。以前崖溪叫作崖溪管理区，归属蔡横村镇管理。1998 年，三镇合并，崖溪归属兰日镇管理。三镇合并之后，原属于蔡横村镇的户口就合并到兰日镇，这些人可能部分长期在崖溪生活，或者祖籍属于崖溪。

2006 年，崖溪实行股份制，按照广东省股份制改革的规定，应按照户籍人口进行分配。居民户口若不在崖溪户口管理范畴内，就没有分配资格，因此拥有居民户口的村民意见很大，他们也希望拥有一定的股份分配权。虽然村委向他们解释了法律规定，也反问他们："当时非农户口拥有很多优势，对农民来说也很不公平，但是农民也没有去争啊。现在农村有一点分配，拥有非农户口的人为什么要回来争？"

因为村籍问题，居民与村民之间产生了矛盾。2011 年，居民纷纷要求入籍，崖溪村户籍一时间成了"香饽饽"。

> 外嫁女不肯迁出崖溪户籍，生了孩子也要落崖溪户籍；离婚的妇女不肯迁回娘家，也要留在崖溪村，再生小孩也要入崖溪户口；和崖溪村男青年结婚，也要即时落户，甚至结婚对象是居民也要把户口迁入崖溪村。[1]

崖溪的第二个群体矛盾出现在股民与社员之间，他们都拥有崖溪户籍，都属于崖溪村民。股份是按照户口分配的，口粮等补贴则按照是否参加集体劳动的社员身份来划分，即为"留村人"与"流动人"之间的区别。股民非社员多数不在村中参加集体劳动，也不在村庄的工厂等集体产业参加劳动，他们或者在村庄经营滩涂、果园、食肆、商铺，或者外出打工经商。这些人虽然没有把户口迁出，但是基本不参加村集体的生产性活动，因此他们在村委当年的分配方案中只有每人 5.5 亩的股份收益，不享受口粮分配，如有需要则要另行购买。2011 年，在部分村民

---

① 崖溪村档案室提供的 2010 年 11 月 12 日陆元满述职报告。

的请求下，崖溪同意按照户籍人口进行口粮分配，不过价格另计（比社员价格高），但是股民仍然觉得他们没有红股（集体股）是不公平的，他们希望得到更多分配权益。

> 崖溪村现有围垦、厂房等出租而所得的租金，每年将近千万元，而我们村年满18周岁但不在本村工作的村民，既享受不到（红股）所得租金分红也没有口粮，为什么？难道这一群体不是股民的一分子吗？这对该群体是不公平的。
>
> 现有围垦（如沙头冲以上8000亩左右）的收益，凡是（红股）股民的收益，应该都发到每一个股民手上，不得再落补农田，要求所有（红股）租金的资金公开透明，接受股民监督。①

以满叔为代表的崖溪村干部对是怎么看待这些人的诉求的呢？满叔坚持自己"只做雪中送炭人，不做锦上添花事"的处事原则，他认为农民是弱势群众，一无技术二无关系，只能从事农业生产。对于这部分弱势农民，包括那些家人外出做生意而被动留在村里的鳏寡孤独，他们的最低生活需求应该首先得到满足。至于全民福利，那应该等到条件成熟之后再考虑。更何况50000亩的围垦正是依靠这些参加集体劳动的村民开垦出来的，如果跟其他村落一样分田到户，那么每个人就只能分得几亩土地。因此，崖溪当年决定优先保障社员权益。

> 有一点值得社会上主宰沉浮的人们注意的是，《中华人民共和国土地法》规定，土地公有，农村集体土地属农民集体所有，生产用地交农村集体管理，这是法律依据。
>
> 农民种地，向国家、地方完成税赋、各种费用之后，剩下的就是生产收益，属农民所有，国家千方百计也想要减轻农民负担。

---

① 崖溪村档案室提供的资料。

在崖溪村，我们组织想种田的农民一起参加集体劳动，共同创造财富，完成了国家、地方税赋后，剩下的生产收益理应由农民自己去分配、去积累，这是原则。

现在崖溪村耕地的农民还要负担崖溪村不参加集体劳动的村民的各种福利和劳务。过去为了息事宁人，负担多一些也就算了。但是现在他们感到不满足，要无限掠夺，稍不满意，这些人就到处制造是非、混乱。社会对此却不加以约束，甚至有些人还坚持，要为他们多做"实事、好事"。这样的话，便加重了参加集体劳动的农民的负担，可惜无人去探讨分析这些问题，也无人对参加集体劳动的农民提供支持和帮助，这是我们不能长治久安的原因。①

谁为弱者代言？谁为子孙代言？即使在崖溪这样一个宗族观念浓厚的地区，肯为后代权益考虑的人也很少，崖溪的传统文化出现了断层。村中做生意的人更认可市场经济的效率观，他们并非不爱崖溪，只是他们认为崖溪能"发展"得更好。至于什么样算是"发展"得更好，多数村民并未认真想过，他们能想到的最好的发展就是"住洋楼""开洋车""上洋校""出洋国"。

二　共同体的社会合作与关系

（一）合作：搁置争议、共同开发

集体经济要发展，离不开对各种资源的盘活利用。在2008年村集体的卖地风波中，兰日镇政府跟群众解释相关问题的时候提及了这一点："谈租金是不合适，现在所有的土地都是国家所有，补偿款实际补偿的是使用权，更不用提70年之后地是谁的，再提不平等条约之类的话就显得非常不合适了。"实际上，言谈之间兰日镇政府已经透露出，政府对这个"租"

---

① 崖溪村档案室提供，"大字报"事件的书面报告。

字已经做了退让，他们并非不清楚崖溪的小算盘，也理解这片地是崖溪围垦而来的，所以出于信任，双方达成了一种默契。允许崖溪随时收回土地，不承担市场风险的做法也均是基于保护农民、保护土地的初衷。

以租代征、以投资代替分配体现的是村集体在处理集体与个人、长远与眼前关系坚持的搁置争议、互惠互利的原则。

> 为了缓和上下级矛盾，也寻求一些经济效果，也为后代人留条出路，经过反复思虑，提出以租用方式处理。租金是这样计算的：为了让镇、村都得益，当年8000万元存款年利率为16%（农行），每年可收租金1280万元，崖溪占645万元，蔡横村镇占635万元，这样对双方都有利，每亩每年分配租金为430元。①

这是崖溪在遭遇外部强势力量干涉时采取的主要应对策略，宁肯做一些让步、牺牲部分眼前利益也要确保集体的团结合作。关于签约周期为70年这一规定也曾一度引起许多争议，村民的疑虑是70年太长，其间无法对土地进行再次处置和变动。

对于有争议的问题可以搁置，对于没有直接利益冲突的问题崖溪便灵活处理。1996年，他们将村中5.7亩宅基地无偿转让给了中山市公安局蔡横村镇崖溪派出所。后来，蔡横村镇公安分局局长就帮助崖溪介绍了在阜沙镇经营土石方工程、自来水厂的黄氏兄弟，他们跟崖溪合作围垦了燕石围5000多亩风水宝地。

派出所力量的介入也有助于减轻村里的治安压力，对黑恶势力起到震慑作用。2018年，崖溪村委会附近开了一家民宿，围墙不足1米高，在调研过程中笔者问老板："你们不担心治安问题吗？"老板回答："你看，我们村有专门的治安队伍日夜巡逻，足有30多人，而且派出所、边防武警就在旁边，没人敢做什么。"

---

① 崖溪村档案室提供的资料。

（二）关系：制衡的网络

崔溪的社会关系非常广泛。20 世纪 70 年代，崔溪处于海防前线，为了稳定边防，应对各类社会问题，驻崔溪管理班子设有四套：佛山军分区工作组，由党委成员、副政委、副司令员、政治部副主任、参谋科长等 10 多人组成；中山县武装部工作组，由部长、副政委等组成；兰日公社工作组，由公社正副书记、武装部正副部长、助理员和经管、农技干部等组成；原军区工作组，由副司令、处长、参谋等组成。这四个工作组 8 个月轮换一次，并负责训练崔溪的 120 名民兵。崔溪的民兵得以在高级别的军区接受训练，因成绩优异，经常作为模范外出做报告和演习。这一时期的特殊经历为崔溪带来了丰富的社会关系资源。

在 20 世纪 80 年代，初涉商海的崔溪经常需要军区的关怀和支持。崔溪经商，军区以拉练为名替崔溪保护货物；崔溪围垦，军区领导不仅给予了崔溪独立的围垦经营权，还提供了重要的物资和大型机械；崔溪建会堂，也是由于军区领导在关键时候出手帮助才得以顺利完成。最为重要的是，1976 年，"农业学大寨"、实行一级经济核算，进行制度调适的时候，也是由于有了佛山军区领导的首肯才让崔溪又一次成为特例，"既然农民认为这样好，就照他们说的做好了"。崔溪也投桃报李，在各种评比和日常工作中不仅次次圆满完成粮食等各种生产任务，还能出光出彩，成为模范单位。

崔溪地处粤港澳中心地带，村里持续有人因为各种原因下南洋、移居港澳，甚至远赴欧美等国家，这些海外同胞也对崔溪的发展提供了各种帮助。1978 年，崔溪想建一个大会堂供村民举办集体活动、看电影娱乐和接待来访人员。正值港澳同胞回乡探亲之际，满叔借机提出了建会堂的想法。港澳同胞很积极，捐款、捐车、捐彩电，截至 1982 年，捐赠折合港币 30 多万元，这在当时是一笔巨款。在之后的发展中，港澳同胞也提供了很多物资与精神支援。会堂建好之后，崔溪在二楼设立了招待所，用以招待投资开工厂的港澳客商。崔溪开设的第一家工厂的名字就叫"港侨"，意为香港同胞的意思。

总体上崖溪仍然按照自己的意愿进行发展，但也离不开各级政府的认可。这一点，满叔也颇为感恩，在任何发言稿和会议记录中都不会忘记提及上级政府和军区领导的爱护支持。他说："一个地方的干部决定一个地方的生态。"①

2008 年左右，原来刻意低调的崖溪突然热闹起来。学者、记者纷至沓来，村民只要看到操外地话的人，就以为是来访记者。村委会对前来调研的学者和采访的记者几乎都会积极配合，主动提供资料，甚至以回信的方式详述相关事件的经过，记者不用担心漏记或错记。

2008 年的卖地风波之后，崖溪决定要把自己的资料整理成汇编。一方面是为了让后代知道他们是怎么做事的，另一方面也是希望对一些人和事形成制约。部分村干部却遇到了巨大压力，甚至有人认为其中收录的东西不实，让一些人脸上无光。汇编的主要负责人、村法律顾问表示："《崖溪村资料汇编》的所有资料都是以原件的形式收录，没有添加任何的评述。这本书是八开的开本，将近 1000 页，重 13 斤左右，收录内容从清朝至今，跨越 100 多年，十分厚重。任何个人在这本书里所占的分量都是微不足道的。要说这本书是针对某一个人，那他绝对是高估了自己，可以讲，任何一个人都没有这样的分量，要出这样一本书去针对他。我们的宗旨是，当时原文如何，我们就如何收录，不加评论，不做删改……把完整的资料留给后人，让后人、历史来总结。"② 满叔这样解释："历史是无情的记录，《崖溪村资料汇编》只是收了三分之二的资料，还有三分之一的材料未录。为了避免某些人成为崖溪的罪人，也避免人与人之间留下积怨，我还是留下了一批资料封着未处理。建议同志们多做一些好事，多为崖溪村民做一点贡献。"③

这些社会关系带给崖溪的不仅是背书和力量宣示，也提供了重要的

---

① 作者访谈，陆元满，陆元满家中，2018 年 3 月 18 日。
② 崖溪村档案室提供的资料。
③ 崖溪村档案室提供的资料。

保护力量。

三 维系共同体的话语

共同体制度具有伦理性和组织性的双重特性。因此，它的维系难以单纯依赖正式契约的规制性力量，也不能完全依靠以利诱人，还必须以德服人，通过伦理性的协商过程达成认同的一致。这是所有伦理性共同体的共性，崖溪为了凝聚人心，形成共识，做出了巨大的努力。2001年，大字报风波之后，村里开会除了进行书面记录，还会全程录音。2006年，村委会办公室又装上了视频监控，所有的会议过程都有录像为证。满叔表示，他于1974年回崖溪工作之后每天都写日记，主要是记录当天发生的大事。村档案室详细收录了每次村民代表大会的会议记录，完整展示了村民和干部以及干部之间的对话过程。

崖溪与其他集体所有制村庄不同，村庄领袖并不依赖克里斯玛式权威。争议中的崖溪说服各种势力，认同崖溪"雪中送炭、生计可持续"价值观和制度选择的方式值得我们学习。

梳理崖溪的会议实录和历史档案后本书发现，崖溪拥有三套话语体系：用党的纪律约束干部、用宗族的话语约束村民、用生意的话语争取集体利益。他们在这三套话语切换中传递出一个价值——最大程度保护土地资源和环境生态，为村庄争取更多的长远利益。这些话语也不总是有效的，新一代的年轻人对宗族的话语不再"感冒"，致使村庄内部的有效对话难以达成，这时满叔还在任，村中已然出现了危机。

（一）约束干部

村庄的主要行政管理组织俗称"两委"，即支委和村委（城市社区称之为"居委"），全称是村党支部委员会和村民委员会。一个是党在农村的基层组织，一个是村民自治组织。两者有不同的工作条例，支委主要依据1999年实施的《中国共产党农村基层组织工作条例》（以下简称

《条例》）开展工作，村委则主要根据 1998 年实施的《中华人民共和国村民委员会组织法》开展工作。村支部由全村党员大会选举产生，任期为 2~3 年，设书记、副书记、组织委员等若干名。村民委员会由村民代表选举产生，任期三年，可连任，设主任、副主任、委员等。村民委员会不属于政府机构，属于地方自治机构，因此没有政府财政支付工资。以前有农业税费时职务收入可以从村提留中收取。崖溪的村委员会成员多数在集体参加管理或生产，其工资由村集体支付。

在村庄的实际治理中，村党支部是领导组织，负责上情下达，承担沟通上级党委、政府和村庄的桥梁角色。因此，村庄党员和村党支部成员是村庄政治权力结构中的精英，他们如何行事不仅决定了一个村庄乃至地方的政治、社会生态，也影响着村庄与上级党委、政府等政治力量关系是否和谐。

为此，满叔在相关的干部会议或者上级座谈会议中经常提及党的纪律要求，不断加强党的组织建设。一方面，他希望借此约束村中党员，帮扶弱势群体；另一方面，也显示出"一个地方的发展，不仅要靠基层组织，更要靠各级政府的爱护和支持"。①

我们解决了农村中贫富悬殊、两极分化的问题。在市场经济中，现在社会进入了一个什么状态？已经进入一个数字上的"二八经济"状态。什么是"二八经济"状态？华南农业大学的一个学者曾与我谈到这个问题，在一个村庄中，两成人占有八成人的财富，八成人的财富被两成人掠夺了，两成人富裕了，就可以驾驭经济。特别是近几年，经济上分化以后，黑恶势力以及拉帮结派的现象应运而生。我们共产党革命的目的是解放劳苦大众，广大人民群众在长期的革命、建设中也做出了巨大的牺牲。抗日战争以及解放战争中牺牲了 3000 多万的农民；社会主义建设过程中，我们农民为建设强

---

① 周志坤、江华、翟旭钦：《南方日报》2008 年 10 月 30 日 A05 版。

大的祖国做出了巨大贡献。在改革开放中，我们的弱势群体应当受到很好的保护，这是检验我们共产党人究竟是代表什么人的利益的标准。我们举起手宣誓，为人民群众谋利益，但是在实际工作中，我们究竟为我们的广大弱势群体、广大的人民群众做了什么工作？是占有他们，掠夺他们，还是帮助他们，扶持他们？党中央要求共产党员保持先进性教育，就是要求我们在建设社会主义事业过程中保持清醒头脑，不要在私有利益与集体利益面前糊糊涂涂干事。你举起手宣誓，要为共产主义事业奋斗终身，为无产者奋斗终身，那么在建设中、在实践中有没有做到？为了一百元就出卖一张选票，崖溪是否有这种情况还不清楚，但是社会上真真正正已经出现了这种现象。在党的组织建设中也曾出现一些情况，有人介绍、动员他人入党，目的是入党后投票给他，这种做法无异于把我们的党组织当成是自己的组织。出现这些问题，在其他村庄还好处理，而我们村庄的集体资产、资源已经完成累积，在巨大的财富利益下问题就变得极为棘手。几万亩的土地，土地基金会已经分配给每人五亩半的土地，最近经过测量，我们的围垦土地超过三万亩。我们现在面临的是守业问题，守业问题无论对外还是对内都是很艰巨的。现在是非常时期，我们是执政党，大多数党员是纯正的、高风亮节的，但是也要防止极个别的人在市场经济中实施他的野心，进行占有和掠夺。希望我们党员保持清醒头脑，保持晚节，做好工作，在历史上为崖溪村民做出更大的贡献。什么都是我们做的，但是什么都不是我们的，这是客观规律。真真正正留给后人什么为好，应当留一点正气、留一点正义。①

崖溪村党支部书记本人非常自律，坚持不吃酒席，不照相。每天不是在田间就是在办公室保持"在岗"状态，村中的热闹场合基本见不到他。

---

① 2007 年 6 月 24 日在崖溪村党支部纪念建党八十六周年活动上的发言，崖溪村档案室提供。

因此，这些超级集体村庄的领导者都不得不修身，以道德的纯洁树立权威，从而保证集体制度的维系。但是，他也必须快速从来访的客人、与其打交道的政商以及相关新闻报道中获取资讯，把握大是大非。

（二）宗族话语：约束村民

崖溪位于典型的沙田区。崖溪谭氏、泮沙徐氏、兰日程氏都是典型的大宗族，这些宗族在传统社会乃至土改前都相当有权势，是一个完整的地方权力组织。它们不仅有广大土地支撑的财力、庞大的人口规模、显赫的宗族成员背景，还有自己的乡勇、团练等村庄自治力量。在这些传统规则下，华南地区形成了独特的"宗族"文化。

谭氏宗亲遍布中国港澳地区、东南亚甚至欧美地区。2016 年 11 月 7～9 日，第六届谭氏恳亲大会在广东惠州举行，这次会议召集海内外宗亲，筹建"广府人南雄珠玑巷谭氏大宗祠"，以求兴祖之荣、联族之谊。2016 年 10 月 21 日，马来西亚等地宗亲在澳门举办澳门谭氏宗亲会创会 100 周年纪念活动。

华南地区的乡民易于接受宗族传统的相关观念，比如子孙不得卖地的观念。因此，在跟村民进行对话的时候，笔者发现崖溪村民持有相当浓厚的宗族观念。在 2008 年卖地风波中，崖溪律师曾在相关论坛和网站上与卖地派展开论战，其中，对宗族历史的强调及对宗族规矩的说明都展现了崖溪希望以此约束、说服村民的初衷。

子孙不孝、宏帙蒙羞①
——致虫虫们

宏帙何许人也？

连宏帙公你都不认识，证明你是不折不扣的不肖子孙。宏帙公

---

① 网络帖文《子孙不孝、宏帙蒙羞——致虫虫们》，2008 年 9 月 21 日，崖溪村档案室提供。"不孝"应为"不肖"。

是你的太公的太公的太公……是谭氏广东开基始祖。连老祖宗你都不识，你还有面目抬出"谭氏家族"的名号？你不羞，我也羞。

相传，宏帙公与欧阳修同朝为官，交情深厚。因社会动荡，宏帙公举族南迁，经过江西，适欧阳修因政局黑暗辞官归隐，宏帙公顺道拜访欧阳修，问欧阳修对其举族南迁有何指教。欧阳修说："宏帙二字，已经隐含天机，宏开基业，帙（帙与跌，广东话同音）宕起伏是也，基业宏开后，可能会有一跌。"宏帙公肃然起敬，说："我当告诫子孙世世代代生生性性，醒醒定定，永感欧阳公提点之恩。"欧阳修说："宏帙公识修，后世子孙不识修（羞）矣！"

宏帙公南迁广东之后，开基立业，开枝散叶，其中一枝转辗来到崖溪开村。崖溪是风水宝地，谭氏族人繁衍生息，辛勤劳作，开山围海，渐渐有了兴旺的迹象。时值清咸丰年间，崖溪谭氏修谱，感于宏帙公的遗训，鉴于当时出现不肖子孙倒卖祖业以及偿业的现象，特定下族规："严禁盗卖祖业，祖山及先人藏身之所，子孙赖以蔽荫也，倘有私卖勾引外人霸占者，则不孝莫大于是，一经查出，不许入祠；严禁盗卖偿业，夫偿业所以供祭祀，而子孙赖之受福也，倘有籍端串卖，则祀典有亏，不孝孰甚，其有犯此者，即集祠联众闻官究治，摈出不许入祠。"

经过一代又一代的传承，崖溪四姓和衷共济，艰苦创业，家业越来越大。当此之际，却有打着"谭氏家族"旗号的人马，声称是太公剩落的，生怕没人要似的，抢着要去卖地。

或问：按照族规，盗卖祖宗产业的，是不肖子孙，上有愧于祖宗，下有亏子孙，生要送官查究，死不得入祠，这些人何以无知无畏以至于数典忘祖？

或答：前人田地后人收，到我们这代就是收获的季节了，前人创业辛苦已矣，不就是为了我们这一代人好过一些吗？又何上愧祖宗之有呢？后人自有后福，无须我们多想，又何下亏子孙之有呢？现在是民主、法治社会，一切有章可循，又何送官查办之有呢？至于入祠不入祠又有什么所谓，他日连祠堂都卖掉，大家都做孤魂野鬼，黄泉路上，各不相见，岂不干净？

真的应了古人所言："后世子孙不识修（羞）矣！"宏帙公泉下有知，有孝子贤孙如此，不知当作何感？

——族规蒙尘，宏帙蒙羞矣！

手重治虫

2008 年 9 月 21 日

宗族活动形式仍在，但是，年轻村民似乎已经不再遵守相关规定，代际分化使得宗族的年轻人更看重宗族活动的工具意义，宗族规则的约束力削弱了。

（三）生意话语：合作共赢

崖溪与市场的联系有着悠久的历史。明朝嘉靖元年（1522），明朝关闭了福建泉州和浙江宁波两港，广州成为生丝对外贸易的重要港口，而崖溪附近的顺德（陈村）、香山地区是重要的桑基鱼塘地带。1553 年葡萄牙侵占澳门，外商船只陆续进入。澳门成为对外贸易的转运港口，很大程度上加速了广东生丝的外销。1795 年，清政府实行闭关锁国政策，又一次关闭了福建漳州、浙江定海、江苏云台山等对外贸易港口，保留了广州作为唯一的对外贸易港口。1866 年之后，陈启沅引进新式缫丝机，邻近的小榄、古镇等地陆续开办了许多丝厂。虽然这一地区在 20 世纪前 50 年历经战争和动乱，但是，1984 年国家确定的第一批对外开放的城市中，广东省就有两个。

广东走在了改革开放的前沿，南来北往的客商汇聚于崖溪。刚一实行对外开放，许多港商、台商就来崖溪建厂招工，澳门机场刚一开始修建，某公司来到崖溪寻找沙源。满叔生于斯，长于斯，25 岁就担任村里的会计，头脑灵活，对数字敏感。大到工程投资、工厂机器，小到针头线脑、螺丝零部件，无论是 20 世纪 80 年代物品的价格还是 90 年代的市场价格，他如数家珍、随口就来。他既清楚崖溪的资源优势，也清楚市场价格走向。满叔的反对者照仔说："港澳同胞来此投资时，满叔派人跟着干，就是为了'缉拿老细'（控制把玩老板）。"①

满叔在回忆录中提及了燕石围当年的情形，当时承包商黄氏兄弟只顾私利，没有对围堤进行加固再投资。前两三年的确收获颇丰，可惜，一场台风过后，围堤破防，泥下的白蛤、花鱼、水面鱼跑了个干干净净。堤坝修护工程投资浩大，之前赚的钱也都赔进去了，并且此后数年，其经济收获也将持续变少。满叔曾告诫黄氏："围垦这行业，投资大，收益也大。如果管理得好，承包这片围垦，尚有十年收益。利润是投资额的三四倍。你先期围垦的时候，收获多多益善，没有返还大自然的恩赐。在签约时我曾说过，围垦这行业，收入一元用五毛就好了，应将五毛返还围堤，围堤坚固，鱼虾蟹自然不会跑掉，收成会持续，一次决堤，三年减收，当时你没有留意我的建议。为什么当年我会对你这么说？我是诚恳想帮你。"②

在一次关于某围的争端中，满叔还曾为正在打官司的某公司及其转包商算过经济账，为正在犯愁的司法部门提供了断案的依据：

按我们长期筑围工程的投资匡算，围堤每公里8万~9万立方米泥，规格是路面宽8米，高8米，露出地面4米，下沉泥下4米。用汽车运泥，运程8公里路。每立方米泥包运包筑堤价格是9~11元，每公里造价是人民币100万元左右，加上砌石护堤，每公里投资是130万元。这是重新筑堤的价格。某围东、北两面长度仅三公里，而某公司已经筑出石、泥堤基础两米多高。因此，如对实际筑堤成本不信，只要争议双方肯负担经济后果，可掘堤看剖面就清楚。③

①　李铭建：《海田逐梦录：珠江口一个村落的地权表达》，广东经济出版社，2015。
②　陆元满：《陆元满回忆录——记忆》，2017年9月14日。
③　崖溪村档案室资料，《对李、张、徐经济纠纷案中的一些意见》，2000年9月15日。

为了避免部分商人唯利是图、霸占围堤，崖溪对于合作伙伴的选择十分谨慎。村里之所以聘请法律顾问也是考虑到合同条文的起草、修改等需要懂得法律的自己人，以防利益受损。

四　小结：共同体的组织原则与策略艺术

集体组织的维系不仅需要应对外部的挑战，还需要以合适的组织原则协调成员内部利益，确认成员资格与权益，通过非正式的习俗、话语形成非正式的规则，以此约束组织成员的行为。

村民分化的利益是需要整合的。满叔在 2011 年接受媒体采访时表示："我是一个做仆人的料。要懂得主人的性格、爱好和脾气，而且是面对数千主人，一个仆人难免顾此失彼。"[1] 在另外一些场合，满叔更把不同时代的组织特点概括为，"70 年代是家长式的，改革开放以后是引导式的，80 年代中后期是诱导式的"。改革开放之后，村民有了选择的自由，这一时期维持村集体的团结需要领导者具有引导和诱导的艺术。之所以叫作艺术，是因为其中不仅包含了正式的、制度化的治理规则，还包含了非制度化的分配策略和说服策略，我们可以将其总结为以下几点。

第一，组织机构和治理方面。自 1976 年以来，崖溪改造公社制度，实行民主管理，形成了政企合一、村民自治的集体经济组织。管理班子既有党组织干部，又有农业生产干部，还有与集体企业相关的管理人员。相当多的干部并不脱产，这意味着管理人员和生产人员多数时候是一致的。这既利于保持干群关系的和谐，也利于干部有效指导生产。治理方面，村庄大小事务都通过开会协商和公示解决，从村委会的公告栏到各自然村的宗祠都贴满了通知。遇上经济事务，还会将合同等文本印在红布上供村民代表审议，形成了一套完整的民主选举、信息公开、意见征

---

[1]　陈慧：《我敬畏土地》，《中山商报》2017 年 7 月 1 日 A4 – A5 版。

集的基层民主决策过程。而且，崖溪的组织原则更强调共识性。例如，在教育问题上，不是少数服从多数，而是要达成绝对共识。

第二，分配策略方面，崖溪选择以地分配、补贴劳动的策略。满叔口中"好彩"的钱就是不会引起争端、有利于团结的分配方式。崖溪的一种分配艺术体现为"包容性"分配策略。通过将物质回报转换成社会福利、公共投资和社会支出从而避免现金分配导致的怨恨争端，同时也可以避免滋生不劳而获的投机心理，影响社会秩序的稳定。另外一种分配艺术体现为补贴劳动而不是直接按人头分派的做法。这种做法让收益与劳动挂钩，鼓励人们积极参加生产劳动。以地分配的策略，通过使村民和土地、土地资源与社会需求直接联结，强化了资源的社会功能，有效抑制了人们的卖地冲动。

第三，社会合作方面，坚持"搁置争议，共同开发"的冲突管理方式，以及广结善缘的关系经营方式。在卖地事件中，崖溪将租期延长，一方面是希望农民能团结起来向前看，不让集体散掉；另一方面，租期越长，土地保存的概率越大。这是极富创意的制度调适方式。租期延长、利息共享的方案，有利于崖溪与上级政府部门保持长期合作关系。这对弱小的崖溪来说，产生的长远利益不是金钱所能衡量的。崖溪的社会关系经营能力出人意料，崖溪的村委会档案室中挂满了曾经来访的人与满叔和村民的合影，其中有诗人、画家、摄影家等。

崖溪也不总是成功的。在集体成员资格的界定上崖溪显得有些被动。

第一，崖溪是一个集体组织。一旦有利益可得，个体就对集体资源该属于谁会产生不同的想象和诠释。因此，成员资格的界定问题牵一发而动全身。崖溪在这方面没有太多可以调适的空间。依照在籍人口分配股权符合国家法律规定，不少村民就以长居崖溪的地缘或者同一个祖宗的血缘关系来争取相关权益。这时候，崖溪干部不得不和村民解释相关法律规定。但村民也有自己的说法："股份是你们的，但是山林、土地、海岸这些资源，我们有没有份？"满叔等干部只能与村民讲道理："当年责任田负担重的时候，你们跑去城市，享受城市居民户籍的好处，是留下来的人同甘共苦，才以集体的力量围下这片滩涂。"这些不一致的说法和想象，不仅是利益纠纷，也是集体界线前后不一、界线模糊带来的，是法律、情理之间的冲突。

第二，面对复杂多变的外部环境，崖溪面临的挑战首先是观念分化。崖溪自古就是一个很复杂的地方，新中国成立初期，黑社会、强盗、特务、外部势力汇聚于此。因此，在崖溪，各种观念和相关势力盘根错节，演绎出颇有地方特色的混杂价值生态。崖溪人是如何调适的呢？他们用党的纪律约束干部，扶助弱者；用宗族的话语约束村民，希冀维持集体凝聚力和可持续发展；用生意的话语争取集体利益，获得市场利润支持集体经济发展。可惜的是，这些话语未能实现充分转译、交融，弱者概念尚能与党的纪律形成一致，但是族产可持续理念却难以与流行的概念相融合，显得"封建"和"落后"。村中的年轻人难以接纳这种观念，他们奉行的是注重投入－产出的经济观念。更为艰巨的挑战是快速推进的现代化急迫地希望以各种方式将这个"遗世独立的桃花源"纳入整个社会的发展体系中去。

崖溪所面临的两个问题本质上都是现代化的经济政治体系与地方社会自治逻辑之间的张力呈现。

在笔者参观曾经被选为校址的隆坑的时候，满叔指着隆坑的云梯山水库讲述了修建自来水厂的故事。他们以一村之力修建自来水厂，并先后三次改造管道，他们这样做就是为了让村民喝上放心的水。每次探望满叔，他都会为笔者冲一杯好茶，他对崖溪能喝上干净水一事颇为自豪。除了崖溪村，其他村落多数饮用兰日镇大丰水厂的水，那里的水是珠江下游的水，沿途会受到污染。崖溪认为自己的水相对比较干净，且管理成本低，既安全卫生又经济实惠。有资料证明，大丰水厂的水符合地面水环境 II 类标准，而崖溪从逸仙水库中层取的水符合《生活饮用水卫生标准（GB5749 - 2006）》I 类标准。

民宿老板、旅游规划专家，甚至崖溪村民都已经意识到了崖溪的环境价值。有的提出要建稻田音乐会、沿海日光大道，有的提出要建湿地公园，发展思路日益丰富。

> 跟三五个朋友出游，这是原始的出游动机，大家都想的。现代的城里人，都很想到农村、到崖溪这种地方生活，这是一个桃花源。我们是顺其自然，还是加入人为的因素呢？繁荣会带来污染，带来治安问题。人为种些水草，把可种可养的地方变成湿地，群众会说我们不知柴米油盐。结果又付出了土地开发成本，又没了养鱼收益，得不偿失。我是土生土长的人，这里的草，你想种的它不长，你不想种的，什么薇甘菊呀，互花米草……长得飞快。
>
> 做这里的旅游，应该先开好路，四通八达。利用原有的生态，就是景观了。你看我们建了很多亭子，就让人有地方休息一下。①

崖溪的困境展示出现代化进程中地区发展与区域、国家、全球化发展之间暗藏的张力。崖溪清晰地感受到来自四面八方的力量——市场的、国家的、社会的，它们带着自己的逻辑和想法，想方设法拉崖溪入伙，而且部分村民也开始热情推动这一进程。这些变化为崖溪的未来发展打上了问号。

---

① 李铭建：《海田逐梦录：珠江口一个村落的地权表达》，广东经济出版社，2015。

第八章

结论：可持续发展与共同体维系

一 宗族团体与可持续发展

保护耕地对于实现可持续发展的意义不言而喻。之所以会出现农保困局，原因在于集体行动的形成缺乏动机，并且其维系缺乏制度保障。但是，为何崖溪对耕地的保护拥有如此强烈的动机和成熟的保护策略？土地既是生产资料又是人和动植物的生活空间。崖溪第一次选择集体制度、放弃代耕农是因为担心"鸠占鹊巢"；第二次从工商撤退选择农耕是因为维持集体方式便于土地围垦，以图长远生计；第三次坚持不卖地，哪怕只收取极低的租金、承受一定经济损失，是为了避免"田园失去，后代贫"。他们进行的每一次制度选择初衷都与"但存方寸地，留与子孙耕"有关。"守土守业"守的也是村庄宗族传统的文化遗产。

崖溪选择大集体制度"抱团取暖""集体围垦"也与其深厚的集体主义传统密切相关，其采取的土地换教育，土地换社保，安置孤寡就业的思路自然与村庄精英——满叔的个人情怀有关。满叔个人情怀的形成又与其本人自小接受宗族救济的经历有关。因此，宗族制度是其中的核心，这一传统制度配合适宜的外部条件，经过重组、调适后形成了我们今天看到的集体经济形态。宗族制度并不是崖溪村庄独有的制度传统，事实上，整个中国在土改之前都处于宗族社会之中。秦晖将其概述为：

"国权不下县，县下惟宗族，宗族皆自治，自治靠伦理，伦理造乡绅。"①
科大卫更为具体地说道："西方哲学家引入哈贝马斯的市民社会概念，
创造一个'社会'来代表世俗化的王权抑制力量。中国的士大夫阶层也
有一个抑制皇权的自然秩序，那就是'（宗族）礼仪'，而宗族就是一个
将地方社会与皇权关系，地方的族群、社会差异打包起来的组织制度。"②

　　宗族制度为崖溪留下了宝贵的遗产：第一，集体主义的合作传统；
第二，地方自治的传统；第三，族产可持续的伦理。前两个传统建立在
第三个传统之上，族产可持续是地方社会价值的核心，这一价值为追求
可持续发展的集体行动的达成提供了三个机制：一是社会团结的诱因机
制，二是发展模式的选择机制，三是策略选择的工具价值。

（一）宗族可持续伦理作为诱因机制

　　可持续发展，本质上是一种节制需求的方案，是为看不见、摸不着、
缺乏代表的后代谋求相关权益一种方案。村民的基本生计需要是什么，
应该牺牲多少？是吃一碗饭合适还是半碗饭合适？操作中没有标准。因
此，其集体行动的协调，很难仅依赖外部的强制或补贴方案得以实现。
内部诱因的激励和协调是维系集体行动的关键，可是如何让一个地方社
会的居民"口下留情"，留与后人？这就需要与地方社会的文化传统相
联系。

　　宗族可持续是皇权时代的乡治传统。这一传统历经百年，通过信仰、
祭祀的社会化过程已经内化为中国人根深蒂固的"子孙观念"。这种传
统观念在性质上与原生资源保护系统依赖宗教、社群压力调动个体的社
群性诱因类似。

　　满叔在讲述崖溪的制度设计初衷时候，特别是面对由卖地引发的争
议的时候，总是以一句话开头或者结尾——"但存方寸地，留与子孙

---

① 秦晖：《传统中华帝国的乡村基层控制：汉唐间的村庄组织》，载《传统十论》，复旦大学
出版社，2004。
② 科大卫：《皇帝和祖宗：华南的国家与宗族》，卜永坚译，江苏人民出版社，2009。

耕"。这种观念在当地拥有相当强的合法性，令村里很多蠢蠢欲动的村民对于卖地难以启齿，这就是社群压力和道德压力的力量。在 2008 年的卖地风波中，守地派也是以祖宗之名告诫子孙兄弟要齐心守业，因此即使部分村民希望通过卖地获得收益也不敢直接以卖地为名，只能以合同条文不严谨、未来前景不明朗为借口。

宗族的"蒸偿"制度在设立之初具有多重功能。首先，以某位先人之名设立"蒸偿"，意味着同族子弟团结核心的建立。这一核心建立之后会配合相应频率和规制的礼俗祭祀仪式，因此，后嗣包括未出生子弟都自动成为这个核心的成员，并被要求履行成员责任、遵守族规。其次，"蒸偿"礼制也包括祭田捐赠，这是一个宗族的集资、合产过程。宗族通过给捐赠者提供名誉来激励族中有能力和有意愿者为集体出钱出力，常见的激励机制有刻碑，使其留名于后世，让子孙以先人为荣；在有能力的情况下为做出贡献的先人单独建祠，设"蒸偿"，使其永享后世香火。还有的地方以是否进行过捐赠作为子孙能否进入宗族"学祠"（学宫）学习的条件。乃至能否获得科举考试之学额都仰赖个体是否为宗族集体做出贡献，以此充分激励人们为集体做出贡献。最后，以"蒸偿"之名累积的公共财产会通过支持宗族当地公共活动、提供公共产品、应付突发风险、扶助族中子弟的方式被使用。除了公共支出，大部分资产还会由子孙继承，由此形成整个宗族多代际的公共财产。为了让这笔公共财产得到有效使用，相应的族规被制定和被要求遵守。例如，严禁盗卖宗族"蒸偿"祖业，否则不准入祠。这是社群压力对个体投机行为的制约。

除了原样借用祖宗故事和族规对子孙加以约束之外，这套制度的精神核心也通过形式的转化得以保存。2007 年开始，崖溪开始编制制度汇编。与以往的档案材料普遍尘封于档案室的命运不同，这套材料得到了广泛宣传。目的是什么呢？"把我们这一代人遭遇的丑恶事情和人物公布出来，使后代人警惕，以防这些害人的人和事再次危害他人。"

社群团结诱因的压力有多大呢？这些事件中的部分始作俑者公开提

出反对意见，认为这是"唱黑（抹黑）他们"。包括村务、财务、会议纪要的透明化信息公开制度，都是为了合并群体的力量制衡权力，而这种制衡一旦形成，常常具有锁定效应，对集体行动之维系也能形成约束力。

（二）宗族可持续作为集体经济制度的组织原则

崖溪在诸多意义上都与其他村落相同。因此，我们的问题在于，同样的社区条件，为何崖溪能够有效实现耕地保护、生态和居民基本生活保障的协调发展呢？因此我们采用"求异法"，即选择若干相似个案进行比较的方法，选择最为平衡的案例，锁定导致结果变异的自变量或者自变量的相互关系。因此，本书选择了地理位置最为接近、历史文化最为相似的两个村庄进行比较（见表 8－1）。

30 多年中，在工业化和城市化两股浪潮的裹挟下，中国的大部分城市和村庄都变了模样。但是，崖溪村却呈现出完全不同的景象，在高楼林立中开出一片波光粼粼的千亩黄金稻田。傍晚的崖溪，落日余晖洒在崖溪人世世代代向大海围垦得来的几万亩稻田、鱼塘和滩涂上，成为珠三角地区喧嚣的市场经济中一处宝贵的世外桃源。广澳高速将蔡横和崖溪分隔在道路的两侧。西侧的蔡横村呈现出一副大踏步走向城市化的势头：蔡横大道的两侧布满了电子工业园、灯饰电器厂、模具厂等厂房，紧挨着蔡横村村委会的是占地 300 亩的影视基地，道路两侧到处是 5A 级旅游景区的标志，村委会的对面是新建的高档住宅小区。

表 8－1　崖溪村与蔡横村的比较

异同点	项目	崖溪	蔡横
共同点	位置	靠近香港澳门，中山市兰日镇	靠近香港澳门，位于中山市兰日镇
	姓氏	谭、陆、杨、萧	冯、麦、蔡、杨、陆、孙
	文化	宗祠、神祇	宗祠、神祇
	资源	围垦田、稻田、林地	稻田、林地
	挑战	工业化和城市化	工业化和城市化

续表

异同点	项目	崖溪	蔡横
区别	景观	百亩黄金稻田，村庄田园风光	房地产和乡镇企业环绕
	选择	维持"公社制度"	实行"家庭联产承包责任制"
		退出工业经营，维持农业生产	发展乡镇企业，土地被征
		农业和土地出租经营为主	服务业、制造业
	经济体量	村集体收入每年 2000 万元左右	村集体收入每年 400 万元左右

资料来源：作者根据田野观察和访谈自制。

　　两者选择了两种完全不同的发展模式的原因在于三次历史关头崖溪的逆向而行。第一次逆向而行是在 1978 年改革开放之后，当时全国开始推行家庭联产承包责任制，多数村庄都将原来公社集体所有的土地分田到户。对于广东来说，当时的税负和粮食等农产品上调任务仍然与家户责任田的土地面积挂钩。因此，拥有土地，就意味着要承担相应的责任。在当时，由于稻田耕种机械化程度低，农民即使日夜劳作也仅能勉强糊口，而此时崖溪对面的香港和隔壁的澳门发展机会众多，因此，广东东南地区很多有技术、有亲戚关系、有生意头脑的村民纷纷外出寻找机会，将土地承包给外地来打工的代耕农耕种并承担税负。崖溪没有选择这种看似轻松省力的代耕农方案，因为他们不希望因此而模糊了集体的成员资格，希望尽量维持清晰的集体边界。过多的流动和外来人口给村庄带来的不仅是管理的压力，更是对集体团结的冲击。尤其是在经过一段时间的杂居或者通婚之后，谁是集体的一员就变成了一个难以回答的问题。

　　第二次逆向而行是崖溪选择做农不做工，时间是在 20 世纪 80 年代左右。崖溪率先在 1985 年从工商业撤退、回归农耕，成为一个以集体经济模式做农不做工的村庄集体经济。这一选择的出发点仍然是实现资源可持续发展。大办工厂时代给崖溪造成了两个跟宗族集体可持续发展伦理相悖的后果。一是环境污染。环境污染将会危及崖溪后代甚至当代人的生命健康安全，这一点是他们难以接受的。二是食利阶层的形成。崖溪通过经营工商业培养了几位"工商干部"，他们常年跟商人打交道，受到逐利思维的影响和物质利益的诱惑，形成了某种程度上的政商"联盟"。面对这种政商"联盟"，集体经济体制异常脆弱，而且会形成"破窗效应"，导致集体崩溃。崖溪认为"伙计难靠"，不希望采用鼓励投机与狡诈的致富手段，因此，选择回到农耕，以非经营性的出租业维持集体生计。

第三次则是与广东的"卖地浪潮"相悖而行，坚持"不卖地"。进入 20 世纪 90 年代之后，珠三角地区的城市化进程加快，崖溪周边的村落都进入"卖地时代"。1992～1993 年，蔡横村卖掉了多数土地，而且征地款被各方势力挥霍殆尽。而崖溪在早期的借地合同中总结了丰富的经验，摸索出"以租代征"的模式，并且有意识地保护土地权益，维护土地边界，在数次土地争端中全身而退。崖溪之所以对土地问题如此谨慎，当然与实现宗族可持续发展之愿望有关。崖溪围垦之初的目的是为了寻找永久生计，在围垦完成之后更是利用各种策略保护土地，希望留与后人。因此，崖溪慢慢形成了今天看到的低度发展模式。

关于村庄生计可持续制度已经形成了一个颇有成果的研究领域。该领域的学者认为，很多传统村庄长期依赖当地资源，团结起来，由此形成了一种生计可持续制度。但是这些制度通常未曾遭遇市场化的挑战。崖溪的独特之处在于他们在高度发达的市场经济的环境中选择了一种非经营性、低污染的滩涂养殖出租和农耕经营模式，与经商办厂、房地产开发等项目相比可以说这是一种非常低度的生计模式。这种模式来源于三次关键的选择，而三次选择的背后都与宗族文化中可持续发展的期待有关。

（二）族产可持续伦理作为行动策略

追求可持续发展必然以利益的适当受损为代价。在中国的土地产权不明确、受益主体不清晰的情况下，崖溪出人意料地用长远收益预期抑制了短期的卖地冲动，为自己确认了土地的收益权，最大限度地满足了崖溪自身的利益。这又是崖溪出人意料之处。

合作管理方面强调共识。在与蔡横村镇的合作中，崖溪将租期延长，一方面是希望农民能团结起来向前看，不让集体散掉；另一方面，租期越长，土地得以保存的概率越大，这是极富有创意的制度调适方案。

收益分配方面，强调公共性收益而非个人收益。通过将物质回报转换成社会福利、公共投资、社会支出的方式，避免了现金分配可能导致的怨恨争端，同时也避免了不劳而获的投机心理影响社会秩序的稳定。补贴劳动而非直接补贴个人的做法将收益与劳动挂钩，可以实现鼓励生产劳动的目标。

崖溪的这些治理策略，践行了包容性分配政策，促成了合作。

二　制度调适和共同体维系

共同体有利于保护土地和可持续发展模式的形成，但是共同体组织本身常常难以延续。从经验上来看，宗族文化的延续性也呈现出明显的地区差异，不仅体现在省与省之间，邻近的村庄之间也有差异。[①] 这种差异是如何造成的呢？通过对崖溪共同体制度变迁的呈现，我们认为主要有两个原因：一是自然与社会的原因。广东、福建都是宗族传统相对较为强势的省份，巧合的是两个省份都处于长江以南，并且拥有绵延的海岸线，都有半渔半农的生计模式和围海造田的传统。两个地区纳入国家秩序的时期都较晚（明清之后才进入国家秩序）。福建的妈阁被封为天后与广东的洪圣庙被敕封、纳入国家秩序具有相同的原因，那就是平乱有功。这也体现了两个地区沿海居民中移民较多且移居频繁的社会状况。这些自然、历史和社会因素造成了两地宗族和祭祀团体的强盛和团结。二是共同体本身的策略原因。共同体不仅要面对国家、市场等外部力量的挑战，其本身与其他共同体之间也存在对生存资源的竞争和争夺。部分宗族团体在发展过程中缺乏斗争策略，在宗族团体的竞争中失势，逐渐衰败。客家人聚居的长沙埔和疍家聚居的下沙的宗族势力相较崖

① Tsai, Lily L. *Accountability without Democracy：Solidary Groups and Public Goods Provision in Rural China.* Cambridge：Cambridge University Press, 2007.

溪更弱，后到的新移民众多是重要原因，但崖溪的萧家与杨家之间的力量悬殊则是宗族团体经营策略的失败造成的。因此，传统的宗族团体也好，现代的团结经济也好，都需要兼顾自然与社会背景、团体经营策略等方面的考虑。

与小榄镇的何氏相比，崖溪陆氏在历史上绝不是当地最有声望的大宗望族。但是，崖溪的独特之处在于其宗族团体历经社会运动、市场化改革和城市化浪潮之后仍然在村庄集体经济中发挥核心作用。崖溪在满叔的带领下，不断调整共同体的组织制度安排和制度意义阐释，使得崖溪共同体虽然历经波折，但是其制度精神仍能一以贯之。宗族的制度虽然已不复存在，但是宗族的某些元素被嫁接到了公社制度和农村集体经济中重新发挥作用。崖溪共同体也一度遭受政治、经济制度转型的挑战，但是崖溪通过巧妙合并、灵活修改，完成了外部制度的内化。下面，我们就制度调适的具体类型和条件做一简单说明。

（一）制度调适的方式

本书依据制度调适的三种类型，制度修改、制度合并和制度明示对崖溪的策略做进一步的总结和梳理。①

表8－2列出了三种主要的制度调适策略。虽然在前面章节中我们大致上按照崖溪面对政治运动、市场挑战和城市化冲击对其制度调适策略做了简要梳理，但是这些挑战通常是混杂的。

面对外部制度的冲击，崖溪很少全盘接受，而是在祖宗制度的基础上，对新制度进行二次修改。改革开放初期，当其他村庄开始"分田到户"的时候，崖溪维持了公社时候就已经成型的"公社一级核算体制"，

---

① Cleaver, Frances. "Reinventing Institutions: Bricolage and the Social Embeddedness of Natural Resource Management." *The European Journal of Development Research* 14, No. 2 (2002): 11 – 30; Cleaver, Frances, and Jessica De Koning. "Furthering Critical Institutionalism." *International Journal of the Commons* 9, No. 1 (2015): 1 – 18; De Koning, Jessica. "Reshaping Institutions: Bricolage Processes in Smallholder Forestry in the Amazon." Doctor of Philosophy, Wageningen University, 2011.

即所有自然村集体劳作，赚取工分的公社体制。改革开放后，崖溪村人口流出严重，为了完成公粮的上缴任务，崖溪在村庄实行"一村两制"，用经商办厂的集体经济收入补贴集体农业，提高工分的分值。随着城市化进程加快，崖溪开始面临的征地压力越来越大。如何最大程度保护农民权益，崖溪借鉴了六股公司的"地方"经营模式，提出以租代征的土地出让方式。与此类似，村庄的滩涂养殖出租和厂房出租也不用现金计算租金，而是采用以粮计租的方式。崖溪对村庄产业经营模式与合同文本的修订杂糅了传统宗族的地主经营方式。

表 8-2　制度调适的三种类型和功能

制度调适类型	制度调适策略		功能
制度修改	公社一级核算体制	改　集体经济模式	抱团取暖完成国家任务
	改革开放	改　"一村两制"	以工补农，安置弱势就业
	租赁经商协定	改　以粮食计租	保值条款，规避物价风险
	征地卖地	改　以租代征	合作开发，规避失地风险
制度合并	厂社挂钩和外商投资	借　开工厂经商	补贴农业农民，改善基础设施
	滩涂养殖与海货批发	借　招商围垦	获得 3 万多亩滩涂围堰
	广东土地股份制改革	借　红股与绿股制度	分散守业
	基本农田保护条例	借　积极申报农保指标	保护土地，留与后人
制度明示	家庭联产承包责任制	转　N/A	维持集体制度
	庙群建设	转　功能——敬老养老	支持养老与就业
	地方权力的仪式化表达——飘色	转　意义——文化活动	增强集体凝聚力
	庙宇、界碑、土地社	转　形式——租地合同	土地争端中获取有利依据

资料来源：作者自绘。

　　崖溪为了保存自己的集体制度和土地资源，常常借助外部的势力和制度，这一方式被称为制度合并。对崖溪来说，外部制度的合并是更常用的策略。制度合并发生在崖溪发展的不同历史阶段，目的各异，有的是为了获取收入补贴集体生产和生活支出，有的是为了抑制卖地冲动、为崖溪后人保护土地。至于合并的方式，有时是利用市场的资金、技术和能力，有时是合并外部的社会关系。有些合并不完全是制度的，也可能是关系的、话语的甚至只是资金的。这些合并本身并非只是单一功能的，事实上，崖溪的每项制度安排都有多重功能。以地分配的策略虽然在合作办学和土地换社保的方案中没能完全实现，但是这种策略本身不只是为了促进教育事业的发展或提高社保水平，又或者是完善分配方案，它同时具有保护耕地的作用，不仅能在很长时间抑制内部的卖地冲动，也能在很长时间内形成崖溪对土地事实上的所有权（租意味所有人的权益）。

制度明示包括当地制度对外部制度的拒绝或者制度意义与功能的转换。① 同样地，表 8 - 2 总结了崖溪在此制度变革中所发生的制度转换，包括意义、功能和形式的三种不同类型的转换。庙群的功能是双重的：物质上，庙群的香火收入支持了崖溪敬老院的发展；精神上，庙群是在崖溪各地信众的支持下以"湿地公园"的名义筹建的，给了村里能人一点暗示，村庄有更多的发展机会，正所谓"财富能医强者的欲望"。

从上述三种制度调适方式中可以看出，在历史长河中，崖溪的集体经济制度经历了从传统的、官僚的、市场的制度中合并和调适的过程。这些制度之间有的形式相近、意义不同，有的功能一致、形式不同，还有的意义一致、身份不同。制度不是线性发展的，制度之间的关系也绝非是配套的、协调一致的。当我们把视角放在中观的共同体制度的时候，就可以看出其制度变迁必然要面临内部诱因结构变化和外部制度环境变化的双重压力。

（二）有效制度调适的条件

1. 有效调适条件一：地方社会资本

本书中的地方社会资本意即当地的自治主义和合作主义的传统，不仅包含了当地知识，还形塑着当地认同。作为非正式规则存在的这些文

---

① De Koning, Jessica. "Reshaping Institutions: Bricolage Processes in Smallholder Forestry in the Amazon." *Doctor of Philosophy*, Wageningen University, 2011.

化和习俗有利于内化社会规范和价值，以道德的力量约束村民，同时通过捆绑预期的方式形成一套族产可持续经营的观念。这套观念配合宗族合股的资本募集方式、资源控制管理的经营内容乃至宗族祭祀民俗活动形成了一个族产可持续经营的社会体系。在这个体系中，既有"道"的逻辑，也有"术"的策略，是一套包含了权力支配关系（宗族集团）的制度体系。这套体系经过与当地自然、社会环境的长时间互动，显然已实现了相互嵌套和支持，具有旺盛的生命力。这是崖溪在漫长的历史时期内进行制度调适的基础框架。

崖溪宗族合股的经营方式虽然跟后来的股份制有着显著的差别，但是以地分配的分配习惯和对土地、滩涂、山林等自然资源的控制欲望无一不彰显出后来的制度修改跟崖溪合股经营历史之间千丝万缕的联系。就崖溪的红股绿股（老田＋新田）来说，既有"合族股份＋私有土地"模式的影子，也有对20世纪80年代崖溪附近村落盛行的"集体围田＋个人散田"的"两田制"的借鉴。崖溪集体经济体制的维系是在制度修改和调适中完成的，从历史进程来看，这些修改和调适"一脉相承"。

崖溪谭家的族谱家规保存较好，各房都有自己的族谱家规。云谷祖房、平山房的家规都有关于严禁盗卖祖山、偿业的规定，祖山意为祖先藏身的山坟地，偿业是宗族祭祀的公偿产业。在崖溪，这些公偿产业不仅是为宗族祭祀烧猪之用，也为族中贫寒子弟提供教育资金，为老人提供必要的补助。云谷祖房族规规定："十一岁者送袍金银贰两酒一席 九十一岁者送袍金银壹拾两酒一席 具有吹手送至家中 庶几老者得以荣其上承 祖宗之厚惠也。"也有为教育设立的"帮书"（助学、奖学金）：

> 一设立帮书，夫帮书之设，所以勉人读书之良法也。
>
> 我房族偿微薄，一向未曾有设，今集众公议：
>
> 考县试者帮银二钱，考府试者帮银五钱，考道试者帮银壹大员。
>
> 其进庠者，即以土名圆山仔牛路塘上，早田三亩拨为帮书至试费。

由于崖溪在民国之前都属于偏远蛮荒之地，多有无籍之人落草为寇或在海上行凶，附近村落也常发生聚众抢劫之事，治安情况并不太好。因此，每个村落都有更夫，值夜打更，天一黑，各村就落闸门。因此，崖溪对族人的行为约束也相当严格。

> 严禁为匪为盗，夫匪盗一犯，虽国有明条而贻累房内者，其害匪轻。今后有犯此者，大则集祠重责，小则轻责，听其自新。如有屡犯不悛，仍即闻官治惩。严禁开场聚赌，及引诱子弟局赌，此等败坏风俗，大乱家规。凡我房中，各宜砥砺，父训其子，兄教其弟，不可有犯，倘恃顽逞恶，屡犯不改，即集祠重责。

此外，"酗酒行凶""窃田园瓜果""不孝不悌"等都属于族规禁止的内容。这些族规伴随着村中流传下来的具有警示意义的传说，至今对约束村民行为发挥着重要作用。

村落的宗祠大部分都完整保存了下来，至今仍然发挥着村民自治、集会、协商，乃至休闲娱乐的功能。集体经济体制的长期维系和集体的劳动形成都有利于村落认同的形成，从而进一步强化村庄的集体经济制度。

接济贫弱、重视教育和家庭人伦这些核心价值观是制度调适中不变的基础，也是制度调适的标准。从崖溪现在的制度设计原则中总能找到当地传统的影子，它为制度调适提供了蓝本和原则，使得制度的修改、创造不再是无目的的，而是遵循着传统的价值和基本制度框架。

2. 有效调适条件二：制度空间

共同体外部充斥着各种制度，有官僚的、有市场的、有规制的，这些制度与共同体本身的制度相互碰撞。外部制度跟社群制度之间有的相互支持，有的相互排挤，还有的并行不悖，具体究竟是何种类型，取决于社群制度本身的特性。而各种各样的社群制度本身又是社会自我团结，回应一个或者多个社会需求的组织形式，因此组织原则和具体制度安排都有空间和时间差异。我们以崖溪的集体经济制度与外部制度关系为例做一简单分析。

表 8 - 3 将崖溪主要的外部制度与社群制度之间的关系做了分类和梳理。回顾前文已经有所提及的各类制度对崖溪的冲击，以及崖溪所做的制度调适，我们大致可以发现制度组合效果的三种类型。值得注意的是，并不是所有分布于社群外部空间的制度元素之间的关系都是协调的。《基本农田保护条例》出台之后，国家对农田保护的要求越来越严格，划为基本农田的土地不允许变更为商业用地。但是，以地产开发为主要形式的城市化进程又给崖溪施加了压力。不少政商力量仍然希望以文化旅游开发的形式变更土地用途。这两种压力同时影响着崖溪的决策，只是，满叔选择了用农保指标的方式来保障农地农用。由于本书强调外部制度与共同体制度之间的共存效应，因此，对外部制度本身所存在的紧张关系不做处理，仅关注外部制度与社群制度之间的竞合关系。

表 8 - 3　制度组合效果的三种类型（以崖溪村为例）

制度来源	机会性制度	威胁性制度	条件性制度
外部的	一级经济核算 基本农田保护条例 中山市"三自"政策	土地股份制改革 地方一体化发展 地产开发大潮	公社制度 家庭联产承包制度 改革开放的市场制度
崖溪的	集体传统 耕地保护 围垦造田	资源可持续经营 自治制度与传统 资源可持续经营	农田、机械化与管理 人 - 地矛盾情况 内外部经济特点
类型	类型Ⅰ：互助型	类型Ⅱ：排挤型	类型Ⅲ：条件型

资料来源：作者自制。

从表 8 - 3 我们可以发现，对有深厚合产合营传统的崖溪来说，一级经济核算体制的大队集体所有模式更适合崖溪人少地多的情况，不仅有利于实现农业规模化经营，也能以集体的方式不断投入积累，例如围垦造田、兴修水利、改善机械、平整农田。中山市实行的"三自"政策激发了崖溪招商引资的动力，崖溪传统低效的宗族围垦一下子看到了出路，他们敏感地意识到这是一个机会，并抓住了这个机会，以承包租赁的方式发展经济从而给崖溪村留下了一笔丰厚的土地财富。《基本农田保护条例》的出现也是恰逢其时，崖溪的围垦接近尾声，大量的围堰已经成垦。因此，满叔将村庄大部分土地都登记为农保用地，希望用国家的法律条例等强制措施将土地要素留在农业，将土地资源留给农民，将土地空间留给农村。

土地股份制改革、房地产大潮和区域一体化的组合效应将农民卖地冲动与外部政商利益集团捆绑，加速了农民的卖地行为，这是造成崖溪危机的重要原因。

公社制度之后，家庭联产承包责任制和市场经济体制对村民来说都不再是强制性制度，而是带有很强的制度模糊性。村庄可以选择分田到户，也可以选择维持集体经济制度，也可以维持公社制度。崖溪根据自己的资源和经营情况将公社制度缩小到稻谷经营这一领域，其他经济作物、渔业和养殖都采用承包租赁的形式。也就是说，选择何种制度，如何进行修改都具有相当的灵活性。

3. 有效调适条件三：创造利益与认同共同体的组织原则

首先，作为社会化过程的价值认同。共同体组织与雇佣规制性组织最大的区别在于其伦理性。任何组织，无论是非政府组织、互助组织还是社会企业，都需要回应一定的社会需求，对组织成员的约束更多是基于成员认同的，而非强制的。因此，认同的形成、强化乃至传承是这类组织虽历经代际更迭仍能长期维系的重要原因。传统的宗族通过村庄的祭祀或民俗等各种仪式和活动得以实现价值认同。这些活动的社会功能是复杂的，既是地方政治格局和经济势力的体现，也承担着村庄社会的教化功能。村庄宗庙场所的空间布置、祭拜流程、祭拜资格，乃至献出财产、承诺和行动都形塑着社会认知，这套认知形塑着社会成员的个体意识，维系着共同体集体制度。

村庄社会的宗族制度还有一个重要特征，即未来预期的实现，这是本书所讨论的可持续型共同体维系的价值纽带。弗里德曼第一次将宗族与法人（corporation）联系起来。宗族作为集体存在，有基于血缘、族谱的成员资格，并且拥有财产资格。宗族的财产控制在个别祖先的名下，成为宗族子孙成员的"信托基金"，一方面形塑着成员的"集体观念"，另一方面也形塑成员的"未来态度"。在这里，财产是在历史中流动变化的"公共财产"（common goods）。所有享受这笔公共财产的宗族成员也都有义务去维护这笔支持代际成长的公共财产。惩罚那些盗卖祖产的不肖子孙的方式，就是"不准入祠"，这意味着不肖子孙本人和他的家眷子孙都面临丧失财产资格的惩罚。这种惩罚不仅对当代人具有威慑力，还可能意味着死后无法进入祖坟，从而无法享受子孙祭祀的香火。社会与财产成员资格的双重除名会导致触犯族规之人无法在社会中立足，最后只能流落街头，因此，族规具有较强的威慑力。

在现代社会的法律观念中，个体只对当代负责，并不对子孙，特别是三代乃至五代开外的子孙负有责任。村民普遍持有的"儿孙自有儿孙福"的看法，对未来的预期缩短了，对财务的处置态度与过去相比发生了巨大变化，这是导致"代际剥夺"和集体制度危机的原因。虽然社会空间同样充斥着各种各样的话语，包括党的纪律、生意的观念乃至各种碎片化的民生和环保论调，但是这些话语都无法像传统的宗族话语一样有可持续利用的人文关怀或兼具惩罚性与激励性。崖溪的共同体之所以能持续发挥作用，正是由于其宗族观念根深蒂固，对村庄干部和成员有着极强的约束力。

其次，社群制度是一定规模和资格的成员集体行动的制度化。因此，组织运作的制度安排必然以达成协商性的共识为主要方式，多中心协同治理就是最为常用的方式，这种治理方式兼具灵活性和可靠性，适合完成具有混合性多重治理目标的任务，这与目前中国面临的多重治理难题（环境、社会、贫困、失业等）相适应，能够更稳妥地提供解决方案，主要表现为内部决策和外部合作原则的协商性和多中心化。为了正确处置蔡横村镇因征地带来的 8000 万元，崖溪将这笔钱作为本金存入银行，并与蔡横村镇共享收益。崖溪另外成立土地基金会，将租金收缴和管理许可权交给村民选举产生的管理机构。人员和财务与村委会分离，有效避免了矛盾。在"大字报"事件中，村民对这项收益分配的不满并没有直接对崖溪村委造成公信力伤害就有赖于这一举措。崖溪的两委、村民代表、生产队、工厂，乃至庙群都有相应的管理团队，团队成员之间彼此既有分工也有协作，对一个实际参加集体生产和劳动不足2000人的集体来说，这最大程度地保证了村民参与生产及发表意见和建议的权利。

这种组织方式也有其负面影响，就是需要付出大量的解释和说明工作，高度依赖双方的信任。信任一旦流失，对组织的伤害就是毁灭性的，因此，崖溪最大程度上做到了信息的公开透明。

本书借助崖溪治田的历史演变个案，试图呈现一个伦理性共同体的成就和挑战，并在分析该个案成就的基础上提供几点可供借鉴的经验。

第一，当地资本。换句话说，组织的伦理性与组织的文化、习惯乃至资源发展、生计模式、社会结构相一致，崖溪这套"生计可持续"制度有着悠久的历史，与相应的文化、祭祀、日常习惯一致，能够在很长一段时间被村民接纳和服从，成为约束性的非正式规则。

第二，制度空间中不同制度元素的共存状态。资本的入侵对崖溪的乡约制度造成的损失并不是毁灭性的，一旦有宽松、合适的条件，传统自治规则又会马上恢复起来。相比较而言，市场经济与城市化对崖溪的冲击则是腐蚀性的。一方面，它调动了村民的物质诱因，排挤了团结诱因、互助诱因等社会诱因，造成了村民难以遏制的短期逐利冲动。对利益的追逐也直接影响了村庄的社会团结，村庄的社会秩序面临着失序的风险。另一方面，市场经济的发展也调动了政商力量的逐利冲动，不同级别、不同单位、不同背景的政商力量都希望以特定的方式分一杯羹，即满叔说的"这个地方繁华起来了，它就不属于崖溪了"。

第三，组织策略。伦理性共同体组织制度的维系有赖于调适者在制度调适的过程中以合作共赢的态度处理内外部的利益分配，以保证集体组织的存续。同时，要在话语和文化上完成转译和连接，努力形成利益和认同共同体。

第四，调适者。调适者能否针对外部制度空间散落的制度元素对外部制度进行选择性识别和匹配也很关键。优秀的调适者能够快速地意识到哪些制度是机会，哪些是威胁，哪些是可以加工、修改的。

因此，影响调适的因素既有客观的当地资本、制度空间特性，也有调适者能力和调适策略等主观因素。客观条件是首要的、前提性的，主观策略是可以学习、借鉴的。

（三）调适演化的运作机制和批判制度论

社会团体对社会治理、政府绩效、环境治理等治理议题具有的积极作用和作用机制已经得到公共行政、政治学、社会学等不同学术领域的证实。但是，为什么各地的社会团体活力乃至寿命拥有如此巨大的差异呢？为什么地理邻近、外部政策和社会环境相同的地方社会中，社会团体的活力和寿命差异如此巨大呢？部分拥有极长寿命的社会团体在面对剧烈制度转型时，是如何调适、保持自身制度韧性的呢？

崖溪的共同体制度不仅在不同的历史节点主动改变，通过制度突变达到制度均衡，也在发展过程中不断调适，实现渐变。虽然崖溪在漫长历史中的所有权、经营方法和分配方法都有所变动，传统的宗族团体历经合作化、合营到公社式的集体经济之后又调适变成了混合所有的合作社式的合营团体，但崖溪村民始终拥有一个自己的共同体。不管所有制形式和经营方式如何变化，崖溪共同体的成员和地域界线未发生实质性的变动。因此，不管名称叫什么，崖溪村始终是一个共同体，这个共同体通过日常劳动、节日祭祀等生活和社会交换始终发挥着非正式制度的约束作用，既协调集体行动，又迫使决策者负责。①

正是沙田的特性（无主荒地，获利颇丰）和旧式皇权难以执行对土地的测量和管理的特点为地方宗族"沙田角色"的权力互动提供了背景。长期的历史进程中，地方权力一方面在与国家话语和制度的互动中学习合并、自我调适。另一方面，也合并地方关系网络和规则，规避或

---

① 2018 年 7 月 29 日，崖溪村民针对村委贴出的土地征收公示进行集体抗议，提出"土地是农民希望，是子孙希望"的口号，请求村委对近年的土地交易、宅基地审批、饮用水质、土地承包权、土地租金流向等作详细公开、披露和解释。

影响国家秩序的进入。围绕"编族谱""修祠堂""起庙宇""祭祖先"等文化实践，凭借祖宗身份的合法性以及纳税、入籍、入仕的国民身份，崖溪实际上建立了地方自然资源控制与分配规则体系——宗族制度，他们在只有三千多人的小村落中创造出数百间庙宇和宗祠，宣示不同的社会和资源"权力/权利"，以"神权"保证规则的社会认同，并在祭祀行为中实现"祖宗制度"的代际学习。当然，由于"土改""四清""文革"等社会运动，宗族的"太公田"被收回，部分大宗祠成为民房或因失修而倒塌。但是，人民公社和集体土地所有制的推行却重新为宗族团体制度提供了"寄主"，这套制度经过形态上的调适和意义上的转换重新焕发生机，成为本书所定义的"共同体经济"中的一种特殊形态。崖溪宗族共同体的华丽转型和艰难调适展示了共同体组织在面对个体偏好变动、政经制度变迁的内外夹击中顺势而为、借力调适的集体制度维系历程。崖溪的共同体之所以能至今维持其功能就在于这种动态而持续的制度调适。这正是批判制度论对制度变迁的理解。

首先，制度是行动者的行为规范，既有结构性的一面，也有被行动者通过集体行动的一致化同意所修改的另一面。在"制度调适"的理论想象下，宗族制度、传统的结构因素可以被巧妙合并，成为新制度的元素和灵魂。因此，虽然批判制度主义立足社群主义，也强调社群所在的外部政治、社会和经济环境对共同体制度的结构性约束，但是，环境本身也可以提供行动策略和工具。制度是联结行动与结构的桥梁，一方面汇聚个体偏好，形成制度规范，另一方面转化结构约束，形成共同体集体制度，引导个体行为，因此是一种动态的制度演化论。

其次，不同层次之间的制度并非总像主流制度论认为的那样都是协调的，反而是充满了竞争甚至对抗。国法和乡约、生意与人伦都代表了不同秩序规则的碰撞。本书围绕一个沿海古村——崖溪村的百年"沙田乡治"制度变迁，展示了崖溪以资源控制、使用和分配规则为核心的集体制度面临政治运动、市场化冲击以及城市化挤压，转竞为合的制度维系过程。通过对反常案例制度变迁过程的呈现，本书认为，对伦理性的共同体组织而言，集体制度的维系有赖于身处复杂时空竞合结构中的制度调适策略达成以下两个目标：一是组织结构上以协同治理模式管理利益相关人，创造利益共同体；二是价值认同上通过身份、角色等认同建设在文化社会实践的宣示中进行社会学习，创造组织内外部的认同共同体，解决外部政策的制衡问题。

因此，制度调适论中的制度变迁是复杂制度竞合关系中的共同体精英的调适回应。为什么制度调适能够延长共同体的寿命呢？这种回应内外挑战的方式是通过何种机制促进共同体的集体制度维系的呢？

共同体短命的根本原因仍然在于集体行动的失败，而规模问题是最主要的影响因素。一个地方越发展，外来人口越多，其人口规模就越大，成员异质性就越强，越不利于集体行动的达成。满叔敏锐地意识到了这一点，"崖溪过于繁荣，就不属于崖溪人了"。因此，崖溪始终维持在一个较低度发展的模式中，限制了人口涌入，同时分流了部分当地人口。这一逻辑跟共享自然资源的研究结论一致。当地发展得越好，资源就越开放，搭便车的行为就越难以监管。崖溪在 20 世纪 80 年代初期招商引资、大办工厂的失败就是因为这种外来资本对当地自然和人力资源使用的搭便车行为所致。

第二，长时间来看，外部政经制度变革对个体偏好的改变有时候不易被察觉或不易识别。因此，共同体制度必须保持制度敏感性和灵活性，从而保障集体制度对个体偏好的随时反馈。但是如何保证制度的反馈，及时有效地反映主要成员的偏好变化是困难所在。崖溪的人员规模不大，始终控制在 3000 人左右，村庄实际参与集体劳动人口低于 600 人，这有利于决策者及时掌控成员偏好。但是，即使如此，崖溪也需要借助日常田间的集体出工劳动、选举、议事会议、祭祖、巡游、聚餐等机制加强成员的社会交往和日常交流，编织更为绵密的社会关系网络，维持集体凝聚力，从而保障共同体制度及时探测可能来临的危机。

第三，制度对个体预期的反向影响力。崖溪使用相应的分配、合作规则，诱导个体长远预期，遏制短期卖地冲动，利用长期合作和多次博弈的想象抑制过度的自利与投机行为。其灵活的制度调适引导、诱导了个体的理性计算方式。

因此，调适演化的制度变迁论，不仅从理论上找回了制度之间的不和谐共存形态，也从机制上阐述了小型共同体本身在制度维系上面临的挑战和解决之道。也就是说，调适并非漫无目的，而是需要不断地强化共同体内部交往联系和外部支持，解决行动困境和外部环境的掣肘问题。

三 贡献与局限

崖溪是作为一个特殊案例存在的。不可否认，崖溪的历史发展有各种因缘际会。

首要的特殊之处在于其地理位置。崖溪濒临港澳，地理位置的独特性和社会关系的复杂性使得崖溪拥有更多可用的社会资本。一方面，崖溪可以拿到围垦的独立收益权，这是其他沿海村落所不具备的；另一方面，公社后期崖溪被管委会接管，不仅提前结束了崖溪的社会动乱，让崖溪最快恢复生活、生产秩序，而且赋予了崖溪相当程度的自由度。公社后期管委会对崖溪制度修改的默许是崖溪模式能够在1976年形成的重要原因。位于珠江口的独特位置赐予了崖溪丰富的渔获资源，这些渔获品质优良、价格较高，这是崖溪之所以敢于从工商业撤退的底气。

地理、历史环境的特殊性，如今已经变成了普遍性。原来的开放前沿从东南走向中部、西部，走向全国。长三角、京津冀、中部振兴、西部崛起，越来越多的地区走向市场化和城市化的道路。崖溪的确由于特殊的历史条件获得了维系共同体的良机，海防前线的地理位置、围垦权的获得都让崖溪获得了难得机遇。但是，仍然处在巨变之中的中国，最不缺乏的就是机遇。有的村庄抓住了互联网的机遇，有的村庄抓住了生态旅游的机遇，还有的村庄抓住了精准扶贫的契机，或许每个村庄遇到的机遇不同，但是他们成功的关键都是利用各种力量——宗族文化也好、互联网也罢，保持村庄的凝聚力，找回社群的联结，创造频繁的村落社会关系互动，重建村落信任。这一方式的核心是找回村落的团结诱因，形塑向上与向善的力量。

第二个不可忽视的影响因素是满叔。他从 1974 年开始担任崖溪村党支部书记，直到 2011 年退休，在职 37 年。他本人非常节俭，从不接受宴请，每天生火做饭，直到今天仍住在低矮的小平房中。后来，儿子在其附近建房之后，就常常在儿子那边（同一个院子）。冬天穿一双夹脚拖鞋，夏天赤脚，光脚板已成为他鲜明的个人特色。满叔出生时父亲已 69 岁，因此，年仅 3 岁他就失去了父亲，靠着宗族接济得以生存下来。他爱读《红楼梦》《三国》《水浒》，喜欢曾国藩，熟悉历史，每天看报、写日记，记忆力和算账能力都极好，被戏称为"崖溪师爷"。满叔的个人魅力和道德观念对崖溪的影响是不容否认的。

强调满叔的魅力型人格特质是否就抹杀了崖溪的独特价值呢？没有满叔的村庄该如何发展呢？满叔自己也说："改革开放之后，哪有什么一定的，谁还管你？"这种模糊性会对多数个体造成预期困难，可能助长投机之风。但是，制度的模糊性为社会精英留下了行动的空间。没有小岗村分田调干，也就没有家庭联产承包制的全国推广。恰恰是"摸着石头过河"的过程，塑造了当代中国的多数制度。

本书并不试图通过一个案例进行共同体维系的原因与结果之间的因果推断。崖溪能够经受政治运动、市场经济的冲击，原因是当地资本、制度空间和组织原则在这一过程中发挥了重要作用。本书认为这些条件是必要的，但不是充分的。也就是说，一个共同体的维系至少需要同时具备这三个条件，才能在复杂的制度竞合空间中利用调适者的智慧进行有效调适。

图书在版编目（CIP）数据

驾驭市场：一个村庄的土地保护与现代化转型／刘
学著． -- 北京：社会科学文献出版社，2022.6
（社会发展与社会治理文库）
ISBN 978 - 7 - 5201 - 9782 - 3

Ⅰ.①驾⋯　Ⅱ.①刘⋯　Ⅲ.①农民 - 土地保护 - 研究
- 中国　Ⅳ.①F321.1

中国版本图书馆 CIP 数据核字（2022）第 034643 号

社会发展与社会治理文库
驾驭市场：一个村庄的土地保护与现代化转型

著　　者／刘　学

出 版 人／王利民
责任编辑／李明锋　胡庆英
责任印制／王京美

出　　版／社会科学文献出版社
　　　　　　地址：北京市北三环中路甲 29 号院华龙大厦　邮编：100029
　　　　　　网址：www. ssap. com. cn
发　　行／社会科学文献出版社（010）59367028
印　　装／三河市尚艺印装有限公司

规　　格／开　本：787mm × 1092mm　1/16
　　　　　　印　张：14. 25　字　数：204 千字
版　　次／2022 年 6 月第 1 版　2022 年 6 月第 1 次印刷
书　　号／ISBN 978 - 7 - 5201 - 9782 - 3
定　　价／89. 00 元

读者服务电话：4008918866